Marcel Lévy

# Das Leben und ich

*Berichte und Gedanken eines Versagers*

Mit einer Erinnerung an Marcel Lévy
von Laure Wyss
Aus dem Französischen
von Maria Hoffmann-Dartevelle

Limmat Verlag
Zürich

Das Erscheinen des Buches
wurde mit Beiträgen der Stadt Zürich und des
Migros Genossenschaftsbundes unterstützt.

Zeichnung des Autors von Hanny Fries
Umschlag: Alexandre Calame, Felsen bei Seelisberg, 1861
Stiftung Oskar Reinhart, Winterthur

Titel der Originalausgabe: »La Vie et moi«

ISBN 3 85791 272 3

# Gebrauchsanweisung

Es sind bereits Unmengen von Werken darüber geschrieben worden, wie man im Leben zu Erfolg gelangt. Schon so mancher in einem finsteren Loch dahinvegetierende arme Teufel hat in der bangen Hoffnung, sich ein ungewisses und zähes Steak zu verdienen, all seine Kräfte aufgerieben, um den Benachteiligten dieser Welt den sichersten und bequemsten Weg zu Gold und Größe zu zeigen.

Solche Werke verdienen einen Ehrenplatz in der Literatur des Erfundenen. Ein Mensch, der fähig ist, anderen die Prachtstraßen eines Wohlstandes vor Augen zu führen, von dem er selbst nie den geringsten Schimmer erblickt hat, wäre mehr als jeder andere in der Lage, fiktive Texte – Kriminalgeschichten oder Liebesromane – zu verfassen. Es stellt sich allerdings die Frage, ob der praktische Wert dieser Werke genauso groß ist wie ihre literarische Bedeutung. Um erfolgreich zu sein, muß man über ein bestimmtes Sortiment guter und schlechter Eigenschaften verfügen, wie es den Literaten niedrigen Niveaus, wenn ich so die in Mansarden wohnenden Schriftsteller nennen darf, kaum vorbehalten sein dürfte. Und es könnten einem Zweifel an der selbstlosen Haltung dieser Herren kommen, die sich mehr dafür einsetzen, ihrem Nächsten zu Reichtum zu verhelfen, als selber von dessen Früchten zu kosten; denn ein derartiges Übermaß an Altruismus liegt nicht in der menschlichen Natur.

Da die Menschen stets den ziemlich rechtmäßigen Wunsch hegen, ein erfolgreiches Leben zu führen, ist mir die Idee gekommen, ihnen anhand einiger ausgewählter Beispiele aus meinem Erfahrungsschatz die verschiedensten Wege vorzuführen, die ein gewöhnlicher Mensch (in diesem Fall ich selbst) verfolgt hat, um in allen Dingen zu vollkommenem Mißerfolg zu gelangen – mit einem Wort, das Leben eines Versagers. Die Interessenten werden auf diese Weise zwar nichts über die Wege erfahren, die sie einschlagen sollten, dafür werden sie aber wenigstens wissen, welche sie vermeiden sollten, was noch wichtiger ist. Sie werden vor den meisten Fallen des Lebens gewarnt werden. Zwar ist ihnen vielleicht noch nicht klar, welche Laster und welche Tugenden am ehesten zum Erfolg verhelfen, ganz gewiß aber werden sie erfahren, welche Verbrechen am wenigsten einbringen und welche guten Taten am niedrigsten im Kurs stehen. Dank meiner Hinweise wird es ihnen leicht fallen, nicht über die Hindernisse zu stolpern, die zu meinen Stürzen geführt haben, munter die Stufen zu überspringen, auf denen ich Stolpersteine vorgefunden habe, und gelassen die Hürden zu überwinden, die mich außer Atem gebracht haben.

Zudem spricht ein psychologischer Grund für meine Methode. Die Menschen haben im allgemeinen eine gute Meinung von sich selbst, und sie empfinden es als schmerzlich, bei ihren Artgenossen irgendeine Überlegenheit feststellen zu müssen. Wenn ich ihnen erkläre, wie Herr Soundso zu Reichtum gelangt ist, bereite ich ihnen im Grunde gar keine Freude; womöglich haben sie am Ende sogar etwas gegen diesen Menschen, der im Lebenskampf erfolgreicher war als sie, und aufgrund dieser Abneigung mag es ihnen schwerfallen, sich die Methoden anzueignen, die Herrn Soundso zum Erfolg geführt haben. Wenn ich ihnen aber umgekehrt zeige, wie ich auf diesem und jenem Wege auf den Bankrott zugesteuert bin, verschaffe ich ihnen eine schöne Befriedigung ihrer Eigenliebe und löse sogar wahre Freude bei ihnen aus. Den Ratschlägen des Königs der Redner zufolge kann ich auf diese Weise ihr Wohlwollen gewinnen und ihnen klammheimlich, mittels der Beliebtheit, die ich dank meines ständigen Pechs bei ihnen erlangt habe, das Rizinusöl der Unterweisung einflößen.

Nehmen wir mich selbst einmal als Beispiel: Ich habe sehr spät Skifahren gelernt, und als ich mir in dieser Disziplin meine ersten Sporen verdiente, hatte ich schon das Alter überschritten, in dem man mit Leichtigkeit etwas Neues lernt, in dem die Federungen von Körper und Geist noch intakt sind, in dem man bei einem Sturz in den Schnee in schallendes Lachen ausbricht, statt sich in seinem Selbstwertgefühl verletzt zu fühlen. Meine ersten Versuche waren so ungeschickt, so lächerlich unpassend, daß ich ernsthaft daran dachte, der Skischule meine Dienste als Demonstrationsobjekt anzubieten, an dem der Lehrer hätte vorführen können, welche Bewegungen zu vermeiden sind. Ich habe es dabei belassen, und doch … Eine Karikatur ist leichter zu verstehen als eine realistische Zeichnung, und man schont vor allem die Gefühle der Schüler. Sie fühlen sich erniedrigt, wenn sie den Lehrer mühelos und korrekt die Bewegungen ausführen sehen, deren Nachahmung ihnen so schwer fällt, und könnten im Gegenteil nur angenehm überrascht – und von neuem Mut erfüllt – sein, wenn sie sich von Anfang an als geschickter erleben würden als ihr Nachbar.

Ich wäre deshalb sehr glücklich, wenn der erbarmungswürdige Bericht meiner Mißgeschicke dazu dienen könnte, ein Publikum zu erheitern, das so schwer zu amüsieren ist, daß selbst die Politik es nicht immer schafft, es zum Lachen zu bringen. Ich würde mich freuen, wenn die Darstellung meiner wiederholten Mißerfolge unter den rechtschaffenen Leuten eine angenehme, echte Heiterkeit auslösen würde. Aber besonders stolz wäre ich, wenn mein Werk auch praktische Wirkung hätte und, ganz im Sinne des allgemein bekannten Mottos, amüsant und lehrreich zugleich wäre. Wenn es die Geburt irgendwelcher Hochstapler oder Ritter der Ehrenlegion förderte, wenn es zur quantitativen und qualitativen Zunahme der Millionäre beitrüge, hätte ich das angenehme Gefühl, nicht ganz umsonst gearbeitet zu haben.

Um mit dem Anfang zu einem Ende zu kommen, hier noch eine Warnung, um dem Leser eine allzu große Enttäuschung zu ersparen und damit er mir später nicht vorwerfen kann, ich hätte ihn betrogen. Da es mein erklärtes, wenn auch ein ausgefallenes Bestreben ist, denen nützlich zu sein, die mir die Ehre erweisen, mich zu lesen, werde ich mich nicht immer darauf beschränken können, meine kleinen Geschichten zu erzählen. Ich werde wohl oder übel von Zeit zu Zeit ein paar Überlegungen einflechten, manchmal eine Schlußfolgerung ziehen oder sogar – Gott möge es mir verzeihen! – eine Moral anfügen müssen. Selbstverständlich wäre es ideal, wenn die Moral auf ganz natürliche Art und Weise aus dem Bericht heraussickern würde wie das Harz aus der Tanne und so eindeutig und offenkundig wäre, daß selbst der begriffsstutzigste Leser nicht umhin könnte, sie von ganz alleine dem Bericht zu entnehmen. Doch so etwas gelingt nicht immer, und sogar La Fontaine, der so mühelos und natürlich zu erzählen verstand, hat sich nicht immer des Moralisierens enthalten können. Was bei diesem großen Mann entschuldbar war, wird es, so will ich hoffen, um so eher bei mir sein, und ich verlasse mich darauf, daß die Ehrlichkeit dieses Geständnisses mir ein wenig Wohlwollen oder zumindest Nachsicht einbringt.

Mein Leben war zu düster und leer, als daß ein Bericht darüber mehr sein könnte als ein Haken, an dem ich Überlegungen und Fingerzeige entlang der verschiedenen zufälligen Begegnungen aufhängen werde. Es liegt mir fern, mich selbst zum Beispiel erheben zu wollen, ich strebe keineswegs danach, wie Cellini bewundert oder wie Casanova beneidet zu werden. Ganz im Gegenteil würde es mir nicht einmal mißfallen, wenn es mir gelänge, daß man über mich lacht. Da der Ton die Musik macht, werde ich mir Mühe geben, soweit wie möglich die Dürftigkeit der Ereignisse und die Nichtigkeit der Schlußfolgerungen dadurch wettzumachen, daß ich es vermeide, mich allzu ernst zu nehmen. Es wäre gewiß auch möglich gewesen, Gedanken und Überlegungen im Rohzustand und in ihrer ursprünglichen Nüchternheit zu liefern, ohne sie in Berichte und Anekdoten zu hüllen wie der Konditor, der seine Pralinen mit Schokolade überzieht. Doch das Werk wäre trocken und didaktisch, reizlos und vielleicht sogar uninteressant geworden. Es ist, so meine ich, sowohl ehrlicher als auch nützlicher, die Gedankengänge so zu zeigen, wie sie aus dem Leben selbst entstehen, ihre Geburt, ihre Entfaltung und ihren unergründlichen Verlauf. Auf diese Weise ist es leichter, sie zu verstehen und zu beurteilen. Indem ich zugleich, in einer mehr scheinbaren als realen Unordnung, mein Leben und die daraus gezogenen Lehren darlege, setze ich mich zweifellos, sowohl aus Vermessenheit als auch aus Naivität, der Ablehnung und der Kritik aus. Doch ist dies nicht der Preis, den man zahlen muß, wenn man sich vornimmt, ein Werk der Ehrlichkeit zu vollbringen?

Dies ist also die Gebrauchsanweisung, die ich Ihnen, lieber Leser, in aller Einfachheit anbiete. Wenn Sie in meinen Schlüssen oder in meinen kleinsten Äußerungen irgend etwas finden, was Sie stört, so regen Sie sich nicht auf, entrüsten Sie sich nicht, sondern denken Sie ganz einfach nur, daß ich es zum Spaß gesagt habe, und zucken Sie bei diesem Scherz einfach mit den Schultern. Sollten Ihnen jedoch umgekehrt meine Worte gefallen, so seien Sie versichert, daß ich, selbst wenn ich dabei einen heiteren Ton anschlage, nicht nur Witze machen wollte, sondern daß ich heimlich eine Prise Ernst zwischen meine Albernheiten gestreut habe. So bin ich denn guter Hoffnung, daß wir uns ab und zu verstehen, selbst wenn wir oft nicht übereinstimmen werden. Das Buch wäre überflüssig, wenn es nur dazu diente, Ihre eigene Meinung wiederzugeben.

# Anfänge

Ich wurde in Paris geboren, als Kind jüdischer, aber rechtschaffener Eltern. Über diesen Satz haben sich einige meiner Glaubensgenossen entrüstet, die frommer sind als ich, und von denen gibt es ganze Heerscharen. Ich lasse ihn trotzdem stehen.

Ich wurde geboren. Auf diese Tatsache will ich nicht näher eingehen, da sie als solche wenig bezeichnend ist. Doch dieses kleine Unglück sollte das erste Glied einer Kette von Katastrophen gleicher Art bilden: von den Umständen aufgedrängte und nie freiwillig akzeptierte Unglücksfälle. Der Mensch erblickt das Licht der Welt auf eine wenig würdevolle Weise, die nicht nur von seinem eigenen Willen, sondern oft sogar von dem der verantwortlichen Erzeuger völlig unabhängig ist. So ist also die Geburt die erste, jedoch keineswegs mildeste Lektion einer Art Anschauungsunterricht. Die Natur sagt uns und wird es uns später noch bis zum Erbrechen wiederholen: »Du bist der Schwächste, du mußt dir alles gefallen lassen.« Geboren werden ist nur die erste Etappe einer langen schwarzen Serie. Es beginnt damit, daß man sich zur Welt bringen läßt; dann läßt man sich ernähren, unterrichten, erziehen, und so wird man nach und nach das Opfer der Männer, Frauen und Ereignisse. Und daraus wird eine so feste Angewohnheit, daß es einem bald nicht mehr gelingt, sie wieder loszuwerden.

Sicher hat man Ihnen, als Sie klein waren, die lehrreiche Geschichte von Herkules am Scheideweg erzählt. Mit einer Mischung aus Erstaunen und Bewunderung haben Sie erfahren, wie der Halbgott, als er gezwungen war, sich für einen der beiden vor ihm liegenden Wege zu entscheiden, freiwillig den steinigen, schwierigen Weg zur Tugend wählte und nicht die breite und mühelose Straße zum Genuß.

Genau dieselbe Geschichte hat man mir in jungen Jahren erzählt, und ich war davon ebenso beeindruckt wie die anderen. Doch mit der Zeit bin ich skeptisch geworden. Ich frage mich jetzt, ob diese Lektion für alle taugt, ob die Wahl zwischen den beiden Wegen nicht eine ganz individuelle Angelegenheit, eine Ansichtssache ist. Wenn ich nämlich meiner persönlichen Erfahrung traue, so ist der Weg zum Genuß keineswegs leicht. Die Anstrengungen, die notwendig sind, um hier ans Ziel zu gelangen, sind von fast übermenschlichem Ausmaß und die Ergebnisse manchmal enttäuschend. Der Pfad der Tugend dagegen ist mir immer breit und bequem erschienen. Gedränge und Durcheinander kennt man dort nicht, und selbst zu den Stoßzeiten gibt es immer noch Platz genug.

Doch die Bedeutung der Geschichte reicht, zumindest in meinen Augen, über diesen Aspekt hinaus. Ich beneide Herkules um seine Kraft, seinen Mut und um all seine für uns schwächliche Kreaturen unerreichbaren Eigenschaften, vor allem aber beneide ich ihn darum, daß er das Glück hatte, überhaupt am Scheideweg zu stehen. Wir hatten nie die Wahl. So wie man uns ins Leben verfrachtet hat, ohne uns nach unserer Meinung zu fragen, so wurde auch unser Weg Schritt für Schritt im voraus festgelegt, und wir stehen seit unserer Geburt in der Pflicht. Man hat mich nie gefragt, ob ich Rechtsanwalt, Mechaniker oder Apotheker werden wollte; die Kaufmannslaufbahn oder, bescheidener ausgedrückt, der Beruf des kaufmännischen Angestellten ist mir vom Schicksal mit der gleichen Gewalt, der gleichen Autorität aufgezwungen worden wie mein Geschlecht, meine Größe, die Farbe meiner Augen oder die meiner Haare, als ich noch welche hatte. Ich beneide Herkules. Ich beneide all diejenigen, denen es gewährt war, selbst ihren Weg zu wählen – oder das Gefühl zu haben, ihn selbst zu wählen –, sei es ein guter oder schlechter, ein glücklicher oder holpriger, ein ehrenhafter oder schändlicher Weg. Sie hatten zumindest die Genugtuung oder die angenehme Illusion, für einen Augenblick ihr Schicksal in den eigenen Händen zu halten.

Meine ersten Erinnerungen sind vage, verworren und ganz und gar uninteressant. Wie durch eine Wolke hindurch sehe ich die *Fontaine des Innocents* vor mir sowie ein Süßwarengeschäft, das es dort in der Gegend gab, aber da hört die Geschichte für mich auch schon auf, ich kenne ihre Fortsetzung nicht. Ich bin in der Rue de Turbigo zur Welt gekommen, anschließend wohnten wir in der Rue des Pyrénées, aber von diesen Wohnungen habe ich keinerlei Vorstellung behalten. Später lebten wir dann in der Rue de l'Atlas, wo auch unsere Fabrik stand, und die Aufteilung jener Räumlichkeiten habe ich noch ziemlich deutlich im Gedächtnis. Ich erinnere mich daran, daß es einmal nachts gebrannt hat und wir Kinder zu Freunden gebracht wurden, die ein paar Häuser weiter wohnten. Anschließend wurde die Fabrik in die Rue Bisson verlegt, und wir bezogen eine Wohnung in der Rue Etienne Dolet. Es wird wohl deutlich, daß all diese Umzüge das untrügliche Zeichen einer Art Abstieg waren. Die Geschäfte gingen nicht besonders. Der Zierat aus geschliffenem Stahl für Damenbekleidung, um die Jahrhundertwende noch sehr *en vogue*, war immer weniger gefragt. Der Tod der Königin Victoria scheint ihm aus einem mir unbekannten Grund einen tödlichen Schlag versetzt zu haben. Mein Vater galt als ein kühner und besonnener Unternehmer, doch er starb mit neununddreißig Jahren, als ich noch ein Säugling war, und wurde von seiner Familie und den zahlreichen Freunden, die er sich in der Geschäftswelt geschaffen hatte, schmerzlich vermißt. Man erzählte sich, daß einer seiner Kunden aus Amerika telegraphiert hatte, um ihm ein Heilmittel gegen Typhus zu empfehlen, jene Krankheit, die ihn dahinraffte. Er hinterließ den Seinen ein Unternehmen, das zwar einen ehrenhaften Ruf besaß, sich jedoch in einer schwierigen Lage befand. Ohne großen Erfolg hatte er versucht, neue Verwendung für die großen Schneide- und Prägemaschinen zu finden, in die er den größten Teil seines Vermögens investiert hatte. Mein Onkel Max, der seine Nachfolge antrat, vermochte auch nicht mehr zu erreichen als er. Es ging immer weiter bergab mit den Geschäften, doch damals bekam ich das noch nicht so richtig mit, obwohl wir nach und nach vom Wohlstand in einen der Armut ähnlichen Zustand abglitten.

Meine Mutter kam sich in der Fabrik, die zwar ihren Namen trug, aber von meinem Onkel geleitet wurde, überflüssig vor und gründete einen Blumen- und Federnhandel, gemeinsam mit einer Dame, die sich gut in der Branche auskannte. Diese kümmerte sich um die

Fertigung, während meine Mutter emsig die Kundschaft aufsuchte. Sie belagerte hauptsächlich die Kommissionsgeschäfte, in denen die ausländischen Kunden, in erster Linie Engländer, Deutsche und Amerikaner, sich mit Pariser Artikeln versorgten. Allem Anschein nach war sie eine ausgezeichnete Verkäuferin, und ich höre noch heute, wie sie uns viele Jahre später von einem amerikanischen Großabnehmer erzählte, der ihr, begeistert von ihrer Redegewandtheit und ihrer Freundlichkeit, angeboten hatte, sie bei sich einzustellen, falls sie irgendwann einmal eine Anstellung suche. In der Zwischenzeit arbeitete sie sozusagen als Handelsvertreterin, während Madame Fleury, die sich in unseren Fabrikräumen niedergelassen hatte, die Herstellung des ganzen Firlefanzes beaufsichtigte. Letztere war eine junge Frau, verheiratet mit einem Herrn von stattlichem Alter und kränkelndem Wesen, der irgendwie Journalist oder Schriftsteller war. Sie arbeitete wohl schon lange in der Firma, denn es wurde noch damals ein Wortspiel meines Vaters zitiert: »Madame Fleury (Wortspiel auf fleurit, dt. erblüht; *Anm. d. Übers.*), Monsieur verwelkt …«. Ich sehe außerdem noch, allerdings wie in einem Spiegel mit trübem Belag, zwei Angestellte vor mir, die im Lager arbeiteten, Ernestine und die kleine Marie, und einige Arbeiter, darunter Louise und Gustave, die unseren Vater gekannt und gemocht hatten und ihre Zuneigung auf die Kinder übertrugen. Zu der Zeit, als ich all das schon bewußt wahrnehmen konnte, umfaßte die Belegschaft sicher nicht mehr als zwanzig Personen. Doch ich besitze noch eine große Photographie, die höchstwahrscheinlich in der Zeit aufgenommen ist, in der das Geschäft blühte; auf dem Photo sieht man meinen Vater und meine

Mutter im Kreise von etwa hundert Personen, Angestellten und Arbeitern mit ihren Familien; denn es sind auch einige Kinder zu erkennen – doch die Kinder der Eigentümer sind nicht dabei, sicher weil sie noch nicht auf der Welt waren. Größe und Niedergang.

Auch die Gesichter zweier Buchhalter sehe ich im Geiste noch vor mir. Der erste war ein Deutscher, Herr Henkel, ein Bekannter der Familie, der uns immer zu Weihnachten einlud, damit wir seinen Baum bewunderten und seine Geschenke in Empfang nahmen. Einmal hatte er für mich – oh Graus! – eine Pickelhaube kommen lassen, die sich dann aber zum Glück als zu klein für meinen Kopf herausstellte. Sein Nachfolger, Monsieur T..., ein Franzose, war ein großer Freund des schönen Geschlechts, und diese teure Leidenschaft zwang ihn, ab und an die Kasse ein wenig zu erleichtern. Monsieur Fleury sprach von ihm als dem Buchhalter, der besonders gut subtrahieren konnte; möge ihm die Erde von solcher Leichtigkeit sein, wie er selbst es war!

Da meine Mutter den ganzen Tag außer Hause und von ihrem Geschäft vollauf in Anspruch genommen war, wurden Dienstmädchen damit beauftragt, sich um die Familie zu kümmern. In der Regel handelte es sich um stämmige Mädchen vom Lande, die sich keine besondere Mühe gaben und noch weniger dazu in der Lage waren, uns feine Manieren beizubringen. Eines dieser üppigen Mädchen, das noch völlig unverdorben war von der städtischen Lebensart, weigerte sich stur, auch nur ein einziges Mal in die Badewanne zu steigen. Da jedoch meine Mutter hartnäckig versuchte, sie zum Nachgeben zu bewegen, lautete ihre endgültige Antwort schließlich: »Ich habe mich noch nie berauscht!«

Sehr viel später – wir wohnten inzwischen in der Rue Etienne Dolet –, bekamen wir eine englische Gouvernante, Mrs. Simpson, eine äußerst fromme Dame, der es gelungen war, sich noch bis in ein recht fortgeschrittenes Alter hinein ihre Bilderbuchschönheit zu bewahren. Obwohl sie schon seit zwanzig Jahren oder länger in Paris lebte, blieb die französische Sprache für sie eine unbekannte Sprache, weshalb wir in ihrer Gegenwart wohl oder übel Englischsprechen üben mußten. Ihre Güte, ihre Treue und ihre liebevolle Fürsorge haben einen starken Eindruck auf den kleinen Kerl ausgeübt, der ich damals war, und ich schulde ihr meine innigste Dankbarkeit. Sie war es, die mir eines Tages im Brustton der Überzeugung mitteilte, meine Mutter sei eine »Lady«, ein Urteil, das ich niemals vergessen sollte. Meine Mutter, eine Frau, die Geist und Herz besaß, verdient in der Tat meine ganze Verehrung. Als sie mit siebenundzwanzig Jahren Witwe wurde und drei Gören zu versorgen hatte, entzog sie sich nicht einen einzigen Augenblick ihrer Pflicht. Obwohl sie, nach einer sorglosen Jugend und einigen wenigen Jahren ehelichen Glücks, in ein Leben voller Mühsal und Sparsamkeit gestürzt worden war, machte sie sich, ohne Murren und ohne jemals mutlos zu werden, an die Arbeit, und ich habe sie nie der Vergangenheit nachtrauern hören.

Zur Zeit ihrer Hochzeitsreise, so erzählte sie uns später, wurde in den Zügen das Lied von Bruant gegrölt:

*Dramen gibt's und Vaudevilles*
*In Belleville …*
*Darum sind auch alle Leut'*

*immer glücklich und erfreut*
*in Ménilmontant*
*in Ménilmontant …*

Die von dem Montmartre'schen Sänger gepriesenen Höhen von Belleville-Ménilmontant waren für sie selbstverständlich unbekanntes Gebiet. Sie ahnte nicht, daß diese volkstümlichen Viertel eines Tages für sie und ihre Kinder zum Wohnsitz, ja fast zu einer Heimat werden würden. Ich erinnere mich noch sehr gut an die Viergroschentheater von Belleville, die in diesen ersten Jahren des Jahrhunderts noch nicht von der Flut der Kinos überrollt worden waren. Ich war noch zu klein, um die Vorstellungen zu besuchen, die dort geboten wurden, doch die reißerischen Plakate, die ich noch heute vor mir sehe, ließen keinen Zweifel daran, daß das prunkvoll inszenierte Melodrama (im Roger-la-Honte-Stil) noch ganz und gar in der Gunst des Publikums stand.

Als ich vor kurzem, nach einer Zeitspanne von mehr als einem halben Jahrhundert, die Straßen meiner Geburtsstadt wiedersah, bereitete mir dieser Besuch ein ziemlich melancholisches Vergnügen. Die Viertel, in denen ich meine Jugend verbracht hatte, wirkten nicht besonders verändert. Belleville und Ménilmontant haben hier und da ihr altes Aussehen bewahrt. In den am stärksten erhalten gebliebenen Winkeln sind lediglich die Mauern etwas älter, etwas schmutziger als damals – aber vielleicht habe ich auch als Kind gar nicht gemerkt, wie dreckig es dort war. Das Haus in der Rue Etienne Dolet ist mir viel kleiner und schmaler vorgekommen, als ich es in Erinnerung hatte. Unsere Fabrik in der Rue de l'Atlas ist verschwunden, an ihrer Stelle befindet sich heute unbebautes Gelände. Unkraut wächst dort, wo einst die großen Prägemaschinen am Werk waren, wo die Arbeiterinnen die in Facetten geschliffenen Stahlspitzen nieteten und die Metallzungen an die Gürtelschnallen montierten. Gibt es ihn noch, den Pariser Arbeiter, von dem es im Lied heißt: *»Samstag abend, nach der Maloche ...«*? Heute begegnet man kaum noch Exemplaren jener Rasse. Schwarze voller Heimweh nach ihrer Savanne, Algerier und andere sonnenverbrannte Gesichter, die aus noch unvorstellbareren Gegenden stammen, verleihen den Randvierteln der Hauptstadt ein leicht orientalisches Aussehen. Der Couscous mit Beilage hat das »Bouillon und Rind« aus meiner Jugendzeit von seiner Vorrangstellung verdrängt. Man hört nicht mehr jene Straßensänger, die vor einem aufmerksamen Publikum ihre sentimentalen Lieder zum Besten gaben, *»Abends in Les Batignolles ...«* oder *»Unter den Brücken von Paris ...«*, während die jungen Näherinnen und die Hausfrauen mit Haarknoten ihnen zwei Sous entgegenstreckten, um dafür das mit blauer Tinte bedruckte Blatt mit dem Liedertext zu bekommen. Entschwunden sind auch die eitlen Athleten und die Säbelschlucker, die ihre durchgescheuerten Teppiche auf den Bürgersteigen der Avenuen vor einem ehrfürchtigen Kreis von Kindern und beschäftigungslosen Arbeitern ausbreiteten.

Wo sind sie hin, die alten Apotheken meiner Kinderjahre, mit ihren grünen, gelben und roten Glasbehältern, die die Schaufenster zierten? Wie der Schnee vom vergangenen Jahr sind sie ebenso dahingegangen wie die Kutschen, die vor 1914 noch jeden Fußbreit Boden gegen die lärmenden Automobile verteidigten. Mir scheint, es ist das Auto, das einen radikalen Einschnitt zwischen dem Paris des Jahrhundertanfangs und der heutigen Stadt bewirkt hat, indem es den Fahrzeugen, aber ebenso den Spaziergängern zwar nützliche, jedoch höchst unnatürliche Verkehrsregeln aufgezwungen hat. Durch die Straßen Schlendern, Spazierengehen, Maulaffen Feilhalten, das sind riskante Freizeitvergnügen geworden. Und doch glaubte ich für einen Moment, als ich den Faubourg Saint-Denis entlangging, wo das Gewimmel der Fußgänger sich wieder unbesorgt seine Rechte nahm, die Menschenmenge meiner Jugend wiederzusehen, wie sie sich mit der Gemächlichkeit einer dicken, zähflüssigen Masse durch die Straßen schob, vorbei an den von Kunden überquellenden Boutiquen. Ja, genau so war es! Und ich war plötzlich richtig glücklich, wieder bei diesem großen, träumerischen Körper zu sein, der sich im Grunde nicht verändert hatte.

Auf den Buttes-Chaumont, zwischen dem Belvédère und dem See, hat die umsichtige Stadtverwaltung einen steilen Weg anlegen lassen, dessen Zementbelag für Kinder, die die Berge nicht kennen, ziemlich gut einen in den Fels gehauenen Pfad imitiert. Es war einer der Orte, an denen ich als Kind am liebsten gespielt habe, und ich bin noch einmal dorthin zurückgekehrt, um meine alten Erinnerungen aufzufrischen. An mehreren Stellen führt der Weg durch kleine Tunnel, und diese finsteren Ecken sind besonders für diejenigen geeignet, die, wenn ich so sagen darf, kleine Bedürfnisse zu befriedigen haben. Nach fünfzig Jahren habe ich dort wieder den üblen, penetranten Geruch wahrgenommen, an den meine Nase sich noch bestens erinnerte. Bei mir habe ich gedacht: Und sei er auch noch so sehr ein Freund der Revolten und Umstürze, der Bürger von Paris hat ohne Zweifel einen großen Überrest an konservativer Gesinnung behalten, denn auch die modernen Generationen bleiben den alten Bräuchen treu. Noch ist nicht alles verloren.

Jedes Pariser Viertel war früher eine Art Provinzstadt in Miniatur. Am runden Platz von Ménilmontant, dem Mittelpunkt unseres Dorfes, bekam man alles, was man brauchte. Ein kleines Warenhaus, das ein Schild mit der Aufschrift »Les Quatres Arrondissement« trug, erhob Anspruch auf rechtschaffene Vielseitigkeit. Nicht weit davon entfernt befand sich ein Friseursalon mit der hochmütigen Devise: »Fünfzehn Künstler, keine Wartezeit!«. Ein Theater namens »L'Epatant« (Das Verblüffende; *Anm. d. Übers.*) bot sogar dank eines Projektors, der Ähnlichkeit mit einer Blendlaterne hatte, die Freuden des Stummfilms – der übrigens nicht ganz stumm war: Der Geräuschemacher vom Dienst ließ nie einen Reiter über die Leinwand galoppieren, ohne uns vernehmen zu lassen, wie die Hufe des Mustangs auf dem altertümlichen Fußboden aufschlugen, und das laute Tosen des Meeres wurde auf angenehme Weise durch das Reiben einer harten Bürste gegen ein Gitter wiedergegeben. Am oberen Ende der Rue Oberkampf befand sich ein kleines, ziemlich schäbiges Schwimmbad, das wir manchmal aufsuchten, wenn uns die Zeit nicht reichte, um in der Avenue Ledru-Rollin schwimmen zu gehen. Ich erinnere mich noch an jenen Badegast, der dort einmal mit einem seiner Kollegen auftauchte. Er sagte zu ihm: »Das hier ist das Becken!« wobei er auf das Kuriosum zeigte, und dann spuckte er einmal kräftig ins Wasser, um seine Aussage zu bekräftigen und die Flüssigkeit zu vermehren.

Schon in der damaligen Zeit mangelte es neben unseren kurzen Beinen, von denen wir eifrig Gebrauch machten, nicht an Verkehrsmitteln. Die ersten Métros tauchten mit lautem Getöse aus der Erde auf, und ihre Jugendstilportale sind noch hier und da zu sehen. Doch man zog es vor, den Omnibus und die Straßenbahn zu benutzen, weil man sich darin sicherer fühlte. Die einzelnen Linien, die noch von stampfenden Gespannen versorgt wurden, waren unter Verwendung einer Terminologie getauft worden, der ein gewisser religiöser Hauch einer anderen Zeit anhaftete: »Madeleine – Bastille«, die Linie, die die großen Boulevards entlangfuhr, »Cours de Vincennes – Saint-Augustin«, »Filles du Calvaire – Les Ternes« … Doch diese unbekannten Gebiete besuchten wir so gut wie nie, da wir es vorzogen, zu Hause, auf vertrautem Boden, zu bleiben, und die Place de la République war für uns das Ende der Welt.

Ich habe auch Quartiere im Zentrum wiedergesehen, in denen schon größere Veränderungen festzustellen sind. Hier und da reckt ein kleiner, neu hinzugekommener Wolkenkratzer sich stolz in die Höhe und scheint sich, ordentlich in Reih und Glied neben den alten, grauen Steinen stehend, nicht fehl am Platz zu fühlen. Notre-Dame und andere Monumente sind gesäubert worden, und beim Anblick ihrer Leichenblässe wünscht man sich fast die schwarze Patina von einst zurück, wenn diese auch bloß aus Staub und Ruß bestand.

Es ist seltsam, diese unzusammenhängenden Erinnerungsfetzen aus meiner Kindheit scheinen heute weit entfernt, so verschwommen und zart verwischt in einem strahlenden, verklärenden Dunst! Sie erinnern mich an die Sehnsucht Dantes, der, aus seiner Heimat verbannt, sich von seinem Ahnen Cacciaguida das karge und sittsame Florenz der einstigen Zeit in den fröhlichsten Farben schildern ließ. Die Distanz vollbringt solche Wunder, die zeitliche wie auch die räumliche; sie läßt den Berg, den wir, in unmittelbarer Berührung mit ihm, als rauh, feindselig und voller Unebenheiten erleben, leuchtend und unberührt erscheinen.

Wir waren schon reichlich verarmt durch den schlechten Gang der Geschäfte, als der Erste Weltkrieg uns endgültig ruinierte. Da man uns verdächtigte, Deutsche zu sein, in einem Frankreich, in dem die patriotischen Werte plötzlich alle anderen hinwegfegten, waren wir gezwungen, Paris und den bescheidenen Grundbesitz, der uns noch geblieben war, zu verlassen. Enterbt, wie wir waren, konnten wir uns im übrigen noch glücklich schätzen, daß wir im Exil eine Zuflucht auf schweizerischem Boden fanden, der ja so gastfreundlich die reichen und müßigen Reisenden empfängt. Meine Mutter, deren Muttersprache deutsch war, war in Zürich ziemlich schnell in ihrem Element, während wir Kinder, dem Französischen treu, uns durch unsere Besonderheit ausgeschlossen fühlten – ich ganz besonders. Unsere Mutter hatte immer ein geselliges Wesen gehabt: In kurzer Zeit hatte sie sich einen Freundes- und Bekanntenkreis geschaffen. Leider habe ich das Redetalent, die Kontaktfreudigkeit und die Kunst, Bekanntschaften zu schließen, nicht von ihr geerbt; mein ältester Bruder dagegen hat sich all diese Tugenden angeeignet. Ich bin beinahe ein Einsiedler geblieben, zumindest ein Mann, der von sich aus unfähig ist, die notwendigen ersten Schritte zu unternehmen.

Zu Beginn unseres neuen Lebens ging meine Schwester noch zur Schule. Mein Bruder und ich, siebzehn- und fünfzehnjährig, verdienten gerade eben soviel, daß wir meiner Mutter helfen konnten, über die Runden zu kommen. Jene Kriegsjahre waren die schwierigsten, trotz der freiwilligen Hilfe, die uns die wohlhabendsten Mitglieder unserer in alle vier Winde verstreuten Familie zukommen ließen. Die Rationierung war streng, und oft geschah es, daß wir uns unsere Suppe aus der Volksküche holten und richtig glücklich waren, wenn wir in dieser undefinierbaren Brühe Nudeln, Bohnen oder andere als nahrhaft geltende Bestandteile fanden. Als wieder Frieden herrschte, entspannte sich unsere Lage allmählich, da meine Mutter versuchte, ihre Finanzen durch die Unterbringung von Pensionsgästen aufzubessern, wobei sie sich ständig bemühte, ein wenig mehr als ihre Pflicht zu tun. Sobald unser Bruder auf eigenen Füßen stehen konnte, verließ er die Hausgemeinschaft, und wir sahen ihn nur von Zeit zu Zeit wieder; meine jüngere Schwester und ich dagegen, durch unser schüchternes Wesen aneinandergeschweißt, blieben bei unserer Mutter und bildeten bald mit ihr ein quasi unzertrennliches Trio.

Sainte-Beuve, dieser große Gebildete, mittelmäßige Poet und üble Bursche, machte Lamartine den Vorwurf, er spreche unaufhörlich in den höchsten Tönen von seiner Mutter, und seine eigennützigen Lobreden hätten natürlich die schmeichelhaftesten Rückwirkungen auf ihren Urheber. Wenn diese Kritik auch noch so ungerecht ist, so möchte ich doch vermeiden, daß man sie auch gegen mich richtet; ich werde deshalb sorgsam darauf achten, nicht nur Gutes über meine liebe Mutter zu sagen. Die langen Jahre der Sparsamkeit und der

Entbehrungen hatten auf sie abgefärbt, und sie zeigte manchmal beim Geldausgeben eine etwas knauserige Zurückhaltung. Sie liebte Blumen, und die, die ich ihr von meinen Bergtouren mitbrachte, bereiteten ihr ungetrübte Freude, doch die Blumensträuße, die ich im Laden gekauft hatte, nahm sie nie ohne Vorwürfe entgegen. Da ich für jegliche Arbeiten, die das mindeste handwerkliche Geschick erfordern, äußerst unbegabt war und bin, nutzte sie gerne den Besuch von fähigeren Freunden von mir dazu aus, um die Reparatur etwa ihres Bügeleisenkabels oder ähnliche Tätigkeiten erledigen zu lassen. Manche von diesen Freunden, die von Natur aus nicht besonders freigiebig oder aber von ihren lieben Gattinnen aufgestachelt worden waren, schlossen daraus, meine Mutter sei geizig und versuche, ihre Gefälligkeit auszunutzen. Das war ein Irrtum. Aber Mutter war unfähig, der Versuchung zu widerstehen, ein wenig Geld zu sparen. Da sie selbst immer bereit war, jemandem einen Gefallen zu tun, konnte sie sich nicht vorstellen, daß andere dies nicht unbedingt gerne taten. Mein Bemühen, mich nicht in zu große Ausgaben zu stürzen, besonders wenn diese mich selbst betreffen, ist wie eine erbliche Belastung an mir haften geblieben.

Meine Mutter hatte, wenn auch von der allerbesten Absicht angetrieben, den starken Drang, die Zügel in der Hand zu halten, und meine Schwester und ich mußten fast immer nachgeben. Dies ist ein Fehler, von dem ich glaube, weitestgehend verschont geblieben zu sein. Meiner Mutter selbst schien es zweifellos gerechtfertigt, daß sie uns ihren Willen aufzwang; denn sie wollte ja nichts für sich selbst. Anderen gegenüber war sie sehr gütig und immer bereit, zu helfen und Gutes zu tun, sich selbst gegenüber jedoch legte sie eine spartanische Härte an den Tag. Noch kurze Zeit vor ihrem Tod hatten wir bei Tisch oft Auseinandersetzungen, weil sie sich immer aufopfern und uns die besten Stücke überlassen wollte. Als sie während meiner Ehe manchmal an solchen Familienmahlzeiten teilnahm, empfand meine Frau unsere Wortwechsel als unangenehm und warf uns vor, wir seien eine streitsüchtige Familie. Ich habe vor weit mehr als fünfzig Jahren einmal ein wunderbares Spargelgericht in die Toilette geworfen, doch dieser Akt des Vandalismus lastet nicht besonders schwer auf meinem Gewissen. Wir aßen dieses Gericht alle drei für unser Leben gern, und meine Mutter mochte es ganz besonders. Aber sie war an jenem Tag von einem unüberwindbaren Aufopferungsdrang besessen, und obwohl genügend für die ganze Familie da war, wollte sie sich nicht auch nur eine einzige Spargelspitze servieren. Meine Schwester und ich, aufgebracht über ihren Verzicht, weigerten uns, die Spargel ohne sie zu essen. Ich mußte ihr ein Ultimatum setzen, wobei ich ihr ohne Umschweife meine Absicht deutlich machte, und da Mutter steif und fest auf ihrer Weigerung bestand, führte ich meine Drohung aus, und die köstlichen Spargel erfuhren jenes traurige Schicksal.

Ihr Pflichtgefühl nahm nicht immer solche extremen Formen an. Sie war aufrichtig davon überzeugt, daß wir in unserem Alter mit gesundem Appetit essen sollten, zum Ausgleich für vergangene und vielleicht noch kommende Entbehrungen. Als Kinder hatten wir des öfteren Schilder in den Schaufenstern hängen sehen, die verkündeten: »Wegen Vergrößerung geschlossen« oder »Wegen Vergrößerung zieht unser Geschäft um …«. Wenn meine Schwester und ich, beide lange Zeit klein und schmächtig, unsere Suppe ordentlich aßen, gebrauchte Mutter oft die Wendung: »Komm, noch einen Löffel, wegen Vergrößerung.«

Sie hatte außerdem einen anderen schweren Charakterfehler, über den ich um so eher etwas sagen kann, als ich selbst ein wenig davon befallen bin: Sie zog die Leute, die sie gerne mochte, eindeutig denjenigen vor, die sie nicht mochte. Mit anderen Worten, sie war nicht unparteiisch. Sie hätte sich gevierteilt, um den Menschen eine Freude zu machen, die ihre Sympathie besaßen, doch den anderen gegenüber konnte sie kalt und unangenehm sein. Während sie zu ersteren liebenswürdig, herzlich und höchst aufmerksam war, mußten die Leute, die nicht ihre Zuneigung genossen, sich mit der kleineren Portion begnügen, und wenn sie nicht gerade ein dickes Fell hatten, bemerkten sie es sehr bald. Mutter war nicht von Natur aus ungerecht, ihre Antipathien waren in der Regel wohl begründet, doch wenn sie einmal ein Gefühl für jemanden entwickelt hatte, ließ sie nicht mehr davon ab. Sie war nachtragend, und wenn erst einmal eine handfeste Abneigung gegen einen Menschen in ihr entstanden war, stellte sie ihr Urteil nicht mehr in Frage, dann war es aus.

Dies ist ein charakterlicher Mangel, das will ich nicht leugnen, und es stünde mir schlecht an, dies zu tun, da ich selbst davon betroffen bin. Ich glaube nicht, daß ich so nachtragend bin wie meine Mutter, doch ich bin nicht weniger parteiisch. Ich vermag es nicht, nett und herzlich zu Leuten zu sein, die ich nicht mag, und, was noch schlimmer ist, ich habe überhaupt keine Lust, diese Schwäche abzulegen. Gut zu denen zu sein, die wir mögen, ist keine Tugend, sondern ein Genuß, eine der süßesten Freuden des Lebens, und wir haben keinerlei Ursache, uns etwas darauf einzubilden. Doch einen Widerwillen zu überwinden, der sich einmal festgesetzt hat, sich nett und freundlich gegenüber denen zu geben, die einem Böses wollen und auch tun, das ist eine Kunst. Dabei können auch einige Hintergedanken mitspielen, denn im Lebenskampf ist es niemals von Übel, seine Gefühle zu verbergen: Es erlaubt einem, so manchen Zusammenstößen und Unannehmlichkeiten aus dem Weg zu gehen. Derjenige jedoch, der versucht, sich feste und dauerhafte Freundschaften zuzulegen, ohne es immer allen recht machen zu wollen, wird genau gegenteilig handeln, denn er wird es vorziehen, sich so zu geben, wie er ist, und hoffen, sein Gegenüber werde sich genauso verhalten. Nach diesen Ausführungen möchte ich niemandem zu einem solchen Verhalten raten: Ich sehe nur zu gut, wohin es mich geführt hat. Ich gestehe lediglich, daß ich meinen Fehler nur halbwegs bereue, da der Erfolg vielleicht nicht alles ist im Leben.

Onkel Max gehörte zu denjenigen, die in meiner Kindheit einen überragenden Einfluß auf mich ausübten, und das nicht nur wegen seiner Größe. Er war der ältere Bruder meiner Mutter, und er war eigens aus Deutschland angereist, um nach dem Tod unseres Vaters die Leitung der Fabrik zu übernehmen. Er war ein Riese von fast zwei Metern Größe, ein schöner Mann mit üppigem rotem, gelocktem Haar. Er hatte sich schnell eingelebt, und er erfand Wortspiele, die eines geborenen Franzosen würdig waren. Obgleich ledig, war er gewiß kein Asket und hatte offenbar viel Erfolg bei den Damen. Da Gegensätze sich anziehen, war seine Freundin Anne-Marie winzig, doch sie war sehr nett und wurde von der ganzen Familie geschätzt. Neben den Damen mochte Onkel Max auch Kinder sehr gerne, und diese erwiderten seine Zuneigung durchaus. Er war fröhlich, konnte lachen und die anderen zum Lachen bringen – selbst wenn uns der Sinn von manchen seiner deutschen Witze erst viele Jahre später klar wurde. Er kam einmal die Woche zu uns zum Abendessen, und seine Besuche waren für uns immer ein Fest, abgesehen davon, daß das Essen bei dieser Gelegenheit besser als gewöhnlich war. Ab und an nahm er die beiden Jungen mit ins Restaurant, fast immer ins Duval, das für uns das Luxuriöseste war, was es überhaupt gab, und wir genossen die uns überlassene Freiheit, uns unser Menü selbst zusammenstellen zu dürfen. Wir mißbrauchten diese Freiheit allerdings nicht; da wir in dem Kindesalter waren, in dem man gefühlsmäßig konservativ ist, und da wir nichts riskieren wollten, bestellten wir regelmäßig ein Steak als Hauptgericht.

Um seine gigantische Größe zur Geltung zu bringen, hatte Onkel Max die Angewohnheit angenommen, sich an öffentlichen Plätzen mit wohlkalkulierter Langsamkeit zu erheben, so daß die Zuschauer sich fragen mußten, ob dieses Aufrichten jemals ein Ende nehmen würde. Eines Tages erzählte er uns – allerdings weiß ich nicht, ob diese Anekdote der Wahrheit entsprach oder nur ein Witz war –, daß er einmal in einem namhaften und teuren Restaurant, in dem man ihm ein sehr durchschnittliches Essen vorgesetzt hatte, den Kellner bat, den Chef des Hauses kommen zu lassen. Als dieser herbeigeeilt war, sagte mein Onkel zu ihm: »Werter Monsieur, erlauben Sie, daß ich Sie umarme.« – »Aber warum denn?« wunderte sich der Gastwirt. »Weil wir uns nie mehr wiedersehen werden!« entgegnete mein Onkel unbewegt.

Seine Liebe zu den Kindern hinderte ihn nicht daran, diese mit größtem Vergnügen zum Narren zu halten. Er besaß eine jener Taschenuhren, wie man sie in diesen vorsintflutlichen Zeiten hatte, groß und dick wie eine kleine Wanduhr und an einer beeindruckenden Kette angebracht, mit einem Deckel, in den seine Initialen eingraviert waren – das Ganze aus massivem Gold und offenbar von unschätzbarem Wert. Ab und zu zeigte er uns das Prachtstück und ließ uns dagegen pusten, woraufhin sich der Deckel öffnete und das Zifferblatt zum Vorschein kam. Später erfuhren wir, daß man den Mechanismus mittels eines verborgenen Knopfes auslösen konnte; vielleicht haben wir die List auch damals schon geahnt. Aber wir mochten unseren Onkel Max zu sehr, als daß wir ihm nicht den Genuß gelassen hätten, uns an der Nase herumzuführen.

Um uns zu ärgern, hatte er sich angewöhnt, uns einen alten Witz als Neuheit zu präsentieren, der mir noch wortwörtlich im Gedächtnis haften geblieben ist, weil ich ihn sicherlich hundertmal zu hören bekommen habe: »Ein Engländer kommt nach Paris, geht in ein Restaurant und bestellt ein Steak. ›Mit Vergnügen, Monsieur‹, erwidert der Kellner. ›Nein, nicht mit Vergnügen, mit Kartoffeln!‹« Manchmal sprach er, um das Ganze etwas abzuwandeln, die letzten Worte mit englischem Akzent aus, und dann amüsierte er sich wie verrückt und tat so, als glaube er, wir hätten seinen schlecht aufgewärmten Witz begeistert aufgenommen.

Selbst nach zehn Jahren Pariser Leben war Onkel Max in seiner Seele ein Preuße geblieben. Patriot vom Scheitel bis zur Sohle, ließ er seine Anzüge immer von seinem Kölner Schneider anfertigen. Er verachtete die französischen Ärzte und behauptete, im Krankheitsfalle ließe er sich immer noch lieber von einem deutschen Veterinär behandeln. Die Mediziner jenseits des Rheins sollten ihm jedoch kein Glück bringen: Ihrer Pflege überlassen, starb er, wenn ich mich nicht täusche, 1916, noch nicht einmal fünfzigjährig, an einem Brustleiden, und seine robuste Konstitution mußte sich einer Kunst beugen, auf die er unvorsichtigerweise große Stücke gehalten hatte.

Preußisch waren auch seine Ansichten zur Erziehung. War er selber auch ganz und gar unfähig, uns eine Ohrfeige zu verabreichen, so warf er doch oft meiner Mutter vor, sie erziehe uns mit viel zu großer Nachsicht. Wenn man ihm hätte Glauben schenken wollen, erteilte sie uns nie die Strafen, die wir verdienten, sondern zog es vor, es bei freundlichen Drohungen wie dieser bewenden zu lassen: »Am 26. Dezember 1932 bekommst Du eine ordentliche Tracht Prügel!« Ich erinnere mich in der Tat nicht daran, in meiner Kindheit oft verhauen worden zu sein, aber ich habe sowieso kein besonderes Vertrauen in den Wert von Erziehung im allgemeinen, und ich glaube nicht, daß der Mangel an Mißhandlungen unsere Entwicklung großartig beeinflußt hat. Man erzählte uns, daß unsere Vettern Fred und Ernst, als sie sich einmal auf der Straße besonders unmöglich aufgeführt hätten, vor den Augen der verblüfften Passanten ganz vorschriftsmäßig ihre Hosen hätten herunterlassen und die angemessene Tracht Prügel über sich ergehen lassen müssen, was die Ansammlung braver Pariser Bürger mit empörtem Murmeln und Brummen mißbilligt hätte.

Neben Onkel Max waren unsere wichtigsten in Paris lebenden Familienangehörigen Edwige, die jüngere Schwester meiner Mutter, und Onkel Ervin, der von seinem Pariser Büro aus eine Modeschmuckfabrik in Böhmen leitete. Im Gegensatz zu unseren Geschäften schienen seine zu florieren, und ich wunderte mich jedesmal, wenn er mir nichts, dir nichts beschloß, sich auf einen Sprung nach Gablonz zu begeben, was in diesen gesegneten Zeiten, in denen das Flugzeug noch unbekannt war, einer langwierigen Reise gleichkam. Der Wohlstand sollte unseren Verwandten, die in meiner Vorstellung für ein sorgloses Leben bestimmt waren, nicht gut bekommen. Da sie ihre Fabrik und ihr Haus in der Tschechoslowakei nicht rechtzeitig zu verlassen vermochten, wurden sie von den Nazis interniert und kamen, wie so viele andere, in einem Konzentrationslager ums Leben. Aber zu dem Zeitpunkt, von dem ich hier spreche, verkörperten sie in unseren Augen Luxus und Erfolg. Unsere Cousinen Suzanne und Andrée, beide etwas jünger als wir, waren für meine Schwester Mathilde und mich die idealen Spielgefährtinnen, und es machte uns immer Spaß, sie donnerstags in der Rue Perrée zu besuchen, selbst wenn unser Bruder sich nicht an unseren ausgelassenen Spielen beteiligte. Meistens spielten wir Vater und Mutter, wobei Suzanne und ich uns die Rolle der Eltern vorbehielten, während Andrée die Tochter des Hauses spielte und Mathilde, die Jüngste, auf allen Vieren den Hund mimte und aus Leibeskräften bellte.

Der einzige dunkle Fleck in diesem Bild war Tante

Edwiges Strenge. Da sie wußte, daß unsere Mutter kaum Zeit hatte, sich um uns Kinder zu kümmern, betrachtete sie es als ihre Pflicht, diese Lücke zu füllen, und unterzog uns, sobald wir ihre Domäne betraten, einer ausführlichen Prüfung, bei der sie besonders unsere Ohren mit größter Genauigkeit inspizierte. Für Mathilde wie für mich waren diese Ohrenuntersuchungen eine kleine Folter. Rächten wir uns etwa anschließend, indem wir uns weigerten, den klanglichen Herrlichkeiten Gehör zu schenken, die das Haus versprach? Jedenfalls erinnere ich mich nicht, Onkel Ervin jemals Klavierspielen gehört zu haben, obwohl man uns gegenüber nicht nachließ, seine musikalischen Fähigkeiten zu rühmen.

Der zweite hervorragende Pianist dieser künstlerisch begabten Familie war Oscar, ein Cousin meiner Mutter, Armaturenfabrikant und großer Chopin-Verehrer. Auch ihn zu hören hatten wir nicht oft Gelegenheit, denn er führte damals ein Junggesellenleben und heiratete erst in vorgerücktem Alter. Einige Jahre später bekam ich die Möglichkeit, für seinen Betrieb zu arbeiten; er brüstete sich mit seinen zahlreichen Prozessen, die er dank seiner Gerissenheit auch fast immer gewann. Sein Bruder Walter, der später ein echter Freund werden sollte, obwohl er zwanzig Jahre älter war als ich, reiste kreuz und quer durch die Welt, um seine Wasserhähne zu verkaufen, und allem Anschein nach war er ein guter Verkäufer, denn er war redegewandt – manchmal ein bißchen zu sehr für meinen Geschmack. Das einzige Instrument, das er spielte, war das Grammophon, und ich sehe ihn noch vor mir, wie er eines Abends bei uns auftauchte, unterm Arm einen Phonographen mit großem Schalltrichter, und uns voller Ungeduld diesen Kunstgenuß vorführen wollte, der zu jener Zeit noch die volle Anziehungskraft des Neuen besaß.

Ich hatte jenen großen Vorteil, den manche Leute zweifellos für einen schwerwiegenden Nachteil halten, ein frühreifes Kind, ja fast ein Wunderkind zu sein. Ohne behaupten zu wollen, ich hätte die Weisheit mit Löffeln gefressen, kann ich mich nicht an eine Zeit erinnern, in der ich nicht hätte lesen können. Ich habe mit dem Lernen in einem unmöglichen Alter begonnen, wenn ich mich nicht irre, noch unter fünf Jahren, und die Lehrer brachten mir eine Mischung aus Respekt und Mitleid entgegen. Da ich außerdem mehrere Klassen übersprungen habe, befand ich mich später inmitten viel älterer Schüler, zu denen ich kaum eine Beziehung aufbauen konnte. Dank dieses Altersunterschiedes, der zum Schluß vier bis fünf Jahre betrug, bin ich in sehr geringem Maße von der Erziehung verseucht worden, weder von der, die einem die Schullehrer angedeihen lassen, noch durch die Lebenserfahrungen, die einem die Mitschüler vermitteln und die womöglich noch schlimmer sind. So war ich nach der Pubertätskrise, die von den modernen Autoren so hoch gepriesen wird (Pubertät, geliebte Pubertät ...), mehr oder weniger vollständig, ohne daß es in meiner Entwicklung von der Kindheit bis zum Erwachsenenalter große Unterbrechungen gegeben hätte.

Diese fehlende Beziehung zu meinen Zeitgenossen hat mich sicher daran gehindert, den Tabak zu mögen, und mich jener von Friedrich II. und Napoleon so gerühmten Wonnen beraubt. Ich schätze mich nicht höher ein als andere, es handelt sich hierbei nur um die Feststellung einer Tatsache. Wenn es gar keine Versuchung gibt, ist es einfach zu widerstehen. Die jungen Leute, die sich gerne wie Erwachsene, und die Frauen, die sich männlich benehmen wollen, finden möglicherweise im Tabak eine gewisse Selbstbestätigung; vielleicht verlangte meine Eitelkeit nach anderen Formen des Ausgleichs. Ich erinnere mich, wie einmal meine Schwester und eine ihrer Freundinnen in meiner Gegenwart eine Zigarette nach der anderen rauchten und sich über meine Enthaltsamkeit lustig machten; um sie zu ärgern, entgegnete ich ihnen, ich fände das Rauchen zu weiblich.

In der privaten Lehranstalt von Mademoiselle Mazurier im Quartier Les Buttes Chaumont, wo ich die ersten Erfolge meiner literarischen Laufbahn für mich verbuchen konnte, war ich ein As und die Zierde meiner Klasse. Als meine Mutter mich von dieser kleinen Privatschule nehmen wollte, um mich aufs Gymnasium zu schicken, flehte die gute Frau sie an, mich noch eine Zeitlang bei ihr zu lassen: Es bereite ihr so große Freude, einen so begabten Schüler anzuleiten, und ich sei eine so gute Werbung für ihr Institut! Ich erwähne diesen Vorfall lediglich, um meine Entwicklung zu verdeutlichen und ohne daraus irgendeinen Ruhm für mich ableiten zu wollen. Sie und ich, wir wissen sehr gut, daß Frühreife ein sehr schlechtes Zeichen ist und daß die für ihr Alter zu stark entwickelten Kinder mit der Zeit unweigerlich zu Idioten werden.

Die Schulen, die ich danach besucht habe, das Lycée Voltaire und die Handelsschule, haben keine besonders nachhaltigen Eindrücke bei mir hinterlassen. Mein sehr junges Hirn sog alles auf wie ein Schwamm, ich lernte mit unverhältnismäßig großer Leichtigkeit, daher mein rasches Vorankommen, doch das angehäufte Wissen hat sich mir nicht sehr tief eingeprägt. Ich erinnere mich nur noch schwach an zwei Lehrer, Henry Carnoy im Lycée Voltaire, Autor von Jugendromanen, dessen Unterricht ich sehr gerne mochte, denn er erzählte uns fast immer Geschichten, und an Chambonnaud, meinen Englischlehrer an der Handelsschule, einen rundlichen, fröhlichen Mann, auch er ein Schriftsteller, der hin und wieder ganz gerne irgendein ziemlich anspruchsloses Bonmot von sich gab, das mich dennoch zu erheitern vermochte. Ich habe auch die Namen mehrerer Mitschüler in meinem Gedächtnis zurückbehalten: Douay, der Klassenbeste, vor allem aber auch einige Ausländer, der Italiener Salvarelli, der Engländer Schoolbred und der Russe Popow, dessen Name berühmt geworden ist durch den Erfinder so vieler Wunderdinge, an den ich mich jedoch als einen blassen, pausbäckigen Jungen erinnere, der zu unserer großen Freude einmal beim Aufzeichnen der Polarregionen sein Werk mit den Worten »Artistisches Eismeer« erläuterte.

Meine Vorliebe für geistreiche Worte – und für Worte ganz allgemein – reicht weit zurück; ich habe mich immer gerne selber erzählen hören oder mir selbst etwas erzählt, gut konstruierte Geschichten. Als ich ganz klein war, noch kleiner, als ich es später geworden, wieder geworden bin, schlüpfte ich mit Vergnügen des Morgens zu meiner Mutter ins Bett, um ihr meine Geschichten zum besten zu geben. Natürlich hatte ich keine Ahnung vom Ödipuskomplex, der damals noch nicht erfunden war, und ich habe keinerlei Erinnerung an meinen Vater zurückbehalten. Später sollte meine Mutter mir den Inhalt dieser Erzählungen, in denen ich damals schwelgte, wieder ins Gedächtnis rufen; sie fand jedoch, wie sie mir vorwarf, ihr Verlauf sei immer viel zu tragisch gewesen, denn ich hatte die Angewohnheit, die Helden meiner Geschichten eines gewaltsamen Todes sterben zu lassen. Ich schloß daraus, daß ich damals mehr Phantasie hatte als heute, denn der Sinn fürs Dramatische, den ich so sehr bei guten Schriftstellern genieße, ist bei mir selbst rasch und so stark verblichen, daß er mir heutzutage leider gänzlich abgeht.

Da meine Mutter sich um ihr Geschäft kümmern mußte, waren unsere Ferien oft durch den Heimatort der jeweiligen Hausmädchen bestimmt, die uns Kindern die Mutter ersetzen sollten und den Haushalt in Ordnung hielten. Einmal fuhren wir nach Saint-Léger de Fougeray in der Nähe von Château-Chinon, und die Morvan-Hügel vermittelten mir einen ersten Eindruck von der Bergwelt, die später einen so wichtigen Platz in meinem Leben einnehmen sollte. Ich war, wie mir scheint, noch ein ganz kleiner Junge von sieben oder acht Jahren, als wir einmal unsere Ferien in Poulaines verbrachten, einem entlegenen Ort im Innern des Département Indre, der Heimat des braven Mädchens, das sich zu dieser Zeit um uns kümmerte. In dieser von der modernen Zivilisation verschonten Gegend war das Leben noch von archaischer Einfachheit. Die Bäckerei war, glaube ich, das einzige Geschäft in diesem Ort, und anstelle des Hauptbuchs befanden sich dort eine Reihe kleiner Täfelchen, auf denen jedes an einen Kunden verkaufte Zwei-Kilo-Brot durch eine Einkerbung vermerkt wurde. Die Versorgung mit Kolonialwaren erledigte ein Unternehmen, *Der Pflanzer von Caïffa,* dessen Lieferdreirad von Zeit zu Zeit in der Gegend vorbeikam und den Hausfrauen Zucker und Kaffee brachte. Ich erinnere mich noch an die endlose Fahrt mit mehrmaligem Umsteigen, darunter auch einmal in Vierzon, bei glühender Hitze und zwischen einem Haufen von Gepäck. Wie alle Kinder war ich verrückt nach Tieren; vor allem die Esel, diese braven, geduldigen Tiere, deren Ruf man in so ungerechter Weise schlechtgemacht hat, genossen meine Zuneigung. Als kleiner Pariser Junge besaß ich nur geringe Kenntnisse in Naturkunde; die schlauen Bauersleute nutzten dies aus und versprachen mir, sie würden mir bei Gelegenheit ein Eselsei schikken, das ich glaubte selbst in meinem Bett ausbrüten zu können. Welche Freude wäre es für mich gewesen, einen eigenen kleinen Esel zu besitzen, den ich mit Karotten gefüttert hätte – auf die ich selber gerne verzichtete –, bis er groß genug gewesen wäre, um mich auf dem Rücken zu tragen! Leider war dies einer der ersten meiner allzu zahlreichen Träume, die sich aufgrund höherer Gewalt nicht verwirklicht haben.

Im Geiste sehe ich mich einige Jahre später wieder, zu der Zeit, als ich die Handelsschule besuchte. Ich war knapp elf Jahre alt und ausgesprochen klein und schmächtig für mein Alter, während meine Mitschüler alle vier oder fünf Jahre älter waren als ich. Der besorgte Direktor hatte darauf bestanden, er werde keinerlei Verantwortung übernehmen, falls mich als Strafe für meine mutmaßliche Überbeanspruchung eine Meningitis ereilen sollte. Doch ich war nicht im geringsten überbeansprucht; mein Gedächtnis war ausgezeichnet und ersparte mir so manche Mühe.

Trotz meines mehrjährigen Rückstandes war ich einer der Besten in meiner Klasse und hatte höchstens zwei oder drei Schwachpunkte. Auf dem Gymnasium hatte man mich aufgrund meiner körperlichen Schwäche vom Turnunterricht befreit; diese Unzulänglichkeit haben die Berge mir seither zu überwinden geholfen, so daß es mir sogar vergönnt war, ein ganz ansehnlicher Bergsteiger zu werden. Eindeutig schlecht war ich jedoch in Algebra, und ebensowenig glänzte ich im geometrischen Zeichnen. Meine Klassenkameraden behaupteten, ich benutze den Zirkel für die Geraden und das Lineal für die Kurven. Zweifellos war mir die Mathematik aus irgendeinem unerfindlichen Grund zuwider und ist auch weiterhin eine Wissenschaft geblieben, die ich mich immer gerühmt habe in keiner Weise zu beherrschen, selbst als mich eine Zukunft als Buchhalter erwartete.

Mein Nebenmann in der Handelsschule war ein kräftiger, schwarzhaariger Junge namens Bertin, der nicht gerade eine der Leuchten der Klasse war, dafür aber ein großer Spaßvogel und Witzeerzähler. Er war eigentlich kein böser Kerl, selbst wenn es vorkam, daß er mir vorwarf, Ausländer zu sein. Aber ich könnte mir denken, daß er nicht besonders begeistert war, einen komischen Kauz wie mich neben sich sitzen zu haben, und daß ihm ein lustiger Geselle, wie er selber einer war, lieber gewesen wäre. Wenn er mich auch nicht direkt als Prügelknaben benutzte, so machte er sich doch gerne über meine Arglosigkeit lustig, denn ich war in fast jeder Beziehung schrecklich naiv geblieben. Eines Tages erzählte er mir, sein Vater, der in der Schweiz gewesen war, habe von dort ein Stück ewigen Schnee mitgebracht. Der sehe genauso aus wie der Schnee, den wir kannten, weiß und kalt, aber er schmelze selbst dann nicht, wenn man ihn ins Feuer lege. Ich gestehe, daß ich mich habe hereinlegen lassen; ich war treuherzig, kannte kein Mißtrauen, und die Naturkunde war, wie man schon sehen konnte, nicht gerade meine Stärke. Freund Bertin hat sich bestimmt mit seinen Kameraden bestens über mich amüsiert.

Seither habe ich genügend ewigen Schnee festgetreten, um zu wissen, daß er genauso leicht schmilzt wie der andere, besonders wenn er einem in die Schuhe dringt. Ich glaube nicht mehr an die Ewigkeit des Schnees, noch an die so manch anderer Dinge. Und doch, beim Zurückdenken an diese Anekdote und obwohl ich meine krasse Unwissenheit beklage, gelingt es mir nicht, meine Leichtgläubigkeit wirklich zu bedauern. Denn die Ernüchterung verschafft uns zwar gleichzeitig mit der Erfahrung einige bittere Befriedigungen, jedoch bringt sie auch ihren Anteil an Enttäuschung und Verdrossenheit mit sich, und die als scharfsichtig geltenden Geister sind oft auch die, die am schnellsten bissig werden. So schlägt diese wie durch ein Wunder intakt gebliebene fragile Erinnerung eine Hängebrücke, zart wie der Faden einer Spinnwebe, zwischen dem aufgeweckten und wachsamen Knaben, der ich einst war und der von der Bosheit der Welt nichts wußte, und dem skeptischen, kurzatmigen und mürrischen alten Herrn, der ich mit den Jahren geworden bin.

Sich alte Photos anzusehen, die einen in den verschiedenen Lebensaltern darstellen, ist ein Vergnügen, in das sich fast immer eine gewisse Verwirrung, eine Art beunruhigendes Gefühl mischt. Es ist nie erfreulich, der vom Leben verursachten Schäden gewahr zu werden. Was, dieses pausbäckige Baby, das schamlos seine Nacktheit zur Schau stellt, das bin ich? Und dieser kleine Junge mit dem wachen Blick, mit der spitzbübischen und entschlossenen Miene, auch das bin ich? Und dieser Jugendliche mit den braunen Haaren und dem sanften, liebevollen Gesichtsausdruck? Und dieser junge Mann, der noch im Besitz all seiner Zähne und all seiner Haare ist und in dessen Augen ein fast glücklicher Glanz schimmert? ... Wenn man die Dreißig überschritten hat, schleicht sich, zunächst noch auf fast unsichtbare Weise, der Verfall ein. Unzählige Falten tauchen auf, die sich mit trügerischer Langsamkeit tiefer eingraben. Die Enttäuschungen, die Schmerzen, die Ärgernisse ziehen lautlos ihre Furchen. Ja, genau das ist das Leben: Darauf falle ich nicht noch einmal herein!

Wenn ich so nacheinander die vielen Facetten eines Abenteuers betrachte, das ganz danach aussieht, als handle es sich um eine fortlaufende Realität, beginne ich, ein wenig an meiner Identität zu zweifeln. Gewiß erinnere ich mich daran, daß ich jung war, voller Schwung, fröhlich, ja sogar verliebt. Ich habe nicht vergessen, daß der alte Pflastertreter, der ich heute in allen Ehren bin, zunächst einmal ein Fußgänger in kurzen Hosen war. Ich war noch keine zehn Jahre alt, als ich eines Tages die verrückte Idee hatte, an einem einzigen Nachmittag nacheinander alle Alleen des Quartiers des Buttes Chaumont abzulaufen; ich schaffte es sogar, meine kleine Schwester zu überreden, diese athletische Leistung mit mir zu vollbringen. Genauso habe ich sie ungefähr zehn Jahre später dazu bewegen können, mit mir zu Fuß den Marsch von Zürich hinauf auf die Rigi zu unternehmen. Daß ich ungefähr sechzig Jahre später immer noch hartnäckig an meiner Wanderberufung festhalte, könnte mich zu der glaubwürdigen Folgerung veranlassen, daß ich immer noch derselbe Mensch bin.

Und doch bin ich nicht ganz davon überzeugt. Die Physiologen versichern uns, daß unser Körper in ständigem Wandel begriffen ist, daß in jedem Augenblick alte Zellen den neu gebildeten weichen müssen. Wie bei der Vorstellung eines Messers, dessen Griff und Klinge man beide nacheinander austauschen würde, bleibt angeblich nach einer gewissen Zeit nichts mehr von den materiellen Partikeln übrig, aus denen sich ursprünglich unsere Anatomie zusammensetzte. Im geistigen Bereich ist es noch viel schlimmer. Was bleibt übrig von den Sehnsüchten unserer Kindheit, von den lang anhaltenden Hoffnungen und den weitläufigen Gedankengängen unserer Jugend, von den ehrgeizigen Träumen von Glück und Ruhm, die mich auf meiner einsamen Wanderschaft bis ins reife Alter hinein begleitet und mich wie ein unsichtbarer und barmherziger Schleier einhüllten und isolierten, was bleibt von all dem übrig?

Da unsere heutigen Gedanken nicht mehr die unserer Jugendzeit sind und unser verfallener Körper nur eine vage Ähnlichkeit mit dem besitzt, in dem wir vierzig Jahre zuvor gesteckt haben, überlebt nur die Erinnerung als Bestätigung der Kontinuität unseres Seins. Das Leben oder das, was davon übrigbleibt, hängt nur noch an den wenigen Perlen einer Kette, aufgefädelt auf der zarten Schnur des Erinnerns, bei der stets zu befürchten ist, daß sie reißt. Wer beweist uns freilich, daß diese Erinnerungsfetzen wirklich aus erster Hand stammen? Sind sie nicht vielmehr nur der Widerschein einer Erinnerung, das Echo einer verschütteten Stimme, der Schatten eines Schattens?

Ist schon unsere Identität gar nicht so gesichert, wie wir es uns manchmal an unseren euphorischen Tagen eingebildet haben, so ist unsere Lieblingsvorstellung von einer Welt, die sich um unsere einem Fels gleichende, unveränderbare Persönlichkeit herum bewegt, wandelt und regt, nun wirklich der allerletzte Unsinn. Wenn man in einem Zug sitzt, der im Bahnhof neben einem anderen Zug steht und plötzlich eine Veränderung in der Reglosigkeit der Dinge wahrnimmt, weiß man auf den ersten Blick nie, ob der eigene oder der gegenüberstehende Zug sich in Bewegung setzt. Was für eine lächerliche Anmaßung ist es doch, sich den Menschen, diese Verkürzung eines Atoms, in einem Universum, in dem alles sich bewegt, alles sich verändert und in dem das Tempo dieser Veränderungen einem den Verstand verwirrt, als ein Wesen mit einer beständigen, unerschütterlichen Individualität vorzustellen. Genauso hat man sich vor Kopernikus eingebildet, die Erde sei der Mittelpunkt, um den sich Sonne und Sterne wie Karussellpferdchen drehen. Ja, ich weiß, man soll nicht zu bescheiden sein, der Mensch hat auch seinen Wert und seine Erhabenheit, er hat Amerika, den Draht zum Butterschneiden, die Atombombe und so viele andere schöne Dinge erfunden. Kann man aber deshalb behaupten, er sei der Mittelpunkt aller Dinge?

Vielleicht liegt es an meiner Schüchternheit, daß ich nur so bedingt an die menschliche Größe glaube. Mein Bruder René, der zwei Jahre älter war als ich, hatte, wie ich schon sagte, die ganze Unverfrorenheit der Familie für sich gepachtet und mir und meiner Schwester als Erbteil jene Tugenden des bescheidenen Zurücktretens und der Reserviertheit übriggelassen, die die Literaten sich so sehr zu lobpreisen bemühen, die einen jedoch nicht für den Erfolg rüsten – besonders in meinem Fall, wo sie die lästigste Form von Menschenscheu und Ungeschicklichkeit annahmen. Die uns beiden gemeinsame verschüchterte Sensibilität war sicherlich auch der Grund für die Zuneigung, die Mathilde und mich wie zwei natürliche Verbündete gegen die Unternehmungen des älteren Bruders einander näherbrachte. Diese Verbundenheit sollte unser ganzes Leben lang bestehen und mir manchmal die Eifersucht von Menschen einbringen, die mich liebten, die jedoch die Gefühle, die ich für meine Schwester empfand, übertrieben und beinahe widernatürlich fanden. Jedoch war der prägende Einfluß, den René auf mich ausgeübt hat, deswegen nicht geringer. Zwar hat seine unerschütterliche Selbstsicherheit niemals auf meinen Charakter abgefärbt, noch hat er sich bewußt darum bemüht, meine Erziehung zu perfektionieren. Doch sein Beispiel hat mich, auch wenn ich mich dagegen wehrte, bei zahlreichen Gelegenheiten in Richtungen gelenkt, die ich vielleicht nicht alleine oder aber erst nach vielen tastenden Versuchen und Fauxpas gefunden hätte. Er hatte begonnen, Sprachen zu lernen, und ich bin ihm bald auf diesem Weg gefolgt und habe mein bißchen Freizeit, die Morgen- und Mittagsstunden, geopfert, um eine Sprache nach der anderen zu büffeln. Aber während mein Bruder, der ein praktischer und besonnener Mensch war, sich damit begnügte, den drei Sprachen, die wir schon beherrschten, das Italienische und das Spanische hinzuzufügen, widmete ich mich anschließend aus Liebe zur Kunst auch noch dem Studium der lateinischen, griechischen und sogar der russischen Sprache. Doch ist mir dank der Verbindung, die ich in der Folge und noch lange Jahre später mit einer Gruppe Tessiner Freunde unterhielt, lediglich das Italienische als dauerhafte Errungenschaft erhalten geblieben. Meine Spanischkenntnisse dagegen sind mit der Zeit verblaßt, und die Ähnlichkeit dieser Sprache mit dem Italienischen trug vor allem zu meiner Verwirrung bei. Allerdings erinnere ich mich noch genau an ein Ereignis, das mit meiner flüchtigen Begeisterung für das Idiom des Cervantes zusammenhing: Ich saß in einem öffentlichen Park, mein aufgeschlagenes Lehrbuch der kastilischen Sprache vor mir, als ein Herr sich neben mich setzte, einen Blick über meine Schulter warf und eine Unterhaltung begann. »Ja, Spanisch ist eine sehr schöne Sprache. Es ist nicht so sanft wie das Italienische, aber dafür ist es kraftvoller. Allerdings ist die schönste, reichste und harmonischste europäische Sprache das Russische!« So schwadronierte er noch eine Weile und verließ mich dann, wobei er mir zum Abschied noch zu meinem Fleiß gratulierte, ohne mich jedoch nach meinem Namen zu fragen oder mir seinen eigenen zu nennen. Am selben Abend teilte mir meine Schwester, die gerade die Handelsschule beendete, mit, ihr Lehrer habe ihr anvertraut: »Vorhin habe ich Ihren Bruder getroffen, und wir haben uns ein wenig unterhalten.« Er hatte bis dahin nicht gewußt, daß sie einen Bruder hatte, doch die Familienähnlichkeit muß so groß gewesen sein, daß er diesbezüglich nicht den geringsten Zweifel hegte. Diese Ähnlichkeit hat die Zeit überdauert, wenn sie auch in den letzten Jahren eher in einer Ähnlichkeit der Charaktere als der Gesichtszüge bestand. Gewiß hat es zwischen uns nicht an den üblichen Kontroversen gemangelt, zu einem großen Teil ausgelöst durch meine bedauerliche

Manie des Bücheranhäufens, die eine Quelle lebhafter Diskussionen bildete, mehr aber nicht. Und ich kann diese geschwisterliche Freundschaft, die nie durch den geringsten Zwist getrübt wurde, zu den kostbarsten Gütern meines Lebens zählen.

Der Wunsch, meinem Bruder zu folgen, indem ich Fremdsprachen zu lernen begann, sollte mich übrigens nicht sehr weit führen. Die lateinische Sprache habe ich damals ziemlich gut beherrscht, doch was das Griechische betrifft, mußte ich mich damit begnügen, Xenophon ohne allzu große Mühe lesen zu können und Homer unter größter Anstrengung zu entziffern. Auch in dieser Beziehung ist die Zeit vergangen: Ich habe vor kurzem einen Band mit Fabeln des Äsop aufgeschlagen, die ich vor dreißig oder vierzig Jahren gelesen und mit Anmerkungen versehen hatte; ich mußte feststellen, daß ich inzwischen gerade noch in der Lage war, hier und da ein Wort zu übersetzen. Was das Russische betrifft, so bin ich ebenfalls auf halbem Wege steckengeblieben, obwohl ich mich damals, zur Zeit meiner großen Leidenschaft für Dostojewski, den ich hoffte, eines Tages im Original und mit noch größerem Genuß lesen zu können, mit Begeisterung daranbegeben hatte. Doch der Mensch denkt …

Mein Bruder war auch derjenige, der mich in den Journalismus eingeführt hat, der in gewisser Weise ein Vorzimmer zur Literatur ist. Er war zwar selber kein Musiker, begann jedoch nach dem Studium zahlreicher Bücher als Musik- und Theaterkritiker zu arbeiten, und dies nicht ohne Erfolg. Bis zu seinem Lebensende verfaßte dieser unermüdliche und gebildete Mann regelmäßig Artikel zu den unterschiedlichsten Themen; alles, was er schrieb, wurde sogleich veröffentlicht und brachte ihm berechtigterweise Geld und Ansehen ein. Da ich weder seine Autorität noch sein sicheres Auftreten besaß und meine Talente lediglich in dürftigem Maße pflegte, erlangte ich nur äußerst bescheidenen Erfolg in der Pressewelt und verließ rasch dieses Gebiet, für das ich in keiner Weise geeignet war. Da ich nicht von dem Wunsch besessen war, mein Geld durch Schreiben zu verdienen, bildete die Produktion eines literarischen Werkes an sich eine ausreichende Befriedigung für mich, und es war mir ein Vergnügen, meine Manuskripte eines nach dem anderen in einer Schublade zu verstauen, ohne dabei an das Gebot des Horaz zu denken, der empfiehlt, sie nicht länger als neun Jahre dort liegenzulassen.

Soll ich zugeben, daß ich heute, da ich diese Worte niederschreibe, glaube, nicht mehr so aufgeweckt zu sein wie damals, als ich mit Holzpantinen das Pariser Pflaster entlanglief? Ich erinnere mich, daß ich einmal in der Rue des Ecluses Saint-Martin von einem Herrn angesprochen wurde, der sich erkundigte, ob ich nicht eine Stelle suchte. Ich war, glaube ich, nicht älter als dreizehn, und meine Größe ließ nicht einmal auf dieses Alter schließen. Solch ein Ereignis hat sich seither nie wiederholt, woraus ich schließen muß, daß ich nicht mehr so pfiffig aussehe wie in meinen jungen Jahren. Eines Tages, als ich vielleicht sechs oder sieben Jahre alt war, hatte man mich im Gare Saint-Lazare allein oben an der Treppe zurückgelassen, um schnell eine Fahrkarte zu kaufen. Ich muß wohl mutterseelenallein gewirkt haben, denn ein dicker Mann blieb vor mir stehen und fragte mich freundlich, was ich zu verkaufen hätte. Ich konnte ihm nichts anbieten, denke jedoch heute noch mit Dankbarkeit an diesen freiwilligen Käufer zurück. Später, als ich gegen meinen Wunsch von Berufs wegen Verkäufer geworden war, bin ich nie mehr auf jemanden gestoßen, der sich bereit gezeigt hätte, mir, was immer es auch sei, abzukaufen, noch bevor ich ihm überhaupt meine Dienste hätte anbieten können.

Da ich in den Jahren zwischen fünfzehn und zwanzig noch so kindlich war, statt mich den meinem Alter entsprechenden Ausschweifungen hinzugeben und mich nach mehr oder weniger leicht zu erobernden Schönheiten zu verzehren, habe ich mich ernsthaft der Aufgabe gewidmet, der armen Menschheit das vollkommene Glück zu verschaffen, nach der sie strebt. Ich bin glücklich, sagen zu können, daß meine Bemühungen von Erfolg gekrönt waren. Im Alter von etwa neunzehn Jahren, wenn ich mich nicht täusche, habe ich nach langen Lektüren und intensivem Meditieren die ideale Verfassung entdeckt, die Lösung aller politischen und sozialen Probleme. Leider konnte ich in meinen Schubladen die Spur jener Notizen aber nicht mehr wiederfinden, und mein Gedächtnis, das inzwischen manchmal sehr launisch ist, läßt mich diesbezüglich im Stich. Es tut mir leid für die Menschheit; ich muß allerdings zugeben, daß ich mich wesentlich weniger um das Glück des Menschengeschlechts sorge, als ich es noch mit zwanzig Jahren getan habe, und ich habe sogar ein wenig aufgehört, daran zu glauben. Gleichzeitig habe ich mein Vertrauen in die politischen Verfassungen verloren, und ich bin manchmal sogar so weit zu glauben, daß die Verfassung unseres Körpers die einzige ist, die einen entscheidenden Einfluß auf Glück und Unglück im Leben hat.

Das Lesen war schon früh eines meiner bevorzugten Laster. Ich habe zwar lange Zeit die öffentlichen Büchereien besucht, jedoch seit meiner frühsten Jugend den Wunsch verspürt, selber Bücher zu besitzen und mir mein eigenes Lesezimmer einzurichten. Diese Anhäufung von Büchern, zu Beginn noch bescheiden, ist mit der Zeit beachtlich und sogar ziemlich platzraubend geworden. Ich sehe meine Bibliothek in ihrem Urzustand vor mir, damals, als ich knapp über zwanzig war. Sie füllte eine der Wände meines Schlafzimmers aus. Die Regale hatte ich selbst aus Seifenkisten zusammengebaut. Um dem Ganzen einen künstlerischen Anstrich zu verleihen, hatte ich die mittlere Kiste leer gelassen und mit schwarzem Velours ausgekleidet, und darin thronte majestätisch ein menschlicher Schädel, den ich von einem befreundeten Medizinstudenten bekommen hatte. Ich fand dieses Dekor ungemein effektvoll, doch meiner Familie gefiel die Idee weniger, und in der Folge verschwand der Schädel.

Da mein Vater mit neununddreißig Jahren starb und meine Mutter als Witwe mit drei kleinen Kindern und einer schlecht laufenden Fabrik zurückblieb, waren wir immer die armen Verwandten der Familie. Aus diesem Grunde und da Mutter zu stolz war, Geld anzunehmen, wurden wir größtenteils bis ins Erwachsenenalter hinein, wenn nicht noch darüber hinaus, mit ausrangierten Kleidungsstücken versorgt, die wohlhabendere Angehörige großzügig verteilten, deren einziger Fehler darin bestand, daß sie stets größer und dicker waren als ich. Deswegen bin ich es aufgrund eines jahrelangen Brauchs gewohnt, Jacken zu tragen, deren Ärmel fast ganz meine Hände bedecken, Hosen, bei denen der Hosenboden auf

Kniehöhe sitzt, und Mäntel, deren einstige Frische und Schönheit sich nur noch schwach erahnen läßt. Diese Erfahrung hat bis zum heutigen Tage Spuren bei mir hinterlassen, und der Sinn für Eleganz in der Bekleidung mangelt mir in unglaublichem Maße. Noch jetzt bin ich beim Kauf eines Anzugs ganz überrascht, wenn seine Formen sich bereitwillig denen meiner Anatomie anzupassen scheinen.

Zweifellos ist dieser Atavismus der Grund dafür, daß ich mich kaum darum sorge, ob die Bücher, die ich mir anschaffe, absolut nagelneu sind. Es ist mir gleichgültig, wenn meine Blicke nicht die ersten sind, die über die Seiten wandern. Ich bin zwar nicht unempfindlich für die äußere Schönheit eines Buches. Gutes Papier, ein ordentlicher Druck, ein eleganter Einband bereiten mir lebhafte und anhaltende Freude, und der Besitz eines Werkes, bei dem sich diese Eigenschaften vereinen, hat für mich etwas sehr Reizvolles. Ich glaube jedoch, daß, bei den Büchern, wie auch bei den Frauen, die Bedeutung der Jungfräulichkeit ein wenig zu hoch eingeschätzt wird. Ich empfinde nicht die Eifersucht eines Eunuchen, wenn ich daran denke, daß schon ein anderer vor mir dieses Chagrinleder gestreichelt und die seidige Berührung jenes alten Japanpapiers genossen hat. Meine Liebe ist nicht eifersüchtig und ausschließlich, ich bin nicht aus dem Holz geschnitzt, aus dem die Othellos gemacht sind.

Darum kaufe ich meine Bücher vorzugsweise gebraucht, nicht nur, weil sie billiger sind. Dieser Faktor hat trotzdem eine gewisse Bedeutung, denn ich bin, was Schmöker betrifft, gleichzeitig ein Feinschmecker und ein Vielfraß. Ich mag es, mehr Bücher um mich zu haben, als ich lesen kann. Und außerdem, selbst wenn diese Schwäche von guten Geistern, die ich respektiere, verurteilt wird, macht es mir Spaß, meine Bücher zu verleihen, statt den Interessenten zu empfehlen, sie sich selber zu kaufen.

Bücher zu verleihen ist oft ein gewagtes Unternehmen. Viele Leute empfinden es als zu pedantisch, wenn man eine Unterscheidung zwischen einem geliehenen und einem geschenkten Buch macht, und im Zweifelsfall ziehen sie es vor, den inkriminierten Gegenstand zu behalten. Besonders bei Freunden gälte es als Taktlosigkeit, übergenau zu sein und darauf zu bestehen, daß man die Rückgabe des Werkes innerhalb eines nicht allzu langen Zeitraumes erwartet. Da ein Freund fast immer dazu neigt, das Buch länger als vorgesehen zu behalten, weichen die vertraglichen Abmachungen mit der Zeit auf, und der gute Freund bildet sich schließlich ein, ein Geschenk erhalten zu haben, was keineswegs unsere Absicht war. Am Ende ist die Sache verjährt, und unsere Bibliothek ist um einen Band ärmer geworden, für den wir nie ein Wort des Dankes erhalten haben.

Ich weiß es wohl, nur durch den Kauf neuer Bücher fördert man eine lebendige Literatur, gibt man dem Buchhändler, diesem Herold des Geistes, dem Verleger, diesem aufgeklärten Philantropen, und dem Autor, diesem verkannten Genie, Nahrung. Doch die moderne Literatur reizt mich nicht. Ich möchte nichts Schlechtes über die zeitgenössischen Autoren sagen, um so weniger, als ich selbst, wenn auch dessen unwürdig, ein wenig zu dieser Zunft gehöre, doch sie erscheinen mir alle mehr oder weniger infiziert vom Bazillus des Journalismus. Sie sind so voller Selbstsicherheit, so ungemein auf dem laufenden! Ihre Kompetenz erschreckt mich, ihre Leichtigkeit entsetzt mich. Wenn ich etwas Modernes haben will, lese ich lieber die Zeitung, ein Vergnügen, das ich übrigens mit Zurückhaltung genieße. Auch sind meine Kenntnisse der Umgangssprache zu schlecht, als daß ich meine Kollegen gebührend würdigen könnte. Mit den alten Schriftstellern gibt es immer eine Verständigungsmöglichkeit. Sie waren nicht solche Vielschreiber, und sie haben den großen Vorteil, daß sie tot sind.

Und außerdem ist der Kauf eines neuen Buches immer nur ein Handelsgeschäft wie jedes andere, ein banaler, prosaischer Vorgang, selbst wenn es sich bei dem Corpus delicti um einen Gedichtband handelt. Man geht in eine Buchhandlung, fragt nach diesem oder jenem Buch, bekommt es gezeigt, wägt es, bezahlt es, bekommt es eingepackt, und das war's. Es ist ungefähr so, als hätte man ein Stück Fleisch gekauft. Meinem Gefühl nach ist das Buch ein spiritueller Wert oder sollte es sein, und dieses häßliche Tauschgeschäft, bei dem die Materie siegt, kommt mir vor wie ein unzulässiger Handel mit heiligen Dingen, eine Art weltliche Simonie.

Verglichen mit dieser abstoßenden Angelegenheit, erstrahlt der Kauf eines antiquarischen Buches in reinstem Ruhmesglanz: Denn es handelt sich hierbei nicht um ein Geschäft, sondern um ein Abenteuer. Man beginnt seinen Rundgang ohne vorgefaßten Plan und weiß beim Losgehen noch nicht, ob man irgend etwas Wunderbarem entgegengeht, einem jener ungeahnten Bücher, die dazu bestimmt sind, ein Freund fürs Leben zu werden, oder ob man mit leeren Händen zurückkehren wird, nachdem man einmal mehr den allzu bekannten Schund durchgesehen hat, der den hartnäckigsten

Grundbestand des Literaturgeschäfts bildet. Man wird mir vielleicht entgegenhalten, daß die Hoffnung, die der niemals verzweifelnde Büchernarr stets im Herzen trägt, er werde auf seinen Streifzügen die seltene Perle finden, von der in der Heiligen Schrift die Rede ist, eine Inkunabel, eine Erstausgabe, ein berühmtes Autograph, ihn als niederes, gewinnsüchtiges Wesen ausweist. Stellen wir hier jedoch klar, daß, trotz der krassen Ignoranz der Verkäufer antiquarischer Bücher im allgemeinen – eine Wohltat, für die wir ohne Unterlaß dem Himmel danken –, derartige Gelegenheiten höchst selten sind, da die Bücher, deren Marktwert über Null liegt, fast immer einen unerschwinglichen Preis haben. Außerdem braucht man nur einmal selbst versucht zu haben, Bücher weiterzuverkaufen, um festzustellen, daß selbst der großartigste Fund zu einem schlechten Geschäft wird, wenn man daraus Gewinn schlagen will. Das ist die Rache des Geistes an der Materie.

Mit der Zeit kann der Unterhalt einer Bibliothek, so angenehm, so kostbar sie uns auch zunächst erschienen sein mag, zu einem Ballast werden, wenn man nicht ein auf Fels gebautes Haus besitzt, in dem man sicher ist, leben und sterben zu können. Ich habe manchmal den Eindruck, daß die Bücher an Gewicht zugenommen haben, was man dann merkt, wenn man mit ihnen umziehen, sie einpacken, auspacken und wieder an ihren Platz stellen muß. Als ich jung und voller Kraft war, kam es vor, daß ich zur Vereinfachung eines Umzugs selbst den Transport meiner Bücher übernahm, da ich dank meiner Erfahrungen als Bergsteiger in der Lage war, circa dreißig Kilo Bücher in einem bequem auf dem Rücken getragenen Sack (man kann sich der Mühe nicht entziehen, wenn man umzieht) zu transportieren. Ich mußte in so einem Fall etwa hundertmal die gleiche Strecke zurücklegen, aber ich tat es mit Vergnügen: Ich spürte keine Müdigkeit; vielleicht war ich sogar glücklich, etwas für meine Bücher tun zu können, die so viel für mich getan hatten.

Wie der Angler muß auch der Bücherstöberer geduldig sein und warten können, bis seine Stunde gekommen ist, denn allein dem Zufall verdanken wir die besten Begegnungen. Wie der Jäger, der auch ohne seinen Hund zu jagen versteht, muß der Liebhaber antiquarischer Bücher zuallererst seinen Spürsinn schulen und darf nicht zögern, seiner Beute entgegenzugehen, ohne Furcht vor Strapazen oder Enttäuschungen. Ähnlich wie alle anderen menschlichen Freuden sind die Wonnen des Bücherfreundes nur soviel Wert wie die Mühe, die sie gekostet haben, und die, die man allzu leicht erringt, verflüchtigen sich, sobald man sie genießen will. Ich bitte um Verzeihung dafür, daß ich ins Schulmeisterliche verfalle, aber in jedem schreibenden Franzosen steckt ein ungeahnter Moralist. Im übrigen handelt es sich beim Buch nie um einen von der Natur geschenkten Freund, sondern vielmehr um einen, zu dem man hingehen, den man erobern, den man sich verdienen muß. Die Überlegenheit des gebrauchten über das neue Buch ist nicht nur vergleichbar mit der des alten Weins über den süffigen Billigwein. Der Kauf eines neuen Buchs ist ein Anstands- oder Zweckbesuch, eine unbedeutende Geste, bei der man kein Eingreifen des Schicksals zu spüren vermag. Wohingegen es sich beim gebrauchten Buch unter Umständen um einen Kindheitsfreund handelt, den man nach fünfzig Jahren des Vergessens wiederfindet, oder um die verwandte Seele, die man bis zu dem Augenblick, in dem man ihr begegnet ist, gar nicht kannte – und nach dieser Entdeckung versteht man nicht mehr, wie man so lange ohne sie hat leben können. Es kann aber auch eine böse Überraschung für einen bereithalten, eine dieser tausend Enttäuschungen, aus denen der Schleier der Existenz gewoben ist, denn Wunder geschehen nicht alle Tage. Wenn Sie auf die Suche nach alten Büchern gehen, bezeugen Sie damit nicht nur den Vorrang des Geistigen vor dem Zeitlichen, sondern Sie bekunden Ihre lebhafte Hoffnung und Ihren unerschütterlichen Mut, Ihr Vertrauen auf dieses fortwährende Wunder, das das Universum ist, Sie vollziehen einen Glaubensakt, Sie arbeiten im Rahmen Ihrer Kräfte an der Geburt einer besseren Menschheit.

Dieser letzte Satz hat uns vielleicht etwas zu weit geführt. Man wird mir mit einigem Recht entgegenhalten, daß der Büchernarr letztendlich das rechte Maß verliert und über seine Bedürfnisse Bücher kauft. Dem pflichte ich reumütig bei; der Bibliophile schafft sich häufig mehr Werke an, als er lesen kann, ähnlich dem Don Juan und dem Jäger, die so viele Frauen und Hasen jagen, wie sie gar nicht zu genießen imstande sind. Doch jede starke Liebe hat die Tendenz, zur Leidenschaft zu werden, und Leidenschaft und Vernunft sind zwei miteinander unvereinbare Kräfte. Ich respektiere und liebe die Vernunft mit der Inbrunst des seligen Boileau, doch ich vergesse darüber nicht, daß die Leidenschaft ihre Rechte behalten muß. Sie ist die Kraft der Natur, selbst wenn sie in Form eines dieser armen Teufel zum Ausdruck kommt, die eher die Nähe der Bücher als die der Menschen suchen. Wenn die Vernunft die Herzen der

Menschen regieren würde, liefe zweifellos alles besser, dann gäbe es vermutlich keine Kriege und keine Verbrechen mehr, aber es würde uns dennoch etwas fehlen, und ich bin nicht sicher, ob weiterhin mit derselben Sorglosigkeit Kinder auf die Welt kämen. Erlauben Sie mir also, aufgrund dieser Überlegung von Zeit zu Zeit ein Buch zu kaufen, dessen Besitz keine absolute Notwendigkeit darstellt. Und außerdem sind Geist und Materie vielleicht gar nicht durch eine unüberwindliche Schranke voneinander getrennt. Warum sollten die geistigen Werte sich nicht auch mittels der Sinne übertragen? Gewiß, die Wissenschaft muß man sich mit Brachialgewalt erkämpfen, in harter Arbeit und mit Geduld. Doch ist es nicht erlaubt, sich vorzustellen, daß die Weisheit, die die Jahrhunderte den Menschen eingegeben und in ihnen haben reifen lassen, beim bloßen materiellen Kontakt mit irgendwelchen ausgewählten Gegenständen durch das Wirken einer Art Osmose in uns eindringt? Wie schön wäre es, sich ohne mühselige Arbeit, ohne ungehörige Hast mit Weisheit vollzusaugen und sich nur noch darauf zu beschränken, sich mit schönen alten Büchern zu befassen, sie zu lieben, hier und dort den Duft einer nach der Laune des Augenblicks aufgeschlagenen Seite in sich aufzunehmen, ganz ohne Zwang seinen Nektar zu sammeln und aus eben dieser Faulheit seinen Honig herzustellen!

Man verzeihe mir diese etwas längere Abschweifung. Die Bücher haben in meinem Leben einen so großen Platz eingenommen, daß es mir schwerfällt, sie hier weniger ausführlich zu behandeln als meine Verwandten oder meine Freunde. Auch vergesse ich nicht, daß ich ihnen, über die Tatsache hinaus, daß sie zu den unverfälschten Freuden meines Lebens beigetragen haben, den Rohstoff einer Phantasie verdanke, die sich zu einem großen Teil im Verlauf meiner Lektüren geformt hat. Daß diese ebenso rastlos ist wie meine Lesegewohnheiten, wird kaum verwundern. Auf den Regalbrettern, auf denen ich meine Schätze aufreihe, findet man Philosophie, wissenschaftliche Werke, einige klassische Romane, viele Memoiren, Biographien, Reiseberichte, kurzum, ein Durcheinander ohne bestimmte Reihenfolge und scheinbar ohne Logik. Zu der Zeit, als ich noch Büchereien aufsuchte, las ich systematischer, kontinuierlicher. Ich nahm mir damals hintereinander Hunderte von Bänden französischer Autoren des 18. Jahrhunderts vor: nicht nur die Klassiker, die ich mein Leben lang immer viel gelesen habe, sondern auch die Vergessenen, die bescheidenen Moralisten, deren Werk eigentlich nur noch die Diplom-Historiker interessiert. So habe ich zum Beispiel die literarische Korrespondenz von Grimm und Meister und die geheimen Memoiren Bachaumonts verschlungen. Ich benutzte diese Lektüren sogar dazu, eine Sammlung von Anekdoten über jene den Privilegierten so angenehme Zeit zu erstellen, die von Watteau bis Greuze reicht und in der sich die Tugenden und Mängel einer vom Bel Esprit regierten Nation zu bündeln scheinen. Ich habe niemals ernsthaft daran gedacht, diese Auswahl zu veröffentlichen, von der ich im übrigen zwischen all meinem Papierkram keine Spuren mehr entdecken kann. Doch es fällt mir schwer, der Versuchung zu widerstehen, ihr einige Leckerbissen zu entnehmen, auf die Gefahr hin, daß den Liebhabern die besten von ihnen schon vertraut sind. Ziehen wir uns hinter den lateinischen Spruch zurück: »Mögen die

Unwissenden sich bilden und die Kenner in den Genuß gelangen, alte Freunde wiederzutreffen ...« Ich wollte diese Anthologie »Die Süße des Lebens« nennen: eine Süße, die in diesem Fall eine ordentliche Prise Herbheit in Kauf nehmen muß, die jedoch vor allem eines für sich hat, nämlich daß sie sich nur zur Hälfte preisgibt, Selbstverständlichkeiten meidet und ihre Moral oder ihre Boshaftigkeiten unbemerkt zwischen die Worte gleiten läßt und mit versteckten Andeutungen spielt wie ein vollendeter Cembalist mit den Pausen in der Partitur ...

... Voltaire geht mit einem Freund in Paris spazieren, als auf einmal die Prozession des Allerheiligsten vorbeizieht. Als der berühmte Ungläubige seinen Hut lüftet, wundert sich sein Freund: »Was! Sie haben sich mit dem Lieben Gott versöhnt?« – »Wir grüßen uns, aber wir sprechen nicht miteinander.«

... Eine Tragödie desselben Voltaire war aufgeführt worden, noch bevor man sie gedruckt hatte, und der boshafte Fréron berichtete darüber mit folgenden Worten: »Die Aufführung hat Monsieur de Voltaire sehr zur Ehre gereicht, und die Lektüre Mademoiselle Dumesnil.«

... Der Polizeileutnant d'Argenson maßregelte den Abbé Desfontaines, der sich der Verfassung skandalöser Pamphlete schuldig gemacht hatte: »Sie sind intelligent und gebildet. Warum üben Sie diese Tätigkeit aus?« – »Aber, Monsieur, ich muß doch leben!« – »Monsieur, dafür sehe ich keine Notwendigkeit.«

... Die alternde Sophie Arnould trauerte ihren stürmischen Liebschaften mit dem Grafen de Lauraguais nach: »Ach, das waren schöne Zeiten! Wie war ich doch unglücklich!«

… Vestris, die berühmte Ballerina, hatte von einem vornehmen Herrn einen Heiratsantrag erhalten. Um sich einer solchen Ehre würdig zu erweisen, hatte sie versprochen, ihm eine vollständige Liste all ihrer Liebhaber zu übergeben. Ihre früheren Kolleginnen gaben eine jede ihren Kommentar dazu ab: »Welche Unvorsicht!« sagte die eine. »Welche Ehrlichkeit!« erwiderte die andere. Sophie Arnould, dieses Lästermaul, setzte hinzu: »Welch ein Gedächtnis!«

… Mademoiselle Dumesnil, der man ihren absoluten Mangel an Grausamkeit vorwarf, erwiderte mit ihrer sanftesten Stimme: »Alle sagen, daß es ihnen so gefällt!« Worauf die bösen Zungen diese Koda anfügten: »Und mich kostet es so wenig.«

… Eine andere Schauspielerin, die eher aufgrund ihrer Schönheit als aufgrund ihres Geistes berühmt war, beklagte sich bei ihren Kameradinnen, ständig von ihren Bewunderern belagert zu werden. Sophie Arnould setzte ihr den Kopf zurecht: »Sie können sich mit Leichtigkeit von ihnen befreien. Sie brauchen nur zu reden.«

… Marschall Richelieu, der Sieger von Port-Mahon, war vor allem bekannt für seine Siege im Schlafzimmer. Er hatte das Pech, daß er nicht rechtzeitig aufhörte. Eines Tages, als er, mit über achtzig Jahren, ein Rendezvous mit einer reizenden Dame hatte, die um die fünfzig

Lenze jünger war als er, knurrte eine Freundin, die seine Schwäche kannte: »Ich frage mich, wie Sie sich da herauswinden wollen!« Der alte Galan antwortete wehmütig: »Da liegt nicht das Problem.«

... Bei einem Empfangs mußte Ludwig XV. mit jedem seiner Gäste ein paar freundliche Worte sprechen. Da er sich keine große Mühe machen wollte, fragte er alle seine Gäste: »Wie viele Kinder haben Sie?« Ein Edelmann, der schon zweimal »drei, Majestät« geantwortet hatte, sagte, als er erneut gefragt wurde, unverhofft: »Vier, Majestät«. Der König, der ein gutes Gedächtnis hatte, wies ihn auf sein Versehen hin. Worauf er zur Antwort bekam: »Majestät, ich fürchtete, Euch zu langweilen, wenn ich immer das gleiche gesagt hätte.«

... Als Madame du Deffand erfuhr, daß eines ihrer Dienstmädchen schwanger war, prägte sie dieses Pseudosprichwort: »Eine Maus, die nur ein Loch hat, ist schnell gefangen.«

... Ein adliger Herr, dessen Name mir entfallen ist, war berühmt für seine Frauen- und Pferdeleidenschaft. Ein Freund glaubte, ihn mit der Frage in Verlegenheit bringen zu können, welche von beiden Schwächen denn bei ihm die stärkere sei, und erhielt die prompte Antwort: »Die Frauen mag ich lieber, doch die Pferde schätze ich mehr.«

Ich verzichte auf eine Fortsetzung und entschuldige mich bei den gebildeten Lesern im Sinne der schon erwähnten Floskel: *»Ament meminisse periti.«*

Das achtzehnte Jahrhundert hat mich, ganz wie es sich gehört, geradewegs zur Revolution geführt, die ich mit Leidenschaft studiert habe. Nachdem ich Tocqueville und die besten Historiker gelesen hatte, wollte ich die Quellen untersuchen: die Pamphlete, die mehr oder weniger apokryphen Memoiren und sogar die dreißig oder vierzig Bände der *Histoire Parlementaire* von Buchez und Roux. Ich lebte in der Atmosphäre des damaligen Paris. Mirabeau, Danton, Robespierre waren mir so vertraut, daß ich mich schließlich wunderte, ihnen nicht auf der Straße zu begegnen. Ich hatte meine speziellen Sympathien, für Barnave und Camille Desmoulins zum Beispiel; wohingegen ich andere, wie Hébert oder Barère, ausgesprochen verachtete.

Diese betonte Vorliebe für alte Bücher und alte Geschichten, diese Freude an einer vergangenen Zeit ist, das wird mir heute bewußt, nur eine Art und Weise, meiner eigenen Epoche den Rücken zuzukehren, die sich viel zu sehr ihrer »Fortschritte« rühmt, als daß sie nicht irgendeine heimliche Barbarei zu verbergen hätte. Ihre Arroganz, die man auch ganz einfach naiv finden kann, ist mir immer gewöhnlich und erschreckend zugleich erschienen. Die »großen Männer«, die sie zu unserer Erbauung auf der Bühne der Politik aufgestellt hat, haben sich reichlich bemüht, meine schlimmsten Befürchtungen zu bestätigen, womöglich mehr noch als das. Davor haben mich, so gut es ging, die alten Bücher bewahrt, wohingegen ich in der modernen Literatur fast immer die Laster unserer hektischen, brutalen und auf Aktualität, Geschwindigkeit und Technik versessenen Zeit wiederfinde. Ich verzichte freiwillig auf die Massenmedien, die meinen Mitmenschen so sehr gefallen; anscheinend brennen sie darauf, alle möglichst zur gleichen Stunde denselben Nachrichtenbrei zu verschlingen, wohingegen ich eher gleichgültig, ja sogar widerspenstig geworden bin, was die Debatten um Ideen betrifft und die Moden, die diese bündeln, und gegenüber der Mode schlechthin, diesem Ungeheuer, das unsere liebenswerte Gesellschaft beherrscht und tyrannisiert. Die Folgen davon sind nicht spurlos an meinem Leben vorübergegangen, noch an meiner Art zu Leben, zu denken, an meiner Auffassung von Kunst, Politik, Sport und allem anderen. Da ich frühzeitig die Berufung zum Schreiben in mir verspürt habe, und durch meine Stellung am Rande meiner Epoche, sah ich mich auf den ersten Blick zum Mißerfolg bestimmt. So habe ich es lange Zeit vorgezogen, für mich allein zu schreiben.

Die Lücken in meiner autodidaktischen Ausbildung haben sich auf diese Weise vergrößert und vertieft, und meine Defizite haben sich auf alle Bereiche ausgedehnt. Ich bin vielleicht ungerecht, wenn ich die Bücher für all meine Sünden und all meine Mißerfolge verantwortlich mache, wo sie doch nur die Instrumente meines Fluchtwillens waren, der im übrigen in anderen Bereichen zutage getreten ist. Nicht nur kann ich nicht rauchen, sondern ich war auch – trotz einiger unglücklicher Versuche – nie fähig, Fahrrad, geschweige denn Motorrad oder Auto zu fahren. In unserer Jugend haben mein Bruder und meine Schwester einen Tanzkurs besucht, und ich habe mich sehr gehütet, mich dieser Unternehmung anzuschließen, wodurch ich mich des sichersten, praktischsten und in der Gesellschaft am ehesten anerkannten Mittels beraubt habe, Kontakt mit dem schönen Geschlecht aufzunehmen.

Vor dem gleichen Hintergrund habe ich auch nur sehr selten Theater, Konzerte und Variétés besucht. Mit dem Kino, dieser Massenbildungsstätte der modernen Welt, ist es noch schlimmer. Seitdem ich den Kinderschuhen entwachsen bin, habe ich allerhöchstens einmal alle fünf Jahre die Stätten aufgesucht, zu denen meine Zeitgenossen hindrängen. Außer der kulturellen Fülle, die ich auf diese Weise leichten Herzens versäumt habe, habe ich eine der bequemsten und wirkungsvollsten Methoden zur Vervollkommnung meiner Gefühlserziehung vernachläßigt. Denn das Kino, das muß man ihm lassen, widmet sich mit einer stetig wachsenden Intensität der Verbreitung und Verherrlichung des Sexuellen. Es ist ein wahres Apostolat! Cantharidin und andere aus der Antike bekannte Aphrodisiaka waren weder in ihrer Verbreitung noch in ihrem Ergebnis vergleichbar mit der hemmungslosen Propaganda des Films für das, was man gemeinhin Liebe nennt. Die schwülwarme Dunkelheit der Säle, das komplizenhafte Nebeneinander der Sitze, alles hat sich mit dem Ziel verschworen, aus dem Kino einen Venustempel zu machen und die praktische Umsetzung der so glänzend auf die Leinwand projizierten Lektionen zu erleichtern. Man fragt sich, wie es unseren Vorfahren, die keine Ahnung von jener Wissenschaft hatten, welche unsere zwölfjährigen Kinder schon von Grund auf beherrschen, dennoch gelungen ist, für Nachkommen zu sorgen. Es wird auch begreiflich, warum die Weltbevölkerung sich heute so unkontrolliert vergrößert.

Ich könnte mir vorstellen, daß man mich inzwischen schon reichlich übertrieben findet. Sicher hat man es auch nicht versäumt, mir den Vorwurf zu machen, daß ich die Dinge durchwegs zu einseitig betrachte. An dieser Stelle höre ich es murmeln: Müßte ein Schriftsteller, der mehr oder weniger direkt bestimmte Gedanken anspricht, nicht einleitend eine Erkenntnistheorie vorstellen? Platon, Aristoteles, der Heilige Thomas von Aquin, Leibniz, Kant, alle ernsthaften Denker haben eine. Woher kommen die Ideen, welches ist ihre Genealogie, ihre Geschichte, wie schlängeln sie sich zwischen Dingen und Menschen hindurch? Sind sie angeboren, oder rühren sie von den Sinnen her? Ist die Welt eine Realität oder das Produkt unserer Phantasie? Was war zuerst, die Henne oder das Ei? Warum kam man an der Tankstelle nur Benzin und nicht auch Leben tanken? Wenn Sie keine Antworten auf diese entscheidenden Fragen wissen, dann halten Sie sich lieber raus und fummeln Sie nicht an den Ideen herum.

An Stelle einer Erkenntnistheorie werde ich Ihnen eine kleine Geschichte erzählen; ich hoffe nur, daß vor mir nicht schon ein anderer Sie damit erfreut hat.

Ein Herr geht nachts in einer einsamen Straße spazieren. Da sieht er, wie ein Junge um eine Laterne herum jeden Millimeter Asphalt absucht. Der Junge hat ein Zwei-Sous-Stück verloren. Der gefällige Herr hilft ihm bei der Suche und fragt ihn schließlich: »Bist du ganz sicher, daß du das Geldstück hier verloren hast?« – »Nein«, antwortet der Junge, »es war dort drüben, aber ich dachte, hier würde ich mehr Glück haben, es zu finden, weil es hier heller ist.«

Um Ihnen die Mühe zu ersparen, daraus selbst einen Schluß zu ziehen, kann ich Ihnen eine kleine Auswahl anbieten: Was nicht klar ist, ist nicht französisch, zum Beispiel die Metaphysik … Die unverständlichsten Ideen sind nicht unbedingt immer die tiefsinnigsten … Denken ist die Kunst, dem Leben zu entkommen …

Mein Freund Riccardo hat mich einmal mit Rousseau verglichen, und ich habe mich geschmeichelt gefühlt, selbst wenn bei diesem Kompliment sicher die Freundschaft eine größere Rolle spielte als der Verstand. Ich müßte mich ganz im Gegenteil schämen und gedemütigt fühlen, weil es mir nicht gelungen ist, etwas aus meinem Leben zu machen, und dies trotz einiger Fähigkeiten und einer gewissen Ausdauer. Ich denke, mein Freund, der meine unveröffentlichten oder sogar geheim gebliebenen Schriften kaum kannte, hatte vor allem eine gewisse Ähnlichkeit im Charakter und in der allgemeinen Lebenshaltung vor Augen. Unter diesem Aspekt, bei dem ich weniger Gefahr laufe, anmaßend zu erscheinen, könnte man in der Tat eine gewisse entfernte Ähnlichkeit feststellen. Ich besitze, ebenso wie Jean-Jacques, eine mehr intellektuelle als körperliche Sinnlichkeit, eine Liebe zur Einsamkeit, verbunden mit einem starken Bedürfnis nach Zuneigung, eine Menschenscheu, die jedoch nicht den entgegengesetzten Wunsch ausschließt, umsorgt und geschätzt zu werden. Wie er habe ich nie viel Erfolg bei den Frauen gehabt, da meine krankhafte Schüchternheit, mein absoluter Mangel an forschem und selbstsicherem Auftreten immer unüberwindbare Hindernisse für mich darstellten. Ich habe wie Rousseau die unberührte, romantische Natur geliebt, und wenn ich mich an diesen vom Himmel gesegneten Orten befand, wo der Genfer See die Ufer von Vevey, Clarens und Montreux bespült, habe ich mich in der Heimat meiner Seele gefühlt. Aber ich glaube vor allem, daß mich eine geistige Verwandtschaft mit diesem Genfer Bürger verbindet, insofern, als ich keine Angst davor habe, mir selbst zu widersprechen. Nur Idioten ändern nie ihre Meinung, und Rousseau, dieser große Gedankenwälzer, hat dieses Recht umfassend genutzt und mißbraucht. »Alles ist gut, was aus den Händen des Schöpfers aller Dinge kommt, alles entartet zwischen den Händen der Menschen.« Mit diesen Worten hat er seine Abhandlung über die Erziehung eingeleitet, so als sei es möglich, sich irgendeine Methode zur Erziehung des Menschen vorzustellen, die ihn nicht noch egoistischer, noch arroganter und noch aggressiver macht. Der Vater des Romanciers Palacio Valdés hatte ein sanftes und friedfertiges Gemüt, doch er konnte fuchsteufelswild werden, wenn jemand den Anspruch erhob, die Menschen bessern zu wollen. Wir werden die Welt so dumm und böse zurücklassen, wie wir sie vorgefunden haben, wie der große Gegenspieler Rousseaus gesagt hat.

Natürlich ist die Erziehung, die der Mensch sich selber angedeihen läßt, die, die ihm unter dem Zwang der Verhältnisse, durch Erfahrung, Unglückserlebnisse und Enttäuschungen aufgedrängt wird, bei weitem der vorzuziehen, die ihm ein Schulmeister einzubläuen imstande ist, der aufgrund beruflicher Deformierung fast immer autoritär und selbstherrlich ist. Doch selbst diese natürliche Erziehung hat nur bedingten Wert. Der Mensch besitzt eine unglückselige Neigung, sich nicht nur jenen Personen seines Umkreises überlegen zu fühlen, deren intellektuelle Vorrangstellung nicht unbedingt ins Auge springt, sondern auch dem gegenüber, der er selbst früher einmal war. Der junge Mensch verachtet Kinder und Alte gleichermaßen, der gemachte Mann hat für die tastenden Versuche und die Irrtümer des Jünglings nur Mitleid übrig, und der Alte bildet sich ein, er sei weiser und scharfsinniger geworden, obwohl er ganz genau weiß, daß sein Gedächtnis nicht mehr richtig mitmacht und seine Phantasie nachläßt. Zweifellos ist dies eine natürliche und notwendige Form, das gewöhnliche Unglück der Existenz auszugleichen. Um das Leben ertragen zu können, muß der Mensch sich selbst gegenüber Liebe und Achtung empfinden, selbst wenn diese Gefühle nicht unbedingt gerechtfertigt sind.

Wenn ich all diejenigen betrachte, die ich näher kennengelernt habe, und wenn ich vor allem mich selber unter die Lupe nehme, obwohl es schwieriger ist, sich selbst ohne Liebe und ohne Haß zu bewerten, als den Wert eines anderen Menschen abzuschätzen, so kann ich mit Gewißheit sagen, daß die meisten Charakterzüge dazu tendieren, sich mit den Jahren zu verschlimmern. Der Sparsame wird zum Geizhals, der Vorsichtige unterliegt der Feigheit, und die Frau, deren Selbstsicherheit und Entschlossenheit wir im Frühling unserer Liebe bewundert haben, enttäuscht und mißfällt uns schließlich, weil sie sich als mürrisch, zänkisch und autoritär entpuppt. Natürlich sollte man auch die beim Beobachter eingetretenen Veränderungen mit berücksichtigen, der ja vermutlich selber auch nicht besser geworden ist. Da er jetzt ein schwieriger Mensch ist, erträgt er mangelnde Güte bei den anderen um so weniger.

Es ist bemerkenswert, daß Rousseau entgegen der allgemeinen Regel mit dem Alter besser geworden ist. Man wird mir vielleicht erwidern, er sei verrückt geworden oder kurz davor gewesen. Doch es ist sehr wohl möglich, daß für die Güte wie für das Genie ein Quentchen Verrücktheit notwendig ist. Ich bitte, mich nicht mißzuverstehen: Ich erhebe keineswegs den Anspruch, mit der Zeit weiser oder besser geworden zu sein. Die Jahre haben vielleicht hier und da einige Schatten verwischt, einige Ecken abgerundet, und gewisse Laster haben mich verlassen, weil sie nicht mehr genügend Nährboden bei mir fanden. Wenn ich mich jedoch ohne jede Nachsicht betrachte, so wie ich gegenwärtig bin, habe ich keinerlei Veranlassung, mich zu meinen moralischen Fortschritten zu beglückwünschen, und ich verbiete niemandem zu sagen: »Ich war besser als dieser Mensch.«

Als ich jung war, hatte ich ein hitziges, aufbrausendes Wesen und wurde manchmal von nicht zu unterdrükkenden Zornesausbrüchen gepackt. Ich war vielleicht acht oder neun Jahre alt, als ich einmal in einem Wutanfall meine Mutter schlug, obwohl ich ihr gegenüber immer eine respektvolle Liebe empfand, in die sich eine fast abergläubische Angst mischte, sie zu verlieren. Ich habe den Anlaß meiner Erregung vergessen, doch die Erinnerung an meine Scham ist mir geblieben, brennend und unauslöschlich, und ich könnte den Ort des Geschehens noch heute in allen Einzelheiten beschreiben: eine Metrostation.

Viele Jahre später, als ich schon das war, was man einen Mann nennt – ich war wohl so zwischen zwanzig und fünfundzwanzig –, habe ich mich erneut von einem Anfall wilden Zorns hinreißen lassen, auch wieder wegen einer Sache, die mein Gedächtnis nicht behalten hat. Ich war in einer solchen Wut, daß ich zur Beruhigung meiner Nerven einer Schranktür einen Fußtritt verpaßte, daß sie barst. Es war jedoch schon ein Fortschritt zu erkennen, denn diesmal war ein lebloser Gegenstand das

Opfer meines Zorns, und obwohl ich mich sehr schämte, die Beherrschung verloren zu haben, fand ich das Ganze später, mit einigem Abstand betrachtet, eher lächerlich als skandalös.

Seither kann ich mich keiner vergleichbaren Übeltaten mehr entsinnen, doch habe ich keinen Grund, stolz darauf zu sein, denn es ist nicht mein Verdienst, wenn das Blut nach so vielen Jahren weniger unruhig durch meine Adern fließt. Weisheit und Vernunft haben mit dieser Art von Besserung, wenn es denn eine ist, nichts zu tun.

Ja, es ist einfacher und vor allem angenehmer, die anderen zu beurteilen als sich selbst. Und dennoch, wie soll man die Absichten der anderen durchschauen, wenn man schon so viel Mühe hat, die eigenen zu entwirren. »Erkenne dich selbst«, sagte der Weise. Er hat gut reden. Der Mensch, der sich selbst durch und durch kennen würde, hätte alle Mysterien des Universums entziffert, Seele und Herz besäßen für ihn kein Geheimnis mehr, er wäre wie die Götter, fähig, gut und böse zu unterscheiden.

Vielleicht sind wir alle bis zu einem gewissen Grad Genies. Auf jeden Fall sind wir es nur hin und wieder. Die wahren Genies, die, die sogar im Petit Larousse aufgeführt sind, zeichnen sich vor allem durch ihre Beharrlichkeit aus. Doch vielleicht – nehmen wir dies zu unserem Trost einmal an – erreichen sie ihr Ziel nur dann, »wenn die Sterne für sie günstig stehen«. Allerdings müssen wir zugeben, daß sie mehr Entschlossenheit, mehr Geduld haben, daß sie sich ihres Auftrags sicherer sind. Was bei uns schwankende Vorsätze sind, ist bei ihnen ein fester Wille, sie lassen sich nicht von

Hindernissen abschrecken und haben schon alle Kniffe ausprobiert. Und statt weiter Leibwäsche zu verkaufen und im Garten Unkraut zu jäten, schreiben sie die *Ilias* oder überqueren den Rubikon. Doch auch sie haben ihre Momente des Abschweifens; der gute Homer döst ziemlich oft vor sich hin, und der große Cervantes vergißt sich manchmal. Kurzum, sie sind stärker als wir, das sollten wir ihnen ohne Bitterkeit zugestehen, wenn auch vielleicht nicht so viel stärker, wie wir meinen.

Die Genialität tritt am allerbesten in der Kindheit in Erscheinung, und ein großer Mensch ist zweifellos einer, dem es gelingt, durch die Wechselfälle und Enttäuschungen des Reifens hindurch seine Jugend zu bewahren. Kind zu bleiben ist nicht so einfach, wie man glaubt. Viele Leute waren nie jung, so daß das Problem von Anfang an für sie gelöst war. Diese Leute bedaure ich; aber vor allem sehe ich zu, daß ich ihnen aus dem Weg gehe. Denn heute, da mir allmählich die letzten grauen Haare ausfallen, kann ich mich fast nur zu dieser einen Sache beglückwünschen: Daß ich länger als üblich ein Bengel geblieben bin. Das hat mich gegen die Krankheit des Ernstes gefeit und mir oft erlaubt, die Dinge mit dem richtigen Abstand zu betrachten, wenn ich schon nicht auf sie einwirken konnte. Und schließlich hat dieser schicksalhafte »Rückstand« mir den Vorteil verschafft, daß mir länger als gewöhnlich das Ausmaß von Dummheit und Bosheit in der Welt unbekannt geblieben ist.

Fast könnte ich mich fragen, ob ich wirklich so sehr versagt habe, wie ich es mir in meinen Augenblicken der Depression und der Klarsicht einbilde. Die Eitelkeit ist wahrhaft eine listige Tugend. Wenn ich noch einmal lese, was ich geschrieben habe, stelle ich fest, daß ich drauf und dran bin, mir dafür zu gratulieren, daß ich diese Niete bin, die zu sein ich vorgebe und der die Glanzleistung gelingt, eben gerade aus ihren Unzulänglichkeiten einen Nutzen zu ziehen. Ich bin nie dem Reichtum begegnet, ich habe meine Karriere als Kaufmann verpfuscht, ein Beruf, der so wenig in Beziehung zu meinen eigentlichen Bestrebungen und Fähigkeiten stand. Ich habe nie Erfolg bei den Frauen gehabt, nicht einmal bei meiner eigenen, und überdies habe ich es so gut wie nie vermocht, die seltenen Chancen zu nutzen, die sich mir geboten haben. Ich habe nicht das geringste Ansehen erlangt, weder als Schriftsteller noch als Maler, da ich mich nie durchzusetzen noch über den niedrigsten Grad der Mittelmäßigkeit hinauszugelangen vermochte. Und siehe da, nun bin ich ziemlich zufrieden mit diesem Desaster, unter dem Vorwand, daß ich mich darauf verstehe, seine Banalität in Ermangelung wahrer Weisheit mit ein bißchen Salz zu bestreuen. Demjenigen, dem alles mißlungen ist, bleibt in der Tat nur diese letzte Rettung: sich selbst zu sagen, und dies vielleicht nicht ohne Grund, daß ein vom Erfolg geprägtes Leben nicht unbedingt ein gelungenes Leben ist. Eigentlich kann ich dann auch gleich zugeben, daß die Lehre aus meinen Mißerfolgen unter Umständen nicht die Früchte tragen wird, die ich eingangs angekündigt habe.

# Wirbel

Sich wegen seines Schicksals zu bemitleiden ist eine egoistische, erniedrigende und etwas lächerliche Haltung. Der Mensch, dem es nicht gelungen ist, seine Fähigkeiten zu entfalten, seinen Bestrebungen Antrieb zu verleihen, sich eine Position zu schaffen, in der seine Talente vor aller Augen sichtbar werden und ihm Ehre und Gewinn einbringen können, der muß die Schuld allein bei sich selber suchen. Allerdings ist es gestattet, die allgemeine Lage in Betracht zu ziehen, den mehr oder weniger fruchtbaren Boden, auf den das Schicksal einen hat fallen lassen. Ein friedliebendes, willensschwaches Wesen, das zu einer Zeit der Unruhe und Katastrophen zur Welt gekommen ist, hat das Recht, mildernde Umstände geltend zu machen.

Es ist mir etwas peinlich, mich als ein Kriegsopfer darzustellen, wo doch Millionen meiner Zeitgenossen, die ihr kaum begonnenes Leben auf den Schlachtfeldern, in den Schützengräben oder im Bombenhagel gelassen haben, dies auf tragischere und würdigere Weise gewesen sind. Und doch hat meine Entschuldigung auch ihre Berechtigung. Wir mußten Paris im Jahre 1914 verlassen und den Betrieb, den mein Vater gegründet hatte, sowie alles, was wir besaßen, dort zurücklassen. Später haben wir erfahren, daß wir gar keine Deutschen waren, sondern staatenlos, da mein Vater seine ursprüngliche Nationalität abgelegt hatte, ohne eine andere anzunehmen. Meine Mutter hatte davon nichts gewußt, und inmitten der Schwierigkeiten, in denen wir uns befanden, ist ihr nicht der Gedanke gekommen, diese Tatsache auszunutzen, um so zu versuchen, die Lage zu retten. So ist unser Besitz in Frankreich unter Zwangsverwaltung gestellt worden – und wir haben, wie man so sagt, alles verloren.

Zu der Zeit, als wir wieder bei Null anfangen mußten, war ich fünfzehn Jahre alt und gezwungen, mich, um zum Unterhalt unserer Familie beizutragen, in eine kaufmännische Laufbahn hineinzuknien, die mir schon damals wenig sympathisch war. So begann ein seltsames Doppelleben, in dessen Verlauf ich mich immer bemüht habe, die Langeweile einer enttäuschenden Arbeit dadurch zu kompensieren, daß ich mich zusätzlichen literarischen oder künstlerischen Betätigungen widmete, von denen ich weder Ruhm noch Einkünfte erwartete, die ich jedoch unbedingt brauchte, um die Leere in meinem Innern auszufüllen. Gewiß hätte ich wie so viele andere neben meinen kaufmännischen Tätigkeiten noch studieren können. Doch der Gedanke daran ist mir noch nicht einmal gekommen: Unsere finanzielle Lage war zu bescheiden, als daß ich mir hätte erlauben können, solchen Träumen nachzuhängen. Vielleicht fühlte ich mich, aus Frankreich kommend, auch gar nicht so sehr vom Prestige des Doktortitels angezogen. Wer in den deutschsprachigen Ländern mit »Herr Doktor« angeredet wird, ist in den Augen der Gesellschaft für alle Zeiten jemand. Nicht nur kann er sich eines beneideten Titels erfreuen, sondern er kommt auch in den Genuß bestimmter Vergünstigungen, die den gewöhnlichen Sterblichen nicht vergönnt sind: Im Falle einer Stellenbesetzung wird ihm bei gleichen Fähigkeiten der Vorzug gegeben, er wird höher geachtet und besser bezahlt. Auch seine Ehefrau wird mit »Frau Doktor« betitelt, und in den Geschäften, in denen man sie kennt, wird sie zuvorkommender bedient. Doch das alles wußte ich natürlich in dem Augenblick nicht, als man von mir erwartete, meinen eigenen Weg zu wählen.

Die Zufälle des Exils hatten uns in die deutsche Schweiz verschlagen, wo ich mich lange Zeit verunsichert fühlte und unfähig, mich einzuleben, bis die Bergwelt infolge meiner zahlreichen Wanderungen in Begleitung anderer Gipfelfreunde einen, von der Nationalität einmal abgesehen, einigermaßen akzeptablen Schweizer Bürger aus mir machte. Die Zürcher besitzen hervorragende Eigenschaften, doch sie sind kalt, reserviert, Fremden gegenüber wenig kontaktfreudig, und es ist schwierig, ja sogar unmöglich, Zugang zu ihrem Privatleben zu bekommen. Mitunter machen sie allerdings eine Ausnahme bei denen, die sie an den Alpenhängen treffen. Sie lieben die Berge, sie sind sogar ziemlich stolz auf sie, ein wenig so, als hätten sie sie selbst gemacht. Wenn man ihre Vorliebe fürs Gebirge mit ihnen teilt, so ist man ihrem Herzen schon ein Stückchen näher gekommen. Natürlich gilt ihr Respekt in erster Linie den wohlhabenden Ausländern, vorzugsweise den Engländern oder Amerikanern, die es lieben, in ihrem Hochgebirge auf- und in ihren Grandhotels abzusteigen. Ein wenig Sympathie haben sie jedoch noch übrig für den bescheidenen Wanderer ohne Luxus und ohne Führer, wenn sie ihn weitab der ausgetretenen Wege antreffen, und sie sind sogar bereit, ihn zu grüßen und ein paar Worte mit ihm zu wechseln. Deshalb waren die Gefährten, die ich bisweilen nicht ohne Mühe gefunden habe, alle mehr oder weniger Bergsteiger. Dennoch hat zwischen meinem siebzehnten und meinem dreißigsten Lebensjahr, in diesen entscheidenden Jahren, in denen bei den meisten Menschen Körper und Seele aufblühen, mein scheues und wenig unternehmendes Wesen mich daran gehindert, die Freundschaften zu schließen, die ich mir gewünscht hätte, und oft ist es vorgekommen, daß ich mich schrecklich einsam fühlte.

Diese unglückliche Lage hatte aber auch gewisse Vorteile. Ich bin auf diese Weise im Herzen und im Geist Franzose geblieben, obwohl ich die längste Zeit meines Lebens auf deutschsprachigem Gebiet verbracht habe. Wäre ich in Frankreich geblieben, so wäre meine geistige oder moralische Bildung anders verlaufen, und es wäre mir vielleicht gelungen, mir eine Existenz nach meinem Geschmack zu schaffen. Mein Gefühlsleben hätte sich in ganz anderer Weise entfaltet, und dies hätte angenehme Auswirkungen auf meinen Charakter gehabt. Aber sicherlich hätte ich die französische Sprache nicht in der Weise gepflegt, wie ich es getan habe: mit der Geduld und der Leidenschaft eines Gärtners, der aufmerksam die kleinsten Veränderungen seiner Blumen beobachtet und von den einfachen Wundern einer Kunst bezaubert ist, die er nur für sich alleine ausübt, von indiskreten Blicken verschont und im friedlichen Rhythmus des täglichen Wirkens.

Es war vor allem die Schüchternheit, die diese einsamen Gärtnertalente förderte: diese Schüchternheit, die durch nichts zu besiegen war. Als ich noch ganz jung war, hatte ich mir ein Büchlein von größtem praktischen

Nutzen besorgt: *Die Schüchernheit besiegen,* in dem das Problem in zwanzig oder dreißig Lektionen gelöst wurde. Ungeachtet seines bescheidenen Titels war dieses Buch wahrhaftig eine tragbare Enzyklopädie. Es berührte, ohne sie übermäßig zu vertiefen, alle menschlichen Wissens- und Tätigkeitsbereiche. Es machte einem auf energischste Weise klar, daß jeder normal konstituierte Mensch in der Lage sein müsse, seine krankhaften Neigungen zur Gehemmtheit beziehungsweise das, was man heutzutage mit dem wissenschaftlichen Begriff des Minderwertigkeitskomplexes bezeichnet, zu überwinden. Etwas guter Wille genüge ... Ich habe dieses Buch gelesen, ich habe es richtig durchgearbeitet, doch obwohl mir das Geständnis peinlich ist, muß ich zugeben, daß es mir nichts genützt hat. Noch heute, da ich das Alter der Vernunft erreicht und leider schon weit überschritten habe, besitze ich nicht mehr Selbstvertrauen und Sicherheit als zu der Zeit, als ich noch einen Matrosenkragen trug und meine Beine so kurz waren, daß ich im Sitzen vergeblich versuchte, mit den Füßen den Boden zu berühren.

Zu meiner eigenen Beruhigung habe ich manchmal das Argument vorgeschoben, daß ich als Opfer der Erschütterungen meiner Epoche und aufgrund des Lebens im Exil immer meiner Umgebung fremd geblieben bin und nirgends Wurzeln schlagen konnte. In Paris an der Seine geboren, wo ich die Liebe zur französischen Sprache, zur französischen Mäßigung und zur französischen Klarheit mit der Muttermilch eingesogen hatte, mußte ich meinen Weg in Begleitung von Einheimischen machen, deren teutonische Sprechweise sogar denen unzugänglich ist, die sich etwas darauf einbilden, daß sie

Deutsch verstehen. Es ist denkbar, daß dies meine Schüchternheit noch verstärkt hat, ein anderes Klima es mir hingegen ermöglicht hätte, ihrer Herr zu werden.

Und doch, wenn ich es mir recht überlege, schmelzen diese ausgezeichneten Gründe wie Schnee in der Sonne dahin. Die Schüchternheit ist nicht eine jener plötzlich auftretenden Krankheiten, die unerwartet über einen hereinbrechen wie Durchfall oder Schnupfen und genauso schnell wieder verschwinden, wie sie gekommen sind, mit Sirup oder Tabletten rücksichtlos vertrieben. Nein, nur der Tod kann einen davon befreien. Und auch die Umgebung, sei sie nun begünstigend oder nicht, ändert nichts daran. Ich kenne andere Fremdlinge von meiner Sorte, für die das deutschschweizerische Schibboleth ein Rätsel bleibt, die jedoch, in dieselbe undankbare Erde verpflanzt wie ich, aufs Prächtigste gedeihen, weil sie ein geselliges, unternehmungslustiges, unverkrampftes Naturell besitzen. Es ist keine Sache des Willens, wie es das gutgemeinte Büchlein schrieb, sondern eine Sache des Charakters, was nicht ganz dasselbe ist.

Ich besuche regelmäßig, wie schon Montaigne es zu tun pflegte, die Bäder von Baden. In der öffentlichen Badeanstalt herrscht gewöhnlich kein großer Betrieb, und der Ordnungsdienst wird von den Badegästen selbst übernommen. Der Gast, der zuletzt gekommen ist, prägt sich jeweils die anwesenden Personen ein, läßt sie höflich vorgehen und wartet solange, bis er an der Reihe ist. Eines Tages, als das Bad fast leer war, benutzte ich die Gelegenheit, um zuerst noch ein kleines Geschäft zu erledigen. Als ich zurückkam, drängte sich eine Menschenmenge vor dem Schalter. Die gerade erst Angekommenen hätten besser aufpassen und merken müssen, daß ich schon vor ihnen da gewesen war, doch ebenso gut konnten sie ohne bösen Willen das Gegenteil annehmen. Wie dem auch sei, als ich an die Kasse gehen wollte, überholte mich ein anderer Badegast mit solcher Entschlossenheit, daß ich mich hütete, auf meinem Vorrecht zu beharren. Andere folgten seinem Beispiel, und nach einigen fruchtlosen Versuchen mußte ich auf mein gutes Recht verzichten und alle meine Nachfolger vorlassen. Ich stand immer noch in der Warteschlange, als die Angestellte am Schalter, die das ganze Schauspiel mitangesehen hatte, sich eigenmächtig zu meinen Gunsten einmischte und mir gleichzeitig Vorhaltungen machte, daß ich mich so schlecht zu verteidigen wisse. So war ich also Opfer eines Mißverständnisses geworden und hatte es zu allem Überfluß auch noch geschafft, mir einen Vorwurf und eine Beleidigung einzuhandeln.

Diese äußerst unbedeutende Episode zeigt recht deutlich, welch ein Talent der alte Knacker, der ich geworden bin, trotz seiner vielen Jahre besitzt, sich auf die Füße treten zu lassen. Noch heute meide ich wie die Pest all jene Orte, an denen man seine Ellbogen einsetzen muß, um bedient zu werden. Lieber gehe ich in Geschäfte mit reichhaltigerem Warenangebot, wo man nicht allzu sehr kämpfen muß, um sich Gehör zu verschaffen.

Die Zunft der Schüchternen, der anzugehören ich die gefährliche Ehre besitze, steht innerhalb der Kategorie der Friedfertigen auf der niedrigsten Stufe. Wir wissen, daß die Menschen im allgemeinen böse, raffgierig, hart, egoistisch sind; über all dem vergessen sie jedoch nicht, auch feige zu sein, denn sie sind immer froh, wenn sie auf ihrem Weg einem zarteren und ängstlicheren Wesen begegnen, das sie zu ihrem Prügelknaben machen könne. Die Schüchternen sind sich dieses Tatbestandes stärker bewußt, sie haben eine dünnere Haut und empfindlichere Antennen. Sie fürchten nicht nur den Kampf, sondern sind auch bestrebt, jeglicher Reiberei mit ihresgleichen aus dem Weg zu gehen, solange sie diese nicht als erträglich, das heißt einigermaßen menschlich empfunden haben.

Deshalb ist es nutzlos, noch weiter nach Gründen für meinen spektakulären Mißerfolg in allen Wettkämpfen des Lebens zu suchen. Der Schüchterne ist per definitionem ein Mensch, der nichts erreicht. Er wird von den Frauen verachtet; und an dieser Stelle will ich eine grundlegende Wahrheit aussprechen, auf die ich im übrigen noch werde zurückkommen müssen: Ein Mann, der keinen Erfolg bei den Frauen hat, hat auch keinen Erfolg im Leben. Die Frauen sind es, die nicht nur das verteilen, was man poetisch das Glück nennt, sondern all die großen und kleinen Errungenschaften im Leben, von den Posten als Laufbursche bis hin zu den Sitzen in der Académie Française. Wie nicht anders zu erwarten, verschmähen sie den übermäßig zaghaften Verehrer, da die Schüchternheit in ihren Augen ein Eingeständnis von Ohnmacht ist. Der Schüchterne begegnet nur von Zeit zu Zeit einer Frau, die sich seiner erbarmt, und er ist gezwungen, das zu nehmen, was er kriegen kann, und sich krampfhaft an seine seltenen Glücksmomente zu klammern. Da er nicht wie Don Juan unter tausendunddrei verschiedenen Schönheiten auswählen kann, gerät er, falls er heiratet, mit Sicherheit an eine ganz nette Megäre, die ihn jedoch bald bereuen läßt, daß er jemals sein Glück versucht hat, wohingegen der normale Casanova vielleicht, wenn sich nicht gerade alles gegen ihn verschworen hat, eine angenehme, zärtliche und sympathische Ehefrau ergattern kann. Dies ist ein Naturgesetz, gegen das sich aufzulehnen lächerlich wäre.

Auch im wirtschaftlichen Leben muß der Schüchterne sich mit den hinteren Plätzen begnügen. Im Existenzkampf ist keine Tugend, keine Fertigkeit so sehr vonnöten wie selbstsicheres Auftreten. Es ist nützlicher als Intelligenz, Kraft, Geschick, Beharrlichkeit und sämtliche körperlichen und geistigen Fähigkeiten. Jemand, der sich ein Herz faßt, statt es in die Hose rutschen zu lassen, kann sich unter Garantie behaupten, selbst wenn er der letzte aller Idioten ist; denn sein Selbstvertrauen macht größeren Eindruck als irgendein anderer Trumpf. Dieses Gesetz gilt genauso für intellektuelle oder künstlerische Berufe. Ein talentierter Musiker wandte sich in seiner Jugend an Saint-Saëns mit der Frage, ob dieser ihm zur Musikerkarriere raten würde. Nachdem der Maestro ihn lange geprüft hatte, riet er ihm von diesem Beruf ab, und zwar nicht wegen mangelnder Fähigkeiten, sondern weil der junge Mann nicht forsch genug war, um sich durchsetzen zu können.

Die Bescheidenheit ist ein weiterer, unmittelbar mit der Schüchternheit verwandter, jedoch nicht ganz so verrufener Kardinalfehler. Die Schüchternheit ist eine schändliche Krankheit, die jedoch, so wird behauptet, in keinerlei sichtbarer Verbindung zu den Fähigkeiten oder Unfähigkeiten desjenigen steht, der von ihr befallen ist. Der Schüchterne kann ebenso gut ein wertvoller Mensch sein wie ein Trottel, das ändert nichts an seinem Verhalten noch an der Verachtung, die man ihm in überreichem Maß zuteil werden läßt. Die Bescheidenheit dagegen setzt einige positive Eigenschaften voraus, sonst verlöre sie ihre Daseinsberechtigung. Der Bescheidene ist fähiger, als er es zu zeigen wünscht oder wagt, vielleicht ist er sich aber auch seines Wertes nicht bewußt. Es geht das Gerücht, die Bescheidenheit sei eine Tugend, doch niemand hat sich von diesem plumpen Trick hereinlegen lassen. Natürlich ist die Bescheidenheit genau wie die Schüchternheit eine ernste Behinderung bei allen Machenschaften, die die Karriere begleiten, und man kann den jungen Leuten, die auf Erfolg aus sind, nicht genug dazu raten, sich so früh wie möglich einer zu Unrecht geschätzten Angewohnheit zu entledigen, die im Grunde nichts weiter ist als eine gefährliche Feinfühligkeit. Das Evangelium empfiehlt uns unverblümt, unser Licht nicht unter den Scheffel zu stellen. Diese hohe Quelle der Moral, die man wohl nicht noch eigens zu rühmen braucht, betrachtet die Bescheidenheit ebenfalls als eine zu vermeidende Schwäche. Dem bleibt nichts hinzuzufügen.

Man könnte sagen, die Schüchternheit besitzt auch eine gewisse Ähnlichkeit mit dem Pazifismus, einem weiteren meiner Konstruktionsfehler. In der Heiligen Schrift heißt es in der Bergpredigt: »Selig die Sanftmütigen, denn sie werden das Land besitzen.« Trotz des Respektes, den ich allem Geschriebenen und besonders allem Gedruckten entgegenbringe, habe ich diesen Satz immer noch nicht verdauen können. In puncto Pazifismus kann mir keiner so leicht etwas vormachen, und der Ozean, der diesen Familiennamen trägt, ist nicht sanftmütiger als ich. Und doch habe ich kein oder fast kein Stück Land geerbt, trotz des um so bedauerlicheren Verlustes zahlreicher naher und entfernter Verwandter. Meiner Meinung nach ist der Pazifismus ebenso wie die Schüchternheit eine Sache des Charakters und des Temperaments; und im übrigen glaube ich, daß er sich nicht mehr bezahlt macht als das Verbrechen.

In meinem Falle wäre es ein Fehler, Pazifismus mit Feigheit zu verwechseln. Ich bin nicht sonderlich furchtsam, ich habe keine Angst vor dem Wasser, vor der Dunkelheit, vor Mäusen oder Kröten, und im Gebirge habe ich häufig Gipfelbesteigungen unternommen, die bis an die Grenzen meiner Fähigkeiten oder manchmal sogar darüber hinaus gingen. Doch jegliche Auseinandersetzungen mit meinen Mitmenschen sind mir höchst unangenehm. In der Zeit, als ich bei Maroufle arbeitete, einem Arbeitgeber, der andauernd Streit mit mir suchte, hatte ich panische Angst vor diesen Zänkereien, und wenn die Schimpfkanonade über mich hereinbrach, verspürte ich immer ein wahrhaft körperliches Unwohlsein, von dem ich mich nur langsam wieder erholte. Schon im Schulalter war ich so: Noch keine neun Jahre alt, machte ich jeden Morgen einen langen Umweg zum Lycée Voltaire, nur um eine bestimmte Straße zu meiden, die ich gut kannte und in der ganz besonders aggressive Jungen sich einen boshaften Spaß daraus machten, mich schmächtiges Kerlchen zu verdreschen, da sie in mir den Pazifisten witterten, der ich schon damals war und immer geblieben bin. Man wird mir vielleicht sagen: »Sie waren wahrscheinlich nicht so sehr ein Pazifist als vielmehr ein Angsthase, eher von der Furcht geleitet, Schläge einzustecken, als von den schönen Idealen der Eintracht und Brüderlichkeit.« Das kann schon sein, denn der Unterschied zwischen Pazifismus und Feigheit beinhaltet einige höchst subtile Nuancen. Man täte mir jedoch Unrecht, wollte man das, was für mich immer auch die Liebe des Friedens und der Wunsch nach geistiger Gelassenheit war, einzig und allein auf die Vorsicht zurückführen.

Seitdem es auf der Erdoberfläche von Zweifüßlern wimmelt, kann man, glaube ich, die Menschen in zwei scharf voneinander getrennte Kategorien einteilen: die Streitsüchtigen und die Friedfertigen oder, wenn man eine modernere Terminologie verwenden will, die Rasse der Herren – der »seigneurs« oder auch »saigneurs« (Ausbluter, Schröpfer; *Anm. d. Übers.*), wobei die Schreibweise fragwürdig ist – und die Rasse der Sklaven oder Arbeiter – was ungefähr auf das gleiche hinausläuft. Ich stelle mir vor, daß die Menschen, die den Streit, die Schlacht, die harten Diskussionen lieben, sich wirklich wohlfühlen, wenn sie ihren kämpferischen Instinkten die Zügel schießen lassen können. Dann sind sie in ihrem Element und stürzen sich freudig in die Kampfbahn, in der festen Hoffnung, daß sie mehr Schläge austeilen als einstecken werden.

Es ist auch eine Frage der Wortwahl. Wenn es einem Vergnügen bereitet, sich zu schlagen, so wie der heißblütige Achilles oder der tapfere Roland, dann wird dieser unwiderstehliche Drang Mut, Kühnheit, Größe oder Heldenhaftigkeit genannt. Diejenigen, die eher versuchen, der Konfrontation aus dem Weg zu gehen, werden zutiefst verschmäht, und die Verachtung steigert sich, wenn diese Memmen noch dazu von schmächtiger Konstitution sind. In gleicher Weise haben diejenigen, die sich eingestandenermaßen bei Schlägereien unwohl fühlen oder bei denen die Freude am Zuschlagen mehr als kompensiert ist durch die Furcht davor, Schläge abzukriegen, Formulierungen von bewundernswerter Erhabenheit zur Bezeichnung dieses Gefühls gefunden, das manchem mit Recht prosaisch erscheinen könnte: Wenn man sie so reden hört, werden sie allein von der Liebe zum Menschengeschlecht, vom edelsten Pazifismus, von der reinen Sorge um Verständnis und Freundschaft zwischen den Menschen angetrieben. Im Jahre 1918 versuchten die Deutschen, mit Hilfe eines Geschützes für weite Distanzen, das blindlings drauflos feuerte, unter der Pariser Bevölkerung Panik zu verbreiten. Eine Bekannte von Clemenceau fragte diesen, ob er ihr rate, die Stadt zu verlassen. Der Tiger antwortete mit dem sibyllinischen Satz: »Die Feiglinge gehen, und die Dummköpfe bleiben.«

Gleichwohl muß man zugeben, daß Tapferkeit und Heldentum, diese positiven, virilen Eigenschaften, bei den Männern – und um so mehr bei den Frauen – stets einen guten Ruf genossen haben und größeren Erfolg hatten. Die Sache ist eindeutig, bei Hirschen und Stieren ebenso wie bei den Menschen. Wenn man es im Leben zu etwas bringen will, ist es gut, kämpferisch, aggressiv und ein wenig brutal zu sein, und diejenigen, die diese Tugenden – Tugend hier im Sinne des lateinischen Wortes – nicht besitzen, sind von vornherein die Verlierer. So ist das Leben nun mal, meine lieben Mitpazifisten, und die, die sich nicht gerne schlagen, sind dazu prädestiniert, geschlagen zu werden. Da die Welt vor allem vom männlichen Geschlecht regiert wird, sind es zum Ausgleich dafür die Frauen, die den Marktwert der Eigenschaften und Gefühle bestimmen; und sie sind es auch, die die Rangordnung der Tugenden und der

Laster festlegen. An dem Tag, an dem die Welt von den Frauen regiert werden wird, was bei der gegenwärtigen Entwicklung der Dinge nicht mehr allzu lange dauern kann, werden sich diese Formen der Wertschätzung grundlegend wandeln; vielleicht wird dann der Pazifismus wieder modern, da er nun nicht mehr ausschließlich aus weiblicher Sicht beurteilt werden wird. Doch bis dahin, meine lieben Brüder, müssen wir uns mit dem Existenzminimum begnügen und akzeptieren, trotz der Erhabenheit und Noblesse unserer Gefühle als Männer ohne Wert, das heißt ohne Tapferkeit, zu gelten. Will man in unserer Zeit ohne Scham ein friedliebender Mann sein, so darf man weder Soldat sein noch unter dem Joch der Ehe oder einer ähnlichen Verbindung stehen, doch dieses Glück wird nur einer kleinen Minderheit zuteil.

Man möge mir an dieser Stelle gestatten zu zeigen, daß ich nicht nur aus Egoismus und bloßer Bequemlichkeit so friedliebend bin. Hunde sind, wie jedermann weiß, sehr angriffslustige Tiere, die, was Kampfgeist und Streitsucht angeht, den Rittern der Tafelrunde in nichts nachstehen. Einer meiner Freunde, ein großer Tier- und Menschenbeobachter, behauptete, daß Hunde es vor allem darauf anlegen, ihre Kräfte mit denen ihrer Artgenossen zu messen. Nachdem die Sache einmal durch einen Zweikampf entschieden ist, suchen sie nur noch Streit mit anderen Hunden, deren Kampfkraft sie noch nicht kennen. Sie zeigen sich darin also, nebenbei gesagt, vernünftiger als die Menschen, die Gottes mit den Waffen gefälltes Urteil nie als endgültig akzeptieren, sondern Generationen hindurch immer wieder und bis zur völligen Erschöpfung aufeinander losgehen. Beoachten wir doch nur einmal, wie Menschen sich verhalten, wenn sie zufällig das Schauspiel zweier mutiger, zähnefletschender Hunde mit ansehen: Die Energischen unter ihnen lassen es sich ganz gewiß nicht nehmen, die Köter bei ihrem Kampf durch gezieltes Zischeln anzustacheln, wohingegen die Friedensfreunde eher versuchen, sie, oft auf eigene Gefahr, zu trennen. Letztere Haltung scheint mir der Prüfstein des wahren Pazifismus zu sein. Während das Meiden von Konflikten von heroischen Gemütern möglicherweise falsch interpretiert wird, kann der ohne Vorsicht getane Schritt zur Wiederherstellung der Eintracht nicht der Feigheit oder dem ausschließlichen Wunsch nach Ruhe zugeschrieben werden.

Ich selbst bin zu oft in jenen Don-Quichotte-Pazifismus verfallen, um an dieser Stelle nicht einige Worte dazu äußern zu können, die den arglosen Leser vor dessen verheerenden Folgen warnen sollen. Es liegt in der Natur des Menschen, daß es ihm Vergnügen bereitet, einen Streit zu beobachten. Auf die Gefahr hin, unnormal zu erscheinen, gestehe ich, daß mir diese Freude fremd ist. Ich verabscheue es, Auseinandersetzungen, gleich welcher Art, beizuwohnen, und sei es als bloßer Zuschauer, der nicht einmal damit rechnen muß, aus Unvorsicht einen bösen Schlag abzukriegen. Gleichermaßen erfüllt mich der Anblick eines singenden und schwankenden Besoffenen nicht mit Heiterkeit, sondern ich versuche eher, mich von ihm abzuwenden, während der normal konstituierte Passant sich mit einem Lächeln auf den Lippen und leuchtenden Augen dazu gratuliert, daß er dieses Schauspiel gratis geboten bekommt, das in Sparta angeblich zur Erziehung der Jugend benutzt wurde. Ich erinnere mich auch, daß man mich als kleinen

Jungen manchmal zum Zirkus Médrano mitnahm, wo die Clowns Footit und Chocolat mich zwar mit ihren Späßen hellauf begeisterten, die gefährlichen Übungen der Athleten jedoch großes Entsetzen bei mir auslösten: Ich fürchtete stets, einen Unfall miterleben zu müssen, und das genügte, um mir die Freude zu verderben. Seltsamerweise haben diese Erfahrungen mich nie daran gehindert, streitenden Leuten meine Dienste anzubieten, und dies bis in ein Alter hinein, in dem man sich gewöhnlich davor hütet, sich in die Auseinandersetzungen anderer einzumischen.

Der Versuch, zerstrittene Eheleute wieder miteinander zu versöhnen, ist ein heikles Unterfangen, das ich niemandem empfehlen kann. Bei dem Versuch, das Gleichgewicht zwischen beiden Seiten zu wahren, setzt man sich der großen Gefahr aus, alle zu verärgern, und man wird sich glücklich schätzen müssen, wenn man am Ende nicht noch beschuldigt wird, der Anlaß der Fehde zu sein. Zwei Brüder wieder zusammenzubringen – ich habe es mehrmals versucht – ist auch nicht besser: Die beiden Parteien kennen sich in- und auswendig, und jeder ist bemüht, einem zu verstehen zu geben, daß das Urteil, das man sich gebildet hat, auf falschen Informationen beruht. Um seine Sache gut zu machen, müßte man beiden etwas vorlügen, auf die Gefahr hin, daß der Gewinner des Zweikampfes, auf sein anerkanntes gutes Recht vertrauend, alsbald die Lage ausnutzt und einen bei der nächsten Ungerechtigkeit wieder zum Komplizen macht.

Doch mein Versagen als Ehemann hat mich noch stärker von den Nachteilen des Pazifismus überzeugt. Die Ehe ist neben dem Krieg der einzige Bereich der menschlichen Aktivitäten, in dem die Weigerung, zur Waffe zu greifen, vollkommen unangebracht ist. Die Frauen lieben die kühnen, mutigen, zupackenden Männer, und ein kleines bißchen Brutalität gefällt ihnen ganz gut. Meine Gattin hatte zu meinem Unglück eine wunderbare Gemütsruhe, eine eiserne Energie und war in jeder Situation von ihrem Recht überzeugt. Ich hätte über die Willenskraft und die Nerven eines Generals im Felde verfügen müssen, um ihr die Stirn bieten zu können und, wenn auch nicht respektiert, so doch zumindest von ihr akzeptiert zu werden. Mir als Pazifisten war, wie man später noch sehen wird, dieses Hilfsmittel versagt. Und das bereue ich noch heute, so viele Jahre danach.

Sicher kennen Sie das Leben Schliemanns, jenes Mannes, der Homer neu erfunden hat. Da er sich seit seiner Jugend dazu berufen fühlte, historische Ausgrabungen vorzunehmen, jedoch keinen einzigen Sou besaß, begann er frühzeitig, Tag und Nacht mit großem Eifer zu arbeiten, bis er sich nach ein paar Jahren im Besitz eines kleinen Vermögens befand. Sobald er meinte, die nötige Summe beisammen zu haben, brach er seine Goldsuche abrupt ab und verwandte die erworbenen Mittel von nun an für die Ausgrabungen in Troja und Mykene; und schon bald war er in der Lage zu beweisen, daß die Atriden und der Trojanische Krieg nicht bloß die Erfindung eines Dichters gewesen waren. Er bat weder um Subventionen noch um sonstige Hilfeleistungen, um seine Aufgabe durchführen zu können, sondern verwandte ausschließlich das Geld, das er sich jahrelang durch mühevolle und allein zu diesem Zweck geleistete

Arbeit verdient hatte. Ich habe dieses geradlinige Leben und den verbohrten Idealismus, mit dem es Schliemann gelungen ist, ein Vermögen zu erringen, ohne sich davon korrumpieren zu lassen, immer bewundert. Und ich bewundere ihn um so mehr, als ich selbst unfähig wäre, es ihm gleichzutun. Schon in der ersten Etappe wäre ich gestrauchelt, ich, der ich nie fähig war, durch meine Arbeit Gold zu produzieren, trotz meiner jüdischen Vorfahren, die sich ja angeblich darauf spezialisiert hatten. Gestützt auf eine Menge guter Autoren, habe ich mich mit dem Gedanken getröstet, daß der Mangel an Gütern nicht die Armut ausmacht, die ja nur der Wunsch ist, mehr zu besitzen, als man hat. Sein Vermögen zu vergrößern ist keine leichte Sache, wenn man nicht wirklich einen starken Drang danach verspürt. Es bedeutet ständigen Kampf gegen Rivalen und Konkurrenten, gegen die Neider, den Fiskus und andere Parasiten. Hingegen ist es immer ein leichtes, seine Ausgaben zu reduzieren, ohne deshalb verhungern oder in einem Loch hausen zu müssen, denn wir opfern vieles der Eitelkeit und der äußeren Erscheinung.

Diese Medaille hat ihre Kehrseite. Indem ich, ob nun freiwillig oder nicht, einer ehrbaren Mittelmäßigkeit verhaftet geblieben bin, habe ich mir jegliches großzügige Verhalten untersagt, jene allgemein und besonders bei denjenigen so beliebte Tugend, die von ihr profitieren. Wenn ich mein Gewissen prüfe, frage ich mich, ob ich nicht vor allem durch einen an Geiz grenzenden Mangel an Freizügigkeit gesündigt habe. Wir mußten so lange am Hungertuch nagen, daß es mir schwerfällt, diese beklagenswerte Angewohnheit abzulegen; so kann es mir noch heute passieren, daß ich auf ein Taxi verzichte, selbst wenn ich es eigentlich bräuchte, so als sei dieser Luxus nur Millionären vergönnt. Besonders in meinem Verhalten Frauen gegenüber hat dieses Laster mir mitunter böse Streiche gespielt. Zwar habe ich immer Freude daran gehabt, den wenigen Dulcineen, die mein Leben verschönt haben, Geschenke zu machen. Doch ich habe nie die herrliche Geste des Grandseigneurs gehabt, der das Geld, ohne nachzudenken und nachzurechnen, aus dem Fenster wirft. Und gerade diese Großzügigkeit ist es, die uns die Beachtung des schönen Geschlechts einbringt. Das normale und vernünftige Geschenk wird wie selbstverständlich entgegengenommen, nur die grenzenlose Verschwendung fällt auf und behauptet sich. So steckt der Kellner verächtlich die gewöhnlichen Trinkgelder ein und zeigt sich nur dann zufrieden und dankbar, wenn der Gast etwas tiefer in die Tasche greift.

Ich könnte mein Gedächtnis bemühen und mein Leben bis zu den Anfängen zurückverfolgen, ohne je auf eine so erniedrigende Geschichte zu stoßen wie die von dem Band, das Rousseau stahl, oder die von seiner noch hämischeren Freude darüber, daß er von der Wirkung seines Kollegen auf Madame de Warens profitieren konnte. Doch ich erinnere mich nicht ohne Scham daran, daß ich eine Frau habe den jungen Mann bezahlen lassen, der ihr auf einer Bergtour, die wir gemeinsam unternommen hatten, zu Hilfe kam. Es war auf dem Gitschen, in den Alpen des Kantons Uri, und bei der Erinnerung daran spüre ich noch heute, dreißig oder mehr Jahre später, wie mir die Schamesröte ins Gesicht steigt. Der peinliche Eindruck ist mir geblieben, daß ich mich wie ein Rüpel betragen habe, selbst wenn meine

Beziehung zu jener Dame eine rein kameradschaftliche war, selbst wenn nur sie um Hilfe gebeten und diese in Anspruch genommen hatte.

Später, in der Beziehung zu meiner Ehefrau, hätte ich so manche Reibereien vermeiden können, wenn ich mich großzügiger verhalten hätte, wenn ich meine Zuneigung mit Geschenken bewiesen hätte, die über meine finanziellen Möglichkeiten hinausgegangen wären. Ich war eben immer vernünftig, die Frauen aber wollen bis zum Wahnsinn, und den mit eingeschlossen, geliebt werden.

Noch heute, da meine Mittel weit über meinen zwangsläufig eingeschränkten Bedürfnissen liegen und ich mir so manche Verrückheit leisten könnte, stelle ich voller Schwermut fest, daß ich es im Grunde gar nicht genieße, Geld auszugeben. Andererseits liegt mir jedoch ebensowenig daran, es für mich zu behalten: Weder der Besitz noch das Verdienen von Geld lösen in mir das geringste Gefühl der Freude aus. Ich weiß nicht, ob es sich um einen Atavismus handelt oder um die Folge eines immer am Rande des Luxus geführten Daseins, doch es bereitet mir größere Genugtuung, für ein paar Sous eine Ware zu erstehen, die eigentlich zehn Franken wert ist, als durch irgendeinen gewagten Coup einen – und sei es noch so fürstlichen – Ertrag auf eine hohe Summe zu erzielen. Leute, die mich nicht so gut kennen, könnten mich daher leicht für einen Geizkragen halten; und das ist um so ärgerlicher, als ich sehr wohl weiß, wie unangenehm eine solche Haltung in den Augen derer sein kann, die das Leben zu genießen verstehen. Die Menschen lieben, bewundern und respektieren denjenigen, der sich großzügig, freigebig und sogar gelegentlich etwas verschwenderisch verhält und unbekümmert Geld ausgibt – selbst wenn es nicht sein eigenes ist. Und die Frauen, von der Soldatenbraut bis zur ausgehaltenen Bürgersfrau, kennen keinen deutlicheren und überzeugenderen Liebesbeweis als die Hand, die die Schnur des Geldbeutels löst.

Daß Geld nicht glücklich macht, ist eine unwidersprochene moralische Wahrheit. Eine Wahrheit allerdings, nach der sich meiner Erfahrung nach niemand richtet. Jeder zitiert sie, sie soll den Armen als Trost, den Reichen als Warnung und den Durchschnittsverbrauchern als Notbehelf dienen, doch niemand traut sich, sein Verhalten einer so weisen Evidenz unterzuordnen. Zur zusätzlichen Veranschaulichung wird gerne der kränkelnde Millionär angeführt, dessen ruinierter Magen die edlen Weine nicht mehr verträgt, oder der sorglose Clochard, der sich den Luxus erlauben kann, an jedem Tag des Jahres blau zu machen: Das gefällt jedem und überzeugt niemanden.

Wenn Sie nie in einem Schweinestall bei der Fütterung zugesehen haben, rate ich Ihnen, diese Lücke so schnell wie möglich zu schließen, denn es handelt sich dabei um ein höchst lehrreiches Schauspiel. Sobald die Schweine das Fressen kommen sehen, werden sie, obwohl sie sich bis dahin brav und ruhig verhalten haben, von Raserei gepackt. Sie schubsen sich, stoßen einander mit dem Rüssel und machen sich mit einem Gekreische über ihren Fraß her, das, wenn ich so sagen darf, nichts Menschliches mehr an sich hat. Doch gerade da verhalten sie sich wie die Menschen: Sie können es nicht erwarten, in die vorderste Reihe zu gelangen, wo sie sich nach Belieben vollstopfen und dem Nachbarn das beste Stück vor der Nase wegschnappen können. Um sich davon zu überzeugen, braucht man nur mal an einem Tag zur Börse gehen, an dem es dort hoch her geht: Andrang, Geschubse, animalisches Gekreische, es ist genau dasselbe. Freilich haben die Schweine den Vorteil, daß sie sich zumindest auf den Jesuitenspruch berufen können, laut dem »der Hunger die Mittel rechtfertigt«, wohingegen die Menschen sich in der Regel nicht infolge eines leeren Magens, sondern aufgrund einer Leere im Gehirn wie die Schweine aufführen.

Alles wäre nur halb so schlimm, wenn dieser Goldrausch nur in seltenen Erregungsmomenten ausgelöst würde, zum Beispiel beim Gewahrwerden von Schätzen, die plötzlich in greifbarer Nähe liegen: bei der Börse, im Kasino oder am Klondike. Das Erstaunliche ist jedoch, daß diese Verwandlung vom Menschen zum Schwein ein so natürliches und anhaltendes Phänomen ist. Jeden Tag, bei der kleinsten Gelegenheit und zu jeder Stunde, kann man beobachten, wie Menschen sich in aller Öffentlichkeit zu hundert Äußerungen, zu tausend Gebärden hinreißen lassen, die nichts anderes verkünden als das verzweifelte Bedürfnis, sich etwas anzueignen, ähnlich einem Durst, den nichts zu stillen vermag. Ich spreche nicht von den Armen, bei denen dieser Wunsch nur allzu natürlich ist. Vielmehr scheint dieser heftige Drang mit dem Reichtum zuzunehmen, so wie eine Art Krätze, die einen zwingt, sich immer mehr zu kratzen. Geld zu verdienen, um es auszugeben, scheint ein normaler und legitimer Vorgang zu sein; bei denen allerdings, die entsprechend veranlagt sind, ist die Grenze zwischen gesunder Vermögensverwaltung und offener Krankheit schnell überschritten. Denn es stellt sich heraus, daß man sehr bald dem Vermögen nur noch hinterherläuft, um seine Eitelkeit zu befriedigen. Der Wohlstand bringt Vorteile mit sich, die zu leugnen unsinnig wäre: Man wohnt gut, ißt gut, kleidet sich gut; man kann den Damen eine Freude bereiten, die einem ihrerseits eine machen; man kann sich alle nützlichen, überflüssigen oder schädlichen Dinge leisten, von denen der Markt überquillt. Diese Befriedigungen sind jedoch leider schrecklich begrenzt. Nehmen wir zum Beispiel an, jemand besitzt ein Haus in der Stadt, ein Schloß auf dem Lande, eine Villa am Meer und ein Chalet im Gebirge. Da er, der Eigentümer all diese Prachtsstücke, jedoch nie an mehreren Orten gleichzeitig sein kann, nutzt er sie nicht so, wie er es gerne täte. Die Freuden, die sie mit sich bringen, liegen mehr in seiner Vorstellung als in seinem Herzen; sie erinnern mich an jenen Palast mit der edlen Fassade, deren Besonderheit man Dr. Johnson gegenüber hervorhob, welcher mit seinem üblichen gesunden Menschenverstand antwortete, er würde lieber im Haus gegenüber wohnen.

Leider ist erwiesen, daß alle Güter, die das Maß des Nützlichen oder der bloßen Bequemlichkeit um ein Geringes überschreiten, eher dem Bereich des Zurschautragens als dem des Genießens zuzuordnen sind; sie bereiten uns mehr Ehre als Vergnügen. Gewiß mag es seltsam erscheinen, wenn man die Befriedigung der Eigenliebe, die das Geld einem verschafft, mit dem Wort Ehre bezeichnet. Es gab einmal eine Zeit, in der Geld und Ehre in krassem Widerspruch zueinander standen. Lediglich das ohne Hast im Lauf der Jahrhunderte zusammengetragene Vermögen galt als etwas, dessen man sich nicht zu schämen brauchte. Geld auszugeben konnte mitunter als eine noble und großherzige Tat betrachtet werden, rasch zu Geld zu kommen war dagegen das Merkmal eines würdelosen, niederen Geistes. In diesen fernen Zeiten, die vom ersten Adam bis zu Adam Smith reichen, wußte man noch nicht, daß Arbeiten das ungeeignetste Mittel zum Geldverdienen ist. Der ungeschlachte und primitive Mensch witterte in einer übermäßig schnellen Bereicherung schamlose Gewinnsucht, obszöne Habgier, fehlende Achtung vor dem Menschen, Unehrenhaftigkeit, List und Betrug. Ehre und Geld waren zu jener Zeit zwei unvereinbare Dinge, Ansehen hatte nicht notwendigerweise mit Reichtum zu tun, und der Arme wurde als Pechvogel und nicht als Dummkopf betrachtet. Man braucht gar nicht einmal bis zur Steinzeit zurückzugehen, um auf diese Gesinnung zu stoßen. Noch vor zwei Jahrhunderten genoß der in Saus und Braus lebende Generalpächter nicht viel mehr Achtung als ein Straßenräuber; all seine Reichtümer bewahrten ihn nicht vor der Verachtung der Adeligen und dem Haß der Plebejer. Lediglich die Literaten, schon immer von Natur aus etwas kriecherische Wesen, machten ihm den Hof und saßen mit ihm an seinen Festtafeln.

Wir haben dies alles geändert, sicher weil wir es nicht abwarten konnten, die breite Masse an den fürstlichen Freuden der Übersättigung teilhaben zu lassen. Und so wurde der Erwerb von Vermögen bald zum Maßstab für die Fähigkeiten eines Menschen. Man kann verstehen, daß trübsinnige Geister sogar so weit gegangen sind, im Namen der neuen Moral die Lotterie in Verruf zu bringen. Die Schweizer Verfassung von 1874 verbietet das Glücksspiel, was durchaus verständlich ist. Das Geld ist in den Augen des Gesetzgebers eine zu hohe und zu heilige Sache, als daß man dem stets blinden und unbeständigen Zufall dessen Verteilung überlassen könnte. Die Kunst, sich die Taschen vollzustopfen, unterscheidet den Starken vom Schwachen, den Mutigen vom Schüchternen, den Schlauen vom Naiven. Wo kämen wir hin, wenn der Zufall die Erfolgschancen bestimmen würde, wenn die Güter dieser Welt nicht mehr zwangsläufig die Beute der Gewalttätigen und Raffgierigen wäre? Gewiß gehört es nicht zum guten Ton, jedenfalls nicht im alten Europa, sein Vermögen in aller Öffentlichkeit auszubreiten; gewiß wird auch niemand so weit gehen, unverhohlen das Elend und die Notleidenden zu verachten; doch diesen hübschen Vorsichtsmaßregeln zum Trotz wird das Geld heutzutage nichtsdestoweniger als das Barometer der meisten menschlichen Werte betrachtet: als ein Meßinstrument, das zu konsultieren ich lange vernachlässigt habe und dessen Gebrauch ich nicht genug all denen empfehlen kann, die darauf aus sind, in unserer sympathischen Gesellschaft einen anderen Platz als den allerletzten zu besetzen.

Ich hätte mir gerne von Zeit zu Zeit auch Ausnahmen vorstellen mögen, die ja gemäß der bekannten Redensart die Regel bestätigen. Ich habe nicht immer in Armut gelebt. Zwar habe ich auf der untersten Sprosse der Leiter begonnen, doch mit der Zeit, nach langer Zeit, habe ich es geschafft, nicht mehr zu den armen Teufeln zu gehören, die die Hand ausstrecken müssen. Nichtsdestotrotz hat man mich einiger harmloser Angewohnheiten wegen einer gewissen Neigung zum Lumpensammler beschuldigt. Einen solchen Vorwurf hatte ein Lehrer mir gemacht, als ich noch keine zehn Jahre alt war, und noch heute, nachdem ich das sechste Jahrzehnt schon weit überschritten habe, sehe ich mich ähnlichen Anschuldigungen ausgesetzt. Ich will ganz ohne falsche Scham zugeben, daß ich an den kleinen Dingen hänge und es mir widerstrebt, sie wegzuwerfen, solange sie noch nützlich sein können. Ebenso finde ich Gefallen daran, die liegengebliebenen Produkte der menschlichen Industrie vor dem Tod oder dem Vergessen zu bewahren, selbst wenn ich nicht weiß, welchen Nutzen ich aus ihnen ziehen könnte. Wenn auf einem meiner Streifzüge ein solcher Gegenstand zufällig meine Blicke auf sich zieht, hebe ich ihn heimlich auf, nachdem ich mich verstohlen umgeschaut habe, ob mir auch niemand nachspioniert, und plötzlich bin ich so glücklich wie der selige Christoph Kolumbus bei der Entdeckung seiner westindischen Inseln. Und meine Freude rührt dann nicht nur daher, daß ich etwas umsonst bekommen habe, sondern auch und vor allem daher, daß ich diesem heruntergekommenen Gegenstand einen unverhofften Wert zurückgeschenkt habe. Ich halte mich dann beinahe für den Gott Israels und des Evangeliums, der uns daran gemahnt, daß der von den Erbauern verworfene Stein eines Tages zum Eckstein des Gebäudes werden wird.

Fügen wir zu unserer Verteidigung noch folgendes hinzu: Man darf nicht Lumpensammler und Dieb verwechseln. Der Lumpensammler ist ein anständiger Mensch, und wenn er zufällig in einer Mülltonne eine volle Brieftasche findet, bringt er sie schleunigst aufs Polizeirevier. Sein Beruf ist ohne Glanz noch Ruhm, er muß sich mit allem abgeben, was die Flut der Zivilisation hinter sich läßt, wenn sie sich erschöpft zurückzieht, doch er bleibt, wenn auch nicht sauber, so doch rechtschaffen.

Eine der Folgen des hektischen, technisierten modernen Lebens ist die Verachtung der Dinge. Eine weitere Folge ist die Verachtung der Menschen, doch das ist ein anderes Problem, das uns von unserem Thema ablenken würde. Ein Arbeiter der alten Schule hat bei der Anfertigung seines Werkes zur Erlangung des Meistertitels noch gearbeitet, ohne auf die Uhr zu sehen. Dieses Meisterwerk war vor allem deswegen bemerkenswert, weil der Arbeiter einen Teil seiner Seele mit hineinlegte und gleichzeitig den Nachweis erbrachte, daß er einen Beruf erlernt hatte und ihn auszuüben vermochte. Heutzutage geht es hauptsächlich darum zu produzieren, allein die Quantität zählt, und Menschen wie Maschinen strampeln sich um die Wette ab, um Vieles schnell und schlecht herzustellen. In diesem Strudel mechanischer Besessenheit haben die Objekte jede Art von sympathischer, freundschaftlicher und kameradschaftlicher Beziehung zum Menschen verloren. Sie sind zu beinahe abstrakten Größen ohne moralischen Bezug zu ihrem Benutzer geworden. Durch seine Tätigkeit, seine Einstellung, seine bloße Gegenwart revoltiert der Lumpensammler gegen dieses übersteigerte Produktionswachstum, gegen diese Entwertung der Dinge. Er sammelt sie, wählt sie aus, sortiert sie, ändert sie um, repariert sie, erweckt sie durch seine Aufmerksamkeit, seine Arbeit und seine Liebe wieder zu neuem Leben. Er ist ein lebendiger Protest im Konzert des herrschenden Utilitarismus …

Ich stelle fest, daß dieses Plädoyer in eigener Sache mich etwas von der maßvollen Haltung entfernt, die sich für den Weisen geziemt, und vor allem von meinem Vorhaben, das darin bestand, mich jederzeit verurteilen zu lassen. *Vanitas!* ... Nun ja, was soll's, wo ich mir doch auch und vor allem vorgenommen hatte, ehrlich zu sein, auch auf die Gefahr hin, daß ich mir, wie es ja leicht passiert, selbst widerspreche. Ehre also – einmal ist keinmal – den Lumpenaussortierern, den Abfallwühlern, den Müllaufspießern! Ehre sogar den Sammlern – obgleich die Unterscheidung zwischen den Lumpensammlern und letzteren einige Erklärungen verlangt.

Der Sammler ist im allgemeinen ein reicher Mann, der zu seiner Freude Kunstgegenstände um sich schart, weil er sein Geld auf angenehme und vielleicht intelligente Weise ausgeben will. Der Lumpensammler ist ganz im Gegensatz dazu ein armer Mann, der Gegenstände sammelt, die oft ohne augenscheinliche Schönheit sind, mit dem eingestandenen Ziel, sich damit seinen Lebensunterhalt zu verdienen. Allerdings hat es auch schon Sammler gegeben, die durch den günstigen Ankauf von Gemälden, die sie in Mode zu bringen verstanden, in ihrem Leben mehr Geld verdient haben als die Gesamtheit aller Angehörigen des Berufsstandes der Mülltonnenwühler seit der Zeit des verstorbenen François Villon und seiner Diebeskumpanen. Doch in bezug auf das Wesentliche sind der Sammler und der Lumpensammler Brüder. Sie lieben die Dinge, sie respektieren sie als das Produkt menschlicher Arbeit, sie suchen sie und tragen sie zusammen. Daß der eine sich auf den Fluren des Versteigerungshauses Hôtel Drouot, der andere hingegen in den Straßen um die Place Maubert aufhält, ist dabei von geringerer Bedeutung. Der eine wie der andere bemüht sich, eine Auswahl zu treffen. So wie der Gott, von dem wir vor kurzem sprachen, vermögen sie die Spreu vom Weizen zu trennen. Auswählen ist eine der schönsten, der höchsten menschlichen Fähigkeiten. Glücklich die Völker, die es verstanden haben, die Regierung ihrer Träume zu wählen, die Menschen, die es vermocht haben, die ideale Ehefrau zu finden! Selbst der Künstler, der Schöpfer, ist nur groß, wenn er eine Wahl zu treffen vermag. Er muß in der Lage sein, das Neue und Ursprüngliche vom Barocken und Bizarren zu unterscheiden, Überflüssiges und Binsenwahrheiten zu streichen und nur bestehen zu lassen, was schön, überraschend und eigen ist. Wählen ist ein wenig Schöpfen.

Geld, Besitz, Gefallen an der bescheidenen Schönheit der Dinge: All dies sind Klippen auf dem Weg dessen, der sich damit befaßt zu leben, Wirbel, die das Navigieren aufregend, aber schwierig gestalten. Seit meiner frühesten Jugend habe ich gleichzeitig die Malerei und die Literatur geliebt, und ich muß die Freuden, die ich diesen Künsten zu verdanken habe, zu den positivsten Dingen in meinem Leben zählen. Mein Fehler war, daß ich es nicht vermocht habe, mich zwischen beiden zu entscheiden, wodurch ich es mir versagt habe, jene Ausdrucksform weiterzuentwickeln, die sich als vorrangig hätte herausstellen und die ich auf nützliche Weise hätte pflegen können. Ich wußte wohl, daß die Literatur eher meiner wahren Bestimmung entsprach, doch ich habe mich immer wieder von der Malerei verlocken lassen, die mir leichter zu erreichende Befriedigungen verschaffte. Meine liebe Marie-Louise, die trotz ihres Sanftmutes mehr Sinn fürs Praktische besaß als ein halbes Dutzend

Bankiers, warf mir immer vor, ich würde mich verzetteln und ich verstünde es nicht, meine wahren Talente zu erkennen. Doch die Literatur ist eine zänkische und gestrenge Ehefrau, die Malerei dagegen eine sanfte Geliebte, die denen Genuß verschafft, die kein Talent besitzen – und jenen vielleicht noch größeren als den anderen, denn mit der wahren Meisterschaft wächst zwangsläufig auch der kritische Geist. In meinem Innersten war ich davon überzeugt, daß die Malerei für mich eine zu angenehme Beschäftigung sei, als daß meine Gemälde irgendeine Bedeutung hätten haben können; sie erlaubten mir allerhöchstens, Freunden, die gnädig genug waren, meine Produktionen nicht zu verachten, Geschenke zu machen. Ich wußte, daß eine Geburt ohne Schmerzen nichts Gutes hervorbringen kann. Thorwaldsen, der große dänische Bildhauer, hat gegen Ende seines Lebens einmal gesagt: »Ich glaube, ich beginne nachzulassen. Ich war zufrieden mit meinem letzten Werk.«

Im Gegensatz dazu ist die schriftstellerische Tätigkeit für mich nie eine gemütliche Beschäftigung gewesen. Es handelt sich vielmehr um einen harten, unerbittlichen Beruf, für den die perfekte Beherrschung der Sprache die allererste Vorraussetzung ist. Höchst selten sind die Schriftsteller, die die Behinderung durch ein im Exil verbrachtes Leben zu überwinden vermochten, um so mehr als die französische Sprache, die in der Klassik von beachtlicher Stabilität war, heute ganz besonders unbeständig geworden ist, und wenn man sich nicht in ihrem Lebensraum aufhält, hat man Mühe, ihr bis in ihre letzten Veränderungen zu folgen. Auf fremdem Boden lebend, bin ich mehr als jeder andere hin- und hergerissen zwischen dem Wunsch, meine Gedanken auszudrücken, und der Furcht, sie zu verraten, zwischen der Hoffnung, wirklich etwas zu sagen zu haben, und der großen Angst davor, auch ohne bewußt begangenes Plagiat etwas zu wiederholen, was andere schon vor mir und besser als ich gesagt haben. Wie die Bauern, für die eine Medizin nichts taugt, wenn sie nicht bitter schmeckt, so glaube ich, daß man nichts Bleibendes schreiben kann, ohne sich anzustrengen. Beim ersten Entwurf, im Feuereifer der Inspiration, wenn ich mich, ohne lächerlich zu wirken, so ausdrücken darf, hat man das Gefühl, die Sätze kämen von selbst und die Worte seien es wert, aneinandergereiht zu werden. Später jedoch, wenn man das Geschriebene in aller Ruhe noch einmal durchlesen muß, ist die Enttäuschung umso größer, und man verflucht diesen Beruf, der so viel Mühe bereitet und so wenig Befriedigung verschafft.

Alleine lebend, jenseits aller Meinungsströmungen, ohne Vertrauensperson und ohne Zensor, habe ich den Fehler begangen, immer nur für mich selbst zu schreiben, ohne mich um die Lage auf dem Literaturmarkt, um Angebot und Nachfrage zu kümmern. Ich hatte die sicherlich irrtümliche Vorstellung, der Schriftsteller müsse nicht wie der Journalist auf der Höhe seiner Zeit sein, sondern sich außerhalb dieser Zeit stellen, wenn möglich sogar über sie. Ein Buch zu schreiben und veröffentlichen zu wollen ist eine an Unverschämtheit grenzende Anmaßung, besonders bei jemandem wie mir, der sich in dieser Form an die Menschheit wendet, wo er doch andererseits unfähig wäre, vor fünf oder sechs Rotznasen eine Rede zu halten. Früher hat es meiner Vorstellung entsprechende Autoren gegeben, die zur Befreiung ihrer

Seele geschrieben haben und ohne die Bedürfnisse des Publikums befriedigen zu wollen, ohne zum Leser hinüberzuschielen. Ich empfinde für Saint-Simon nicht dieselbe leidenschaftliche Bewunderung wie für Stendhal, doch ich respektiere ihn dafür, daß er ein so großes Werk in der festen Absicht geschrieben hat, nichts davon zu seinen Lebzeiten zu veröffentlichen. Heutzutage müssen die, die ein literarisches Unterfangen beginnen, ununterbrochen die Aktualität verfolgen, dem Publikum den Puls fühlen, um keine Gelegenheit zu verpassen, es zu unterhalten, es zu amüsieren, im vollen etymologischen Sinne des Wortes, das heißt, es von den Musen zu entfernen. Die Republik der Literatur ist, in Frankreich vielleicht stärker noch als anderswo, eine Republik der Kameraderie. Man muß an Ort und Stelle leben, um Beziehungen zu knüpfen, sich Sympathien, Freunde und Komplizen zu schaffen, um die Bedenken der Verleger und ihrer Berater zu zerstreuen, die, selber Schriftsteller, versucht sind, nur ihre Freunde und Anhänger in der Zunft zu dulden. Man muß ein Mordstalent, ein an Hochmut grenzendes Selbstvertrauen haben, um so viele Hindernisse überwinden zu können. Ein Maler kann notfalls zu seinem eigenen Vergnügen malen, doch ein Schriftsteller schreibt nie nur für sich allein. Die kleinste Epistel braucht einen Leser, besser noch eine Leserin, wieviel mehr erst die Broschüre oder das Buch! Ein Autor ohne Leserschaft gleicht einer Seele auf der Suche nach ihrem Körper. Schreiben, ohne jemals etwas zu veröffentlichen, ist ebenso entmutigend, wie gegen eine Strömung anzuschwimmen, die stärker ist als man selbst. Mein Name ist vielleicht auch ein Hindernis. Bescheidenheit wird bei einem Schriftsteller geschätzt, das Beschneiden dagegen genießt im allgemeinen nicht die gleiche Gunst.

Und doch, das fühle ich: Ich war zum Schreiben bestimmt. Zwar sind mir die Manuskripte, die ich manchmal an Verlage geschickt habe, immer zurückgesandt worden, oft mit einigen Worten des Lobes, von denen ich nicht wußte, ob sie ehrlich gemeint waren, wohingegen ich an der Aufrichtigkeit der Absagen nicht zu zweifeln brauchte. Dennoch schulde ich den Verlagshäusern Dank, die mir diese Ehre erwiesen haben. Sie haben mich gezwungen, in mich zu gehen, mein Werk schonungslos zu überprüfen und nach dessen Mängeln zu suchen. Alles Schlechte hat auch sein Gutes, lautet das spanische Sprichwort.

... und alles Gute auch sein Schlechtes, möchte ich am liebsten sogleich hinzufügen. Mein kleines bißchen Schreibtalent, das darf ich nicht vergessen, brachte mir eines Tages einen entscheidenden Erfolg ein, auf den ich jedoch nicht sehr viel Grund habe, stolz zu sein. Es war zu Beginn meiner Beziehung mit derjenigen, die später zu unser beider Unglück meine Frau werden sollte. Sie hatte mir sehr deutlich und mit ganz und gar weiblicher Brutalität zu verstehen gegeben, daß sie nichts von mir wissen wolle und sich in keinster Weise von einem Leben zu zweit angezogen fühle. Um die Erfahrung bereichert, die ich in der Folge gemacht habe, muß ich heute zugeben, daß sie vollkommen recht hatte. Aber ich war sehr verliebt, um so mehr als ich nichts von meiner zukünftigen Gefährtin wußte, außer daß sie eine hübsche Nase im Gesicht und eine sanfte Stimme hatte, die einen Charakter gleicher Art erahnen ließ. Meine eingefleischte Schüchternheit drängte mich, das bißchen

Land, das ich schon erobert hatte, nicht aufzugeben, denn neue Verbindungen zu knüpfen ist für mich immer ein schwieriges Unterfangen gewesen. Ich schrieb der Dame meiner Träume einen langen Brief voller Doppeldeutigkeiten, in dem ich, ohne mich allzusehr als den idealen Ehemann zu empfehlen, ihr zu verstehen gab, daß sie vielleicht froh sein würde, ein Heim zu haben, wenn ihre liebe Mutter ihr eines Tages fehlen würde, was unglücklicherweise bald darauf geschah. Zu meinem übergroßen Unglück hatte der Brief Erfolg. Meine Dulcinea nahm ihre Entscheidung zurück, und unsere Beziehung begann von neuem, anfangs süß wie Honig, doch später dann …

Na ja, lassen wir das beiseite, jedenfalls bin ich ein Opfer der Literatur – und wie alle Opfer suche ich die Schuldigen außerhalb meiner selbst. Hat nicht die Geschichte dieses Jahrhunderts mir ungeheuer hart zugesetzt? Ich kann mich jedoch nicht ohne zu mogeln von meiner Schuld freisprechen, denn niemandem ist es erlaubt, seine Bestimmung zu ignorieren, wenn er denn eine hat. Wenn ich ehrlich bin, muß ich zugeben, daß in dieser üblen Geschichte mein eigenes Versagen zu einem großen Teil mitverantwortlich war. Ich habe mich oft von den Ereignissen treiben lassen, statt mich ihnen entgegenzustellen und ihnen meinen Willen aufzuzwingen. Da ich nun dieses große Wort schon einmal habe fallen lassen, will ich zu meiner Entlastung festhalten, daß die Rolle dieses berühmten Willens vielleicht unbedeutender ist, als man es sich gemeinhin vorstellt. Napoleon, in den Augen vieler Leute ein Held des starken Willens, glaubte vielmehr von sich selbst, er werde vom Schicksal geführt und von seinem Stern geleitet. All die großen Eroberungskünstler sind, falls es sich nicht gar um Psychopathen handelt, vor allen Dingen gute Verkäufer, redegewandte Leute, die die Fähigkeit haben, die Einfältigen zu dominieren und einzuwickeln. In niedrigeren Bereichen sind solche Menschen Straßenverkäufer; wollen sie sich den Staub der Armut von den Füßen schütteln, so gehen sie als Staubsaugervertreter von Tür zu Tür, und in den oberen Etagen werden sie Politiker und gründen eine Partei. Ich mache die vielen Worte nicht, um mein Gesicht zu wahren und meinen Mangel an Energie zu vertuschen. Nein, ich gebe es ohne Umschweife zu: Daß ich meinen Weg nicht konsequent genug zu verfolgen vermochte, liegt daran, daß ich nicht genau wußte, was ich wollte.

Da mir Napoleons Name unter die Feder gekommen ist, möchte ich an dieser Stelle betonen, daß ich, bei allem Pazifismus, genau wie Churchill darüber entrüstet bin, daß man es wagt, Hitler mit Bonaparte zu vergleichen. Hitler hat sich an die Macht geschlängelt wie ein Reptil, mit Lügen, Verrat und indem er seine Freunde der allerersten Stunde umgebracht hat. Das Buch, das er, wie es scheint, nicht ohne fremde Hilfe geschrieben hat, ist ganz einfach unlesbar. Wohingegen Napoleon, was auch immer seine Fehler gewesen sein mögen, schreiben konnte. Bei seiner Proklamation an die Italienarmee, seinen Siegesbulletins, seinen Tagesbefehlen handelt es sich zwar zweifellos um tendenziöse Literatur, trotz allem aber um Literatur. Sein neunzehntes Bulletin der Grande Armée mit dem schönen Schlußwort, »Der Kaiser hat sich niemals besser gefühlt«, ist ein Bravourstück – literarische Bravour, versteht sich. Und wenn er nur diesen einen Artikel des Code verfaßt hätte: »Die Frau schuldet ihrem Manne Liebe und Gehorsam«, verdiente er einen Ehrenplatz unter den romantischen Dichtern.

Virtuose der Unentschlossenheit, habe ich auf dem Feld der Literatur immer nur Scheingefechte geführt und mir dabei zu allem Überfluß auch noch die undankbarsten Böden zur Entfaltung meiner dürftigen Möglichkeiten ausgesucht. Warum habe ich nicht wenigstens einen Roman geschrieben! Es ist so einfach: Man braucht es nur mit sich geschehen zu lassen. Die leidenschaftliche Begeisterung des Publikums für die Schöpfungen der Phantasie, die unwiderstehliche Tendenz des Marktes, die deutliche Präferenz der Verleger und der Kritiker, all dies treibt die Autoren auf die angenehmen Bahnen der Romanliteratur. Doch ein Mann von Welt muß sich seinen üblen Instinkten zu widersetzen wissen, muß der Versuchung widerstehen können, wie alle Welt zu schreiben, und den Mißerfolg der Schande vorziehen.

Die große Beliebtheit des Romans ist in erster Linie durch den Haß auf die Wahrheit bedingt. Nicht nur ist der Mensch Wahrheiten gegenüber absolut resistent, er hat auch eine heftige Abneigung gegen sie. Deshalb interessiert ihn nur die Fiktion. Die ernsthaftesten, durchdachtesten Bücher, die, dessen menschlicher Inhalt Neugier und Beachtung zu verdienen scheinen, können nur Gnade in seinen Augen finden, wenn sie sich mit dem abgenutzten Flitterkram des Romans herausputzen. Man darf es den Literaten nicht übelnehmen, wenn sie alle diese so begehrte Ware liefern wollen oder wenn sie Werken, die alles andere als Romane sind, diesen magischen Namen verleihen. »Die verdorbenen Völker brauchen Romane.« So erscheinen und verschwinden Jahr für Jahr Tausende von Romanen, Hunderttausende stapeln sich in den Bibliotheken, diesen Nekropolen des Geistes, wo das Zellulosepapier wieder zu jenem Staub zurückkehrt, aus dem es nie hätte erstehen sollen. Wie viele sind es denn, die im Laufe eines Jahrhunderts nicht völlig untergehen? Ein Dutzend vielleicht. Das ist viel, würde Hans sagen.

Weshalb die Weisheit, hätte ich welche besessen, mich eher in die Richtung der Malerei hätte lenken müssen. Doch mein elendiglich rückständiges Ideal hat mir die Aufgabe nicht gerade erleichtert. Ich träumte davon, wie Jean-Jacques zu schreiben und wie Claude zu malen, Claude Lorrain, nicht Claude Monet. Konnte ich bei derartigen Bestrebungen etwas anderes ernten als mitleidige Blicke? Ich werde oft gefragt, warum ich, der ich im 20. Jahrhundert lebe, mich nie an der »modernen« Malerei versucht habe. Ein deutscher Künstler, Hans Thoma, ein verspäteter Romantiker vom Ende des letzten Jahrhunderts, hat das Problem folgendermaßen zusammengefaßt: In der Kunst bringt der Mensch Gott seine Bewunderung für die Welt zum Ausdruck, die dieser geschaffen hat, und bezeugt ihm seine Dankbarkeit dafür. Kurzum, diesen Vorstellungen aus einer anderen Zeit zufolge waren Glaube und Aufrichtigkeit die Prüfsteine des künstlerischen Wertes. Man weiß, wie sehr die Haltung der zeitgenössischen Maler sich gegen diese strenge, naive Sicht der Dinge richtet. Einer von ihnen hat es sogar klar und deutlich formuliert: Die moderne Kunst will die Natur nicht nachahmen, sondern sich mit ihr messen – und wenn möglich sogar besser sein oder zumindest etwas anderes machen als sie. Die Philosophen diskutieren seit langem mit großem Eifer die Frage, ob man den Schöpfer dieser Welt nicht der Ungeschicklichkeit, ja sogar einiger zwielichtiger Absichten bezichtigen könnte, und die Debatte ist noch längst nicht beendet. Zwar mag der Schöpfer der großen, weiten Welt von den Weisen wie von den Flegeln verunglimpft werden, dennoch wird ihm niemand vorwerfen können, er sei bei seiner Arbeit nicht mit der minutiösen, ums Detail bemühten Sorgfalt des Handwerkers vorgegangen. Ohne mit diesem erhabenen Vorgänger konkurrieren zu wollen, möchte ich erwähnen, daß ich schon immer gerne meine Wirkung kalkuliert habe. Auf dem Gebiet der Malerei bin ich eindeutig ein Primitiver, ich liebe es, die Vordergründe meiner Landschaften bis ins Laub der Bäume und die Grashalme auf der Wiese mit größter Genauigkeit zu gestalten. Um eine Vorstellung von meiner maßlosen Bescheidenheit zu vermitteln, nur dies: Mein ganzer Ehrgeiz wäre es gewesen, irgendwann ein aufblühender Grasmaler zu werden.

Die modernen Künstler dagegen fürchten, man könne merken, daß sie sich bei der Arbeit abgeplagt haben. Wenn ein Werk auf die Schnelle hingehauen ist, ohne daß es Spuren von Mühe erkennen läßt, ist stets die Vermutung erlaubt, daß sein Urheber ein wirrer, aber begabter Mensch ist. Beim Anblick dieser modernen Bilder und Skulpturen, die so außerordentlich originell sind, daß es manchmal der Schönheit schadet, kommen nur noch zwei Lösungen in Frage: Entweder will der Künstler uns auf den Arm nehmen, oder er ist ein Genie. Man hat das Gefühl, etwas zu sehen, was man nie zuvor gesehen hat. Man fühlt sich in die Tage der Schöpfung zurückversetzt, als der göttliche Baumeister sich bei jedem Werk, das zwischen seinen Händen entstand, über dessen Vortrefflichkeit und über das Neue und Überraschende seiner Arbeit wunderte. Die Modernen rivalisieren mit Gott, was die Kreativität und die Schnelligkeit der Ausführung angeht, und auch sie finden, daß ihre Werke verdammt gut gelungen sind.

Unsere Zeitgenossen und ganz speziell die genialen Künstler, die Legion sind, vertreten die Ansicht, daß Gott einen übertrieben guten Ruf genießt, worin sie sich in der Nachfolge der Philosophen befinden; allerdings führen sie Argumente an, die sich mit einer etwas kleinkrämerischen Rhetorik schmücken und vor allem darum bemüht sind, die Konkurrenz schlechtzumachen. Wenn man sie so reden hört, könnte man meinen, daß der Schöpfer aller Dinge mehr Talent als Genie besessen hat, was glücklicherweise nicht auf die Künstler zutrifft, die die Ehrenplätze unserer Galerien besetzen. Man wird sich vielleicht wundern, daß es in einer Zeit, die in jeder Beziehung so entschieden prosaisch und materiell eingestellt ist, derart von Genies wimmelt. Die Sache ist nicht ganz neu. Schon der gute Heredia hat mit gespielter und scherzhafter Bescheidenheit gesagt: »Sie sind alle Genies. Ich, ich hab nur Talent, das ist seltener.« Wir stehen zweifellos zu dicht an der Bühne, um diese Überfülle an Genialität würdigen zu können, die das ruhmreiche Merkmal unserer Epoche ist. In einem oder zwei Jahrhunderten werden wir noch einmal darauf zu sprechen kommen.

Mit unerhörter Selbstgefälligkeit hat sich der moderne Künstler widerrechtlich den Titel des Schöpfers zugelegt, den er in aller Bescheidenheit Gott und den großen Couturiers hätte überlassen sollen. Die Urzeugung gibt es nicht, und was der Künstler vorgibt, aus dem Nichts hervorzuholen, trägt die Spuren dieses Ursprungs. Die

Alten sagten, der Natur graue es vor der Leere. Man könnte die Redensart umdrehen und angesichts der modernen Werke behaupten: Der Leere graut es vor der Natur.

Da Gott der Anfang aller Dinge ist, hatte er nicht bei jeder seiner Schöpfungen die Angst, die wir Nachgeborenen haben, in flagranti beim Plagiat erwischt zu werden. Damals gab es die Photographie noch nicht, und es stand ihm frei, sich nach Belieben in Details zu ergehen, ohne befürchten zu müssen, für manieriert gehalten zu werden. Ich frage mich, ob die Erscheinung der Photographie nicht mißbraucht wurde, um die abstrakte Kunst zu rechtfertigen und die Nachzügler mit dem Spitznamen ›Naturalisten‹ zu geißeln. Delacroix, der schon ein Moderner war, hat die Photographie in ihren Anfängen als eine mögliche Verbündete der Malerei begrüßt. Warum bedeutet die Erfindung der Camera obscura eine Revolution in der Kunst des Sehens und des Wahrnehmbarmachens dessen, was man gesehen hat? Dieses Argument ist um so weniger berechtigt, als die anderen Künste die gleiche Tendenz erkennen lassen, sich von der Natur und der Mäßigung zu entfernen, ohne dafür jedoch denselben Vorwand zu benutzen. Ich gebe zu, daß ich in eigener Sache spreche, denn da ich gerne so minutiös wie möglich male, nehme ich oft Photos als Vorlage, um meine Schinken bequem zu Hause am Tisch zu malen.

Wie bescheiden auch mein Talent als Maler gewesen sein mag, ich habe es noch zusätzlich dadurch strapaziert, daß ich versucht habe, es meiner Liebe zu den Bergen aufzupfropfen. Ich war so unvorsichtig, die Alpenlandschaften in Angriff zu nehmen, deren Größe den Laien herausfordert und den routinierten Maler abschreckt. In seiner Beschreibung der französischen Schweiz macht Ramuz einige Versuche, die Berge dafür zu entschuldigen, daß sie sich so wenig für die Malerei eignen. Erzogen in der Verehrung der Impressionisten, ist die Pariser Umgebung für ihn die einzige Landschaft, die es wert ist, daß man ihr mit dem Pinsel huldigt. Die Berge liebt, bewundert und achtet er, doch auf Gemälden kann er sie nicht sehen.

Da ist noch etwas anderes. Das Kunstwerk ist ein Mittelding zwischen Natur und Künstler, ein Kompromiß zwischen der Nachahmung der Realität und dem Ausdruck der eigenen Persönlichkeit des Meisters. Bei den besten Corots genießen wir nicht nur die Schönheit der Gegend, die der Künstler unserer Betrachtung darbietet, sondern ebenso die Präsenz dieses feinfühligen und poetischen Freundes, dessen geschultes Auge und diskreter Kommentar es uns ermöglichen, den ganzen Zauber des Motivs zu genießen. Die Berge, die nach menschlichen Maßstäben hart, erdrückend und unbeugsam sind, eignen sich weniger für solch nuancierte Interpretationen. Je imposanter das Motiv, um so schwerer ist es für den Künstler, etwas Eigenes mit hineinzulegen und sich selbst zwischen das Objekt und die Vorstellungskraft des Zuschauers zu stellen. Im günstigsten Falle würde man sagen: »Was für eine schöne Landschaft!« und nicht »Was für ein schönes Bild!« Das Hochgebirge ist, vor allem aus der Nähe betrachtet, in seiner grandiosen Wildheit mit dem Pinsel kaum zu erfassen, und Calame selbst, der kein Bergsteiger war, hat es nie gewagt, es im Detail festzuhalten. Doch von weitem betrachtet, verwischt durch die Vogelperspektive, aus der die dunstigen, alles wie mit einem Nimbus umhüllenden Töne stärker hervortreten als die Bergkämme, die eigentlich seine Konturen definieren, ist es meiner Meinung nach nicht unmöglich, seine Größe zu vermitteln – und sicher werden die alten Chinesen mir in diesem Punkt nicht widersprechen, wenn schon meine lieben Zeitgenossen mir nicht beipflichten können.

Obwohl Turner zehn Jahre vor Delacroix gestorben ist, kann man auch ihn als einen der Väter der modernen Malerei betrachten, bei aller Verantwortung, die diese Ehre beinhaltet. Ursprüngliches, ungezähmtes Genie, malte er zu Beginn wie alle anderen, nur besser. In seinen Werken aus der Anfangszeit ist es ihm gelungen, sein Ideal, Claude Lorrain, einzuholen, diesen vielleicht sogar zu überflügeln. Später, als er immer ungestümer wurde, ließ er sich von der Maßlosigkeit mitreißen, und in seinen letzten Arbeiten verschmelzen Formen und Farben zu einem Magma, das zu bewundern seinen Verehrern manchmal schwerfällt. Man hat versucht, ihn zu rechtfertigen, indem man eine Hornhauterkrankung für seine Fehler verantwortlich gemacht hat. Will man dem Sanskritforscher Max Müller Glauben schenken, so wurde diese Deformation von Turners Sehsinn von einem kompetenten Augenarzt diagnostiziert, der sogar so weit gegangen ist, eine besondere Brille zu entwikkeln, mit deren Hilfe der Betrachter die Entgleisungen des Malers korrigieren und seine Bilder so sehen kann, als seien sie von einem Turner gemalt worden, der bis zum Schluß über ein normales Sehvermögen verfügte.

Es wäre interessant, diesen Gedanken weiter zu verfolgen. Die moderne Malerei kann freilich nicht wie Turners letzte Werke nur das Ergebnis einer einfachen

Krankheit sein, sondern vielmehr die einer wahren optischen Epidemie. Da das Übel weit verbreitet, vielfältig und universell ist, wird es nicht einfach sein, Abhilfe zu schaffen. Und doch wird der Optiker, dem es gelingt, eine Brille zu entwickeln, mit deren Hilfe man die moderne Malerei sehen, ertragen und vielleicht gar schätzen kann, sich um die Menschheit verdient machen.

Unsere Epoche unterscheidet sich von allen großen Zeitaltern künstlerischer Produktion wie etwa von den Jahrhunderten des Perikles oder der Medici nicht nur durch die gewaltige Schwemme von Meisterwerken, sondern auch durch die stattliche Honorierung der Urheber dieser Prachtsstücke. Es handelt sich hierbei um eine absolut neue Erscheinung. Bis heute war der Künstler, abgesehen von einigen Ausnahmen wie Tizian, Rubens oder Reynolds, es gewohnt, sich mit dem Lebensnotwendigsten zu begnügen – mit der Haferration eines Pferdes, das den Großen Preis gewonnen hat, wie Degas sagte – falls er nicht lieber verhungerte, um so auf diskrete Weise das Publikum auf sich aufmerksam zu machen. Heutzutage werden die genialen Künstler, die die Mehrheit der Künstler bilden, besser bezahlt als es Phidias, Michelangelo oder Rembrandt jemals wurden. Es ist schon verwunderlich, daß die Kunstwerke gerade in einer Zeit, in der sie sich am weitesten vom gesunden Menschenverstand entfernen und für das gemeine Volk unverständlich werden, die phantastischsten Preise erzielen. Dies ist kein Zufall. Die Werke der modernen Kunst werden gerade wegen (und nicht trotz) ihres schwer faßbaren und esoterischen Charakters von dem Publikum geschätzt, für das sie gedacht sind. Seit dem vergangenen Jahrhundert ist der Komplize des Künstlers der Snob, auch bekannt unter dem Begriff des Kunstkenners, der, je nachdem, ein Kunstsammler, -kritiker oder -händler ist. Diese Kategorien sind nicht immer leicht voneinander zu unterscheiden, man trifft sie nie im chemisch reinen Zustand an. Es gibt keinen Kunsthändler, der sich nicht auch für einen Mäzen und Entdecker unbekannter Genies hält, noch gibt es den Kunstkritiker, der nicht auch eine gewisse Begabung fürs Geschäftliche besitzt. Und unter den Snobs, die moderne Kunst sammeln, einen echten Amateur zu finden, ist genauso schwierig wie in einer Fußballnationalmannschaft. Die Möglichkeit, das ergatterte Meisterwerk zum Dreifachen des Einkaufspreises weiterzuverkaufen, steigert zwangsläufig die Genugtuung des Kenners. Sie beweist gleichzeitig seinen Sinn fürs Ästhetische und fürs Praktische, die Unfehlbarkeit seines Spürsinns und seine Überlegenheit über die breite Masse. Die Liebhaber der modernen Kunst sind per definitionem gute Geschäftsleute.

Die wesentliche Aufgabe des Kenners – die Entdekkung verborgener Talente – wäre riskant und schwierig, wenn es nicht solch einen Überfluß an Genies wie in der heutigen Zeit gäbe und wenn es nicht einfacher und gewinnbringender wäre, schon bekannte Künstler zu entdecken. So ist der Beruf des Kenners, wenngleich er einige Überraschungen birgt, wie alles, was mit Mode zu tun hat, relativ sicher und weniger potentiellen Schwankungen ausgesetzt als der Beruf des Kastanienverkäufers oder des Außenministers. Die Bedeutung des Kenners übertrifft die des Künstlers. Was würde es letzterem nützen, Genie zu besitzen, wenn er keinen Liebhaber fände, der ihn entdecken könnte, keinen Kritiker, der die Schönheiten seines Werkes mit meisterhafter Verschleierung darzulegen verstünde, keinen Händler, der großspurige und distinguierte Werbung für den großen Menschen machen könnte?

Die Abneigung, die unsere Zeitgenossen der Realität gegenüber empfinden, ist um so bemerkenswerter, als die moderne Kunst mit einer berechtigten Reaktion gegen den überholten Klassizismus und die Ateliermalerei und unter dem Banner der Freilichtmalerei und des Impressionismus begonnen hat. Man wollte immer natürlicher werden und ist bei immer größerer Übertreibung zu einer Negation der Natur übergegangen. Früher zeichnete sich das Genie durch große Geduld aus, heute dagegen ist die Schnelligkeit das Markenzeichen Nummer eins. Ist der Künstler ein wenig kaufmännisch begabt, so muß die Aussicht, Skizzen zum Preis eines fertigen Gemäldes zu verkaufen, ihm verlockend erscheinen. Die Auguren ermuntern ihn darin, auf diesem Weg weiterzugehen, denn je unvollendeter das Werk, um so größer die Chance, daß es den Stoff für gelungene, tiefschürfende und subtile Kommentare abgibt. Jacques-Emile Blanche fragte seine Schüler einmal: »Wißt ihr, was mit in ein Bild hineingehört, damit es einen guten Preis erzielt?« – »Talent«, antwortete der eine. »Herz«, versuchte es der zweite. »Poesie«, schlug der dritte vor. »Zweifellos«, stimmte der Meister ihnen zu, »ist dies alles sehr richtig, aber was vor allem hineingehört, ist der Käufer.«

Es gab eine Zeit, in der man eine andere Auffassung von der Aufgabe des Künstlers hatte, in der seine Mission darin bestand, gegenüber einer schwankenden, unruhigen und sinnlosen Welt die Existenz einer nicht nur zufälligen Schönheit zu bekunden. Davon sind wir heute weit entfernt, und es ist traurig mit anzusehen, wie die, denen es aufgrund ihrer von alters her bestehenden Bestimmung zukam, der Bewegung einen Sinn und dem Chaos eine Ordnung zu geben, Freude und Stolz darüber empfinden, daß sie sich noch schneller im Kreise drehen als die Karussellpferdchen der modernen Gesellschaft. Tolstois Gedanken, die Kunst solle einen moralischen Einfluß ausüben, kann man durchaus in Frage stellen, doch die Liebe zur Natur und eine demütige, respektvolle Haltung gegenüber den Herrlichkeiten der Schöpfung sind keine moralisch belanglosen Dinge. Sein zweiter Gedanke, daß die Kunst wertlos ist, wenn sie nicht vom Volk verstanden wird, unterliegt den gleichen Einschränkungen, doch auch er beinhaltet einen gut Teil Wahrheit und impliziert eine Verdammung der esoterischen Kunst, dieser großen Reserve der kleinen Cliquen.

So gelangen wir wohl oder übel an den Punkt, den wir eigentlich umgehen wollten, nämlich zur moralischen Frage. Die Haltung des Menschen gegenüber der Natur unter dem Aspekt eines moralischen Verhältnisses zu betrachten bedeutet nicht, das Problem in seiner Vielschichtigkeit zu verkürzen, wie es die Sektierer des L'art pour l'art annehmen könnten. Die Bescheidenheit des Menschen angesichts der Schöpfung ist ein Akt intellektueller Aufrichtigkeit, es ist das Bewußtsein von einer Schwäche, die eine Stärke ist. Wahrscheinlich hat jede Epoche die Kunst, die sie verdient. Wir dürfen uns nicht beklagen, wir, die Kinder eines Jahrhunderts, das von der Maschine, der Geschwindigkeit und dem Tod beherrscht wird, wenn man den in der heutigen Zeit entstehenden Kunstwerken diese dreifache Mutterschaft anmerkt. Seit über fünfzig Jahren hat unsere tagtägliche Vertrautheit mit dem gewaltsamen Tod in uns die natürliche, naive Liebe zum Leben irritiert, ja sie so sehr bis aufs äußerste gereizt, daß sie sich in eine krankhafte Genußsucht verwandelt hat. Eine Erfindung folgt der nächsten, die Technik wird immer perfekter, die Maschinen immer komplexer, immer schneller, immer vereinnahmender. Gegen den Strom zu schwimmen, der Versuchung zu widerstehen, dies würde eine außergewöhnliche Charakterstärke und eine noch seltenere Souveränität der Persönlichkeit erfordern.

Bei der Lektüre dieser Zeilen wird man den Kunstliebhaber sicher ziemlich verkrampft finden. Ist dies die Bitterkeit eines verhinderten Künstlers, der eifrig die Kollegen anschwärzt, die auf dem Proszenium paradieren? Oder das morbide Unverständnis eines seiner Zeit nicht angepaßten Geistes? Mag sein. Doch vergessen wir darüber nicht, daß Baudelaire, Flaubert und einige andere der Überzeugung waren, daß jede Schöpfung, die es wert ist, so genannt zu werden, im Widerspruch zu ihrer Zeit und vorzugsweise gegen sie entsteht. Vergessen wir vor allem nicht, daß der Anspruch, ein Werk zu schaffen, das seinen Erzeuger aus der Herde herausragen lassen soll, eine der Klippen der Existenz darstellt, vor denen wir die angehenden Seefahrer nicht genug warnen können. Der offensichtliche Wahnsinn einer solchen Unternehmung wäscht sich, wie wir soeben gesehen haben, sehr bald von den höchsten moralischen Überlegungen rein, und die Moral selbst wird nie zu Hilfe gerufen, ohne daß sogleich Metaphysik und Religion, wie sehr man ihnen auch mißtrauen mag, die Ohren spitzen.

Was die Religion betrifft, so bin ich, bei aller Bescheidenheit, nahe daran, dem Ideal Jean-Jacques Rousseaus zu entsprechen. Obwohl ich ein frühreifes und aufgewecktes Kind war, wurde ich bis zum Alter von zehn Jahren wie ein kleiner Wilder erzogen, der lesen, schreiben und rechnen konnte, jedoch nicht wußte, ob das Universum, in dem er sich befand, einfach so wie ein Pilz aus dem Boden geschossen oder das Werk Gottes oder irgendeines seiner Konkurrenten war. Und dies, obwohl wir in Paris, der Ville-Lumière wohnten, wo wir nur die Qual der Wahl hatten, um einen passenden Kult oder eine geeignete Form der Religionslosigkeit zu finden.

Zufällig wohnten wir in der Rue Etienne Dolet, in deren oberem Abschnitt eine imposante katholische Kirche stand und am unteren Ende eine kleine protestantische Mission. So ergab es sich durch einen räumlichen Zufall, daß wir begannen, das evangelische Mac-All-Zentrum aufzusuchen, das von Pastor Louis Appia geleitet wurde. Er war ein hervorragender, sowohl Respekt als auch Zuneigung einflößender Mann. Er muß damals noch jung gewesen sein, da seine Hochzeit in die Zeit fiel, in der wir das Zentrum besuchten, doch mit seinem gepflegten Bart und seiner langen Soutane erschien er uns seltsam ehrfurchtgebietend. Später erfuhr ich, daß er, um seine Familie ernähren zu können, irgendwelchen obskuren Schreibtätigkeiten im Rathaus hatte nachgehen müssen, um so die magere Vergütung seines Priesteramtes aufzubessern. Er selbst war zwar ein einfacher Mann, doch er stammte von einer illustren, mit der Geschichte des Protestantismus und der humanitären Hilfswerke in Verbindung stehenden Familie ab:

Einer der Pastoren, die im 17. Jahrhundert im Dienste der piemontesischen Waldenser gestanden hatten, hieß Pierre Appia, und der Arzt Dr. Louis Appia war an der Seite Henri Dunants einer der Gründer des Roten Kreuzes gewesen.

Der kleine Missionsraum beherbergte nicht nur die Sonntagsschule; dort fanden auch Konferenzen, Feste und Unterhaltungsabende statt und wurden Theaterstücke aufgeführt. Die ganze Atmosphäre war herzlich und sympathisch, und so war die protestantische Religion, frei von jenem griesgrämigen und strengen Aspekt, auf den der Calvinismus oft reduziert wird, die erste Religion, die sich mir bot. Ich wußte selbstverständlich, daß wir Juden waren, und mein Name genügte, um es mir in Erinnerung zu rufen, doch die Tatsache, daß wir eine christliche Gemeinde aufsuchten, störte mich keineswegs, und wir wurden deshalb auch nicht weniger gut dort aufgenommen. Ich lernte die Biblische Geschichte, bildete mich auf dem Gebiet des Neuen und Alten Testaments und nahm das Wunder Josuas, der die Sonne zum Stillstand brachte, mit der gleichen Neutralität auf wie das von jenem Stern, der den drei Weisen aus dem Morgenland den Weg zur Krippe in Bethlehem wies, wobei das eine wie das andere aus astronomischer Sicht sehr fragwürdig ist. Ich sang mit den anderen im Chor schwungvolle Kirchenlieder, von denen ich mehrere in Erinnerung behalten habe und in denen ich im Nachhinein sehr eklektische Anleihen erkennen konnte: von Händel bis zu den modernen Evangelisten. Im Endeffekt jedoch, wenn ich den pfiffigen kleinen Jungen zu verstehen glaube, der ich damals war, glitt die christliche Religion über mich hinweg wie Wasser über den

Rücken einer Ente. Ohne Diskussion und ohne Widerspruch nahm ich querbeet alles in mich auf, was sie mir bot, doch ich glaubte an diese Dinge nicht mehr als an die Feen und den Werwolf.

Vielleicht sagte ich mir damals schon: Der Schöpfungsgeschichte zufolge hat der Liebe Gott sechs Tage lang gearbeitet und sich am siebten ausgeruht; doch was hat er seitdem gemacht? Hat er das Interesse an seiner Schöpfung verloren, hat er die Welt davontreiben lassen? Die Sonne ist zweifellos eine schöne Erfindung, wenngleich strenge Kritiker Flecken auf ihr entdeckt haben. Die Sterne sind prächtig gelungen, auch wenn wir vielleicht einiges an ihnen auszusetzen hätten, wenn wir sie mehr aus der Nähe sehen könnten. Das Meer, die Berge, die Bäume, die Blumen, all das ist nicht schlecht für einen Anfänger, und wenn der Göttliche Schöpfer nichts anderes gemacht hätte, verdiente er es, daß man ihm auf die Schulter klopfte, um ihn zu seiner Arbeit zu beglückwünschen und ihn zu ermutigen, es in Zukunft noch etwas besser zu machen. Doch zahlreiche Tiere und besonders der Mensch sind leider elende Kümmerlinge: Ein gewissenhafter Künstler hätte merken müssen, daß er seine Aufgabe verfehlt hat und daß das mißlungene Werk hätte überarbeitet werden müssen. Gott hätte einen wohlwollenden, aber scharfsinnigen Kritiker an seiner Seite gebraucht, der ihn auf die Schwächen seiner Kreation hingewiesen und ihn daran gehindert hätte, daß er sich, wie es im biblischen Bericht heißt, sich jeden Abend selbst bestätigte, »daß es gut war«. Dies ist ein Zeugnis einfältiger Selbstzufriedenheit, die eines Demiurgen unwürdig ist. Eine Bewunderin Gladstones tröstete sich über den Tod des großen Mannes mit dem Gedanken hinweg: »Jetzt wird Gott von seinen ausgezeichneten Ratschlägen profitieren können.« Vielleicht hat er ihm am sechsten Tag gefehlt.

Doch ich schweife vom Thema ab, wir wollten uns über die Religion unterhalten, und siehe da, schon fange ich an, von Gott zu reden, was etwas ganz anderes ist. Die Religion ist eine im wesentlichen menschliche Angelegenheit, die nur gelegentliche Beziehungen zur Theologie, zur Kosmogonie und zur interplanetarischen Physik unterhält. Kehren wir zur Religion zurück, das heißt zum Menschen, das heißt zu mir.

Ohne Böses dabei zu denken, suchten wir seit einiger Zeit regelmäßig die protestantischen Institutionen auf, als unsere Onkel und Tanten sich zu beunruhigen begannen. Sie waren keine besseren oder aktiveren Juden als wir, doch sie hatten ein heiliges Grauen vor der Konversion, vor dem, was man das »Renegatentum« nennen könnte. Sie machten meiner Mutter die heftigsten Vorwürfe, da sie meinten, sie liefere uns auf diese Weise der Apostasie aus. Gehorsam schickte sie uns zum Unterricht in israelitischer Religion in die Lucien-de-Hirsch-Schule, die sich in der Gegend der Buttes-Chaumont befand. Daraus wurde nur ein kurzes Erlebnis, denn es mißfiel uns in höchstem Maße, gemeinsam mit einer Bande schmuddeliger, ungekämmter Gören stundenlang »Chema Israel Adonai Elohenou« grölen zu müssen. Der Lehrer war ebenfalls eine ziemlich ungepflegte Erscheinung, er schlurfte in seinen Pantoffeln herein, und seine Religion schien ihm, im Gegensatz zum Islam, keine häufigen Waschungen vorzuschreiben. Auch wenn ich selbst alles andere als elegant gekleidet und in meinem Benehmen keineswegs snobistisch war, stieß mich die Religion meiner Väter doch ein wenig durch ihr schlampiges Äußeres ab. Die einzige angenehme Erinnerung, die ich an diese Einführungsversuche in das Judentum zurückbehalten habe, bezieht sich auf ein gewisses Kartoffelpüree, das uns einmal in der Schulkantine in einem Blechnapf serviert wurde: Kleine Fleischstückchen waren hineingemischt, es war sämig, gerade richtig in der Konsistenz und ist mir noch nach all den Jahren in lebhafter Erinnerung. Doch diese kulinarische Demonstration der Vortrefflichkeit unserer Religion genügte nicht, um mir ihre weniger sympathischen Aspekte erträglich zu machen. Nach einigen Unterrichtsstunden – nicht mehr als einem halben Dutzend, glaube ich – gaben wir die Lucien-de-Hirsch-Schule auf und kehrten nie mehr dorthin zurück. Deshalb ist die jüdische Religion, wie die Religion im allgemeinen, nie meine Stärke gewesen. Zum Beispiel habe ich erst mit fünfzehn Jahren, als ich anläßlich unseres Exodus weniger gottlose Mitglieder unserer Familie kennenlernte, erfahren, daß es jüdische Feste gab, von deren Existenz ich bislang keine Ahnung gehabt hatte. In der Folgezeit konnte ich diese Lücken ausfüllen, und heute kenne ich mich ziemlich gut in allen hebräischen Riten aus, ohne sie indessen zu praktizieren. Ich weiß nicht, ob es außergewöhnliches Pech war, doch habe ich hin und wieder sehr fromme Juden kennengelernt, deren Charakter ziemlich zu wünschen übrig ließ; der Gerechtigkeit halber will ich jedoch anfügen, daß ich auch ganz vortrefflichen begegnet bin.

Ebensowenig vergesse ich das rituelle Gebet, das man mir in einer mit Sicherheit frommeren Familie als der unseren zitierte: »Ich danke dir, oh Gott, daß du mich als Mensch und nicht als Tier, als Jude und nicht als Heide, als Mann und nicht als Frau erschaffen hast.« Ein Glaubensbekenntnis, das in der heutigen Zeit des triumphierenden Feminismus ziemlich unpassend ist und unweigerlich an das Gebet des Pharisäers erinnert. Deshalb wahre ich, ohne sie im mindesten verleugnen zu wollen, der Religion meiner Vorfahren gegenüber eine Haltung wohlwollender Neutralität, weiter nichts.

Ich habe mich oft gefragt, warum die Gläubigen, welcher Gesinnung auch immer, unter dem Vorwand, in ihrer zartesten Kindheit eine gewisse Anzahl von Dogmen geerbt zu haben, meinen, den Laien, die sich eher auf das Zeugnis ihrer Sinne oder auf die Gedankengänge der logischen Vernunft verlassen, moralisch überlegen zu sein. Die Menschen, die sich darauf beschränken, an das Quadrat der Hypotenuse zu glauben, sind darauf auch nicht weiter stolz, doch sobald ihre Überzeugungen einen dogmatischen Charakter annehmen – ob es sich nun um die Transsubstantiation, die sechshundertunddreizehn Vorschriften des Pentateuch oder die Reinkarnation Buddhas handelt –, wird aus ihrer gewöhnlichen Unsicherheit rasch Überheblichkeit, und ihre herablassende Haltung gegenüber all jenen, die ihre Ansichten nicht teilen, braucht gar nicht sonderlich angefeuert zu werden, um zu regelrechter Verachtung zu werden. Und die Tatsache, daß ihre Religion ihnen mitunter Demut auferlegt, ändert auch nichts an all dem. Ich möchte keineswegs behaupten, daß religiöse Menschen weniger gut sind als andere; ich habe hervorragende religiöse Personen kennengelernt, die Auslese der Menschheit, das Salz der Erde. Vielleicht haben die Priester, indem sie ihre Schäflein auf ein hohes Ideal verwiesen haben, dazu beigetragen, diejenigen, die einfach nur gute Menschen waren, zu besseren zu machen; doch gleichzeitig ist es ihnen gelungen, die Mittelmäßigen zu schlechteren zu machen; letztere sind in der Überzahl, und die Religion liefert ihnen diese beiden willkommenen Waffen: Stolz und Heuchelei.

In jedem religiösen Gefüge, in jeder Kirche gibt es einen festen und einen verschwommenen Anteil, deren Kombination zu einem großen Teil die Haltung der Gläubigen bestimmt. Das feste Element sind die Dogmen, die Vorschriften und, aus der Sicht des Einzelnen, jene berühmten »Verdienste«, die den Rechtgläubigen, denen, deren Werke vom göttlichen Gesetz gebilligt werden, den Himmel zuteil werden lassen. Das verschwommene Element ist die Mystik, der Glaube, alles, was für den Menschen dem Bereich der Gnade angehört. Diese beiden Elemente befinden sich in ständigem Fluß und manchmal – das Leben der Heiligen selbst lehrt es uns – in krassem Widerspruch zueinander. Der Vorrang des einen oder des anderen ist niemals absolut; nichtsdestotrotz kann er stark genug ausgeprägt sein, um die jeweilige Moral der Gläubigen dadurch plötzlich entweder in die Richtung von Güte und Toleranz oder in die des Fanatismus zu lenken. In einer erstarrten und formalistischen Religion, deren Anhänger ununterbrochen dazu aufgefordert werden, schwere Aufgaben zu erfüllen, für die der Liebe Gott ihnen sehr dankbar wird sein müssen, ist die Hervorhebung der eigenen Verdienste für den Gläubigen das sicherste Mittel, die Achtung der Mächtigen zu erlangen und auf die Weise Wohlstand und Frieden zu genießen. Selbstgefälligkeit und Scheinheiligkeit sind in einem solchen Fall die treibenden

Kräfte des gesellschaftlichen Lebens, das sich voll und ganz unter den gestrengen Blicken der Priester, Rabbiner und anderer Imame abspielt. In einer Religion dagegen, die stärker das Gefühl als den Willen anspricht, die Zustimmung und nicht blindes Befolgen von Vorschriften erwartet, trifft man eher Bescheidenheit, Güte, Toleranz und nachsichtiges Annehmen der verirrten oder räudigen Schafe an. Das Herz ist immer allumfassender, wohlwollender als der Geist.

In unseren Breiten herrscht die allgemeine Vorstellung, daß das Wesen der Religion der Glaube an einen Gott ist, der das Universum geschaffen hat. Dieser Glaube ist fragwürdig. Nimmt man einmal an, daß die Erschaffung der Welt tatsächlich stattgefunden hat, so handelt es sich hierbei um ein Phänomen materieller Art, und das höchste Wesen in diese zweifelhafte Angelegenheit verwickeln zu wollen, ist vielleicht nicht gerade der beste Dienst, den man ihm erweist. Religiöse Menschen aus meinem Bekanntenkreis haben mich strengstens zurechtgewiesen, als sie hörten, daß ich Zweifel an den Talenten des Großen Demiurgen äußerte. Ihnen zufolge kann man sich nicht als gläubig bezeichnen, wenn man nicht an eben diese Einheit von Schöpfungs- und Gründungsdogma glaubt. Entgegen ihrer Meinung bestehe ich dennoch auf der Ansicht, daß Glauben nicht unbedingt bedeuten muß, daß man auf den Gebrauch der Vernunft verzichtet und sich blindlings auf den Weg des Absoluten begibt. Angeblich ist das Gefühl der Unendlichkeit die Grundlage der Religion. Das ist es, was Kant mit seinem berühmten Satz zum Ausdruck bringen wollte, dem einzigen, in dem dieser trockene Philosoph sich zu den Höhen der Poesie aufgeschwungen hat: »Zwei Dinge erfüllen das Gemüt mit immer neuer und zunehmender Bewunderung und Ehrfurcht: der bestirnte Himmel über mir und das moralische Gesetz in mir.« Jedenfalls erscheint mir die Unendlichkeit keineswegs geeignet, das Problem aufzuklären. Das käme dem Versuch gleich, das Unverständliche mit dem Unfaßbaren erklären zu wollen. Es ist einfacher, ehrlicher und aufrichtiger, wenn wir unser Unwissen zugeben – und wie Sokrates versuchen, auf ehrenhafte Art und Weise dessen Grenzen zu markieren.

Im übrigen ist der Gegenstand des Glaubens vielleicht weniger wichtig als der Glaube selbst. Ob man nun an Jupiter, Wischnu, Jehovah, Jesus Christus, an die Unsterblichkeit der Seele, die Seelenwanderung, an sich bewegende Tische oder die darwinistische Vervollkommnung der Art glaubt: Es sind dies alles Glaubensakte. Manche bezeichnen Goethe als einen Heiden, weil er sich zu keiner Offenbarungsreligion bekannt hat. Weder Tolstoi noch Gandhi glaubten an einen persönlichen Gott mit langem Bart, der Himmel und Erde erschaffen hat. Für Gandhi ist Gott das Gewissen, das moralische Gesetz und vor allem die Wahrheit. Wir kennen die Wahrheit nicht, und wir werden sie nie kennen, doch der Gedanke, daß es sie gibt, ist an sich schon ein Glaubensakt.

Vor einigen Jahren unterhielt ich mich mit einem Kommunisten, der mir nicht ohne Stolz mitteilte, daß ein Lehrstuhl für Atheismus an ich weiß nicht mehr welcher Universität eingerichtet worden sei. Es war mir ein wenig neu, daß man den Atheismus zur Würde einer Wissenschaft erhoben hatte, doch warum nicht, wo doch Jahrhunderte lang die Theologie die Wissenschaft par excellence gewesen ist? Ich antwortete dem Propagandisten, daß ich, ohne die Erhabenheit der Wissenschaften im allgemeinen und die des Atheismus im besonderen antasten zu wollen, der Meinung sei, man brauche, um Atheist zu sein, einen mindestens ebenso starken, vielleicht sogar noch stärkeren Glauben, als wenn man irgendeine Religion lehren wolle. Jedenfalls ist es meiner Meinung nach feige und unelegant, schlecht über Gott zu reden. Er kann oder will sich nicht verteidigen. Wenn man unbedingt seine Furchtlosigkeit beweisen will, sollte man sich lieber mit dem Teufel anlegen. Der hat Haare auf den Zähnen.

Im übrigen erweitern die Fortschritte in der Wissenschaft, falls diese überhaupt Fortschritte zu verzeichnen hat, in keinster Weise die Grenzen des Unbekannten. Sie begnügen sich allenfalls damit, die Oberfläche des Bereichs der Kenntnisse auszudehnen, und vervielfältigen dadurch die Kontaktpunkte mit dem Rätselhaften. Je mehr man weiß, um so mehr ist man sich seiner Schwächen bewußt; nur die Ignoranten sind sich immer ihrer selbst sicher.

Der Gerechtigkeit halber und ohne mich damit brüsten zu wollen, ein frommer Mensch zu sein, muß ich zugeben, daß die Dekadenz der Religion, wie wir sie seit zwei Jahrhunderten erleben, ziemlich genau einem Verfall von Intellekt und Moral und einem Anstieg der politischen Barbarei und des Verbrechens im großen Stil entspricht. Es ist jedem selbst überlassen, daraus seine Schlüsse zu ziehen. Zudem finde ich es auffallend, daß Frankreich, die älteste Tochter der Kirche, das Vaterland des Allerchristlichsten Königs, der *Gesta Dei per Francos,* das Land, das im Mittelalter die strahlendste Blütezeit der

Kathedralen erlebte, mit der Zeit das Vaterland der Ungläubigkeit geworden ist. Es gibt Dinge, die man einfach nicht versteht. Genau das ist Religion.

Der Gedanke, daß Gott die Wahrheit ist oder, besser gesagt, daß die Wahrheit die einzige Seite Gottes ist, die für den Menschen zwar unerreichbar, jedoch seiner Vorstellung zugänglich ist, könnte uns als Anhaltspunkt bei der Untersuchung eines Problems dienen, das mich lange Zeit beunruhigt hat: Ist Moral ohne Religion möglich? Meine liebe Marie-Louise, die die Schwäche besaß, mich trotz meiner zahlreichen, vor allem auf dem Gebiet der Religion liegenden Mängel zu lieben, äußerte mir gegenüber des öfteren ihr Erstaunen darüber, daß sie mich trotz dieser Schwächen ehrlich und anständig fand. Freie, erhabene Geister wie Rousseau und Vinet sind ebenfalls dieser Meinung, und selbst ein Gottloser wie Voltaire hat sich die Religion häufig als einen Verbündeten und einen Ersatz für den Gendarmen vorgestellt, dessen Aufgabe es ist, dafür zu sorgen, daß diejenigen, die von Natur aus eher zum Straucheln neigen, auf dem rechten Pfad bleiben. Jene Religion, die die Aufgabe hat, die Menschen durch die Hoffnung auf Belohnungen oder die Furcht vor Bestrafungen zum Guten zu zwingen, ist natürlich von einem bedauernswerten Materialismus und Anthropomorphismus, und ich lobe die Heilige Theresa dafür, daß sie das Höllenfeuer löschen und das Paradies verbrennen wollte, damit die Menschen Gott auf selbstlose Weise lieben könnten. Ein aus solch niederer Gesinnung heraus begriffener Glaube käme der bloßen Schaffung eines künstlichen Gewissens gleich, und der Gerechte wäre dann nicht viel mehr wert als der Pawlowsche Hund. Einer meiner früheren Arbeitgeber, der im strengsten jüdischen Glauben erzogen worden war, hatte seine Orthodoxie mit der Zeit soweit aufgegeben, daß er eine Christin heiratete und keines der mosaischen Gebote mehr befolgte. Er erzählte mir in einem Augenblick der Offenherzigkeit, daß ihm, nachdem er sein erstes Schweineskotelett gegessen hatte, übel geworden sei und er diese nicht rituelle Speise erbrochen habe, obwohl er den Glauben seit langem verloren hatte.

Wenn wir, in Anlehnung an Gandhi und einige andere, die Liebe zur Wahrheit, die Liebe zu den Menschen und die Liebe zu Gott auf ein und dieselbe Stufe stellen, wird es uns weniger schwerfallen, das Problem ungelöst zu lassen – ohne dafür Theologie studieren zu müssen, mit dem rühmlichen Ziel, gut und böse zu unterscheiden. Nehmen wir nur ein Beispiel, jedoch ein großes. Der Krieg ist nicht nur deswegen ein Verbrechen und eine Schande, weil er die Zerstörung des Lebens, dieses angeblich kostbarsten Gutes, zum Ziel hat, sowie die Negation des Ideals, das jede Gesellschaft anstreben muß: die menschliche Gemeinschaft. Sondern er ist es auch deshalb, weil er der Triumph, die Apotheose der Lüge ist. Es gibt keinen Krieg, in dem der Aggressor nicht behauptet, sich im Zustand der Notwehr zu befinden, in dem nicht Dokumente, Gefühle, Tatsachen und Zahlen gefälscht werden. Der Krieg ist ein Verbrechen an der Menschheit, an der Wahrheit, an Gott. Und was brauchen wir erst die Theologie, um zu diesem Schluß zu kommen, vor allem, wenn wir uns einmal die Mühe machen, uns daran zu erinnern, in welch einem hochgebildeten Gefolge die Gelehrten der einstigen Sorbonne die kriegerischen Kreuzzüge und pyrotechnischen Unternehmungen der heiligen Inquisition begleitet haben. Da das Wesen Gottes unendlich weit über dem menschlichen Verstehen liegt, entfernen sich die Religionen um so mehr von der Wahrheit, als sie versuchen, die Gottheit kleinlich und im Detail zu definieren und zu erklären. Von der Offenbarung einmal abgesehen, die einem Zirkelschluß gleichkommt, ist die Theologie – oder die Wissenschaft von Gott – nicht nur absurd, sondern ein Sakrileg. Es ist ein Widerspruch in sich, das Unendliche definieren zu wollen.

Es täte mir sehr leid, wenn diese wenigen Seiten, auf denen ich mich darauf beschränkt habe, in sehr oberflächlicher und argloser Weise ein Thema von unermeßlicher Bedeutung und Tiefe zu berühren, den geringsten Eindruck von Respektlosigkeit oder Zynismus erweckt haben sollten. Zwar ist die Religion für den ungläubigen Kritiker ein wertloser Atavismus und in den Augen des Berufsrevolutionärs Opium für das Volk. Sie ist jedoch auch die Stütze und die Hoffnung von Millionen im Elend lebender Menschen. Daß sie vielleicht nur eine Illusion unter vielen anderen ist, daß sie die Komplizin der schlimmsten Schandtaten war, daß sie uns ihre Dogmen wie große Wahrheiten um die Ohren schlägt, eben das rückt sie in sonderbare Nähe zur Wissenschaft, ihrer alten Feindin, die ebenfalls meint, alles zu beherrschen, obwohl sie ihre Theorien fröhlich eine nach der anderen verbrennt. Gestehen wir allen beiden zu, daß sie gelegentlich für das Gute eintreten, und hüten wir uns davor, uns über die lindernden Kräfte lustig zu machen, die sie den betrübten Seelen spenden.

Es mag seltsam anmuten, eine Analogie zwischen der Rechthaberei, einer weit verbreiteten Geisteskrankheit, und den religiösen oder ideologischen Überzeugungen erkennen zu wollen, auf die sich unsere Mitmenschen so sehr berufen. Der Anhänger sowie der Partisan, die es beide zweifellos müde sind, aus eigener Kraft nach der Wahrheit zu suchen, überlassen es fremden Instanzen, sie von dieser Last zu befreien. Da sie nun nicht mehr allein dem Unbekannten gegenüberstehen, gelangen sie ohne große Mühe zu der angenehmen Überzeugung, auf dem richtigen Weg zu sein. In der Gewißheit, die geeignetste und wirksamste Art und Weise gefunden zu haben, um das Wahre zu erreichen, und darauf bedacht, in einer in den schönsten Farben gemalten Zukunft die den Gläubigen versprochenen Begünstigungen sowie das garantierte Vorrecht beim Eintritt in alle anzunehmenden Paradiese zu erhalten, erwarten sie in aller Gelassenheit den wagemutigen Opponenten.

Hier wird deutlich, wie sehr eine solche Haltung der krankhaften Rechthaberei gleicht. Es handelt sich um eine Art geistiger Verkalkung, eine Schrumpfung, eine Verhärtung der Gefäße, durch die die Wahrheit zu einem dringen könnte. Der von diesem Leiden befallene Mensch zieht einzig und allein seinen eigenen Gesichtspunkt in Betracht; seine Meinungen allein sind gültig, und er baut vor allem, was seine Gewißheiten erschüttern könnte, solide Barrieren auf. Seine Intelligenz dient ihm nur dazu, Gründe zu finden, um sich selbst recht zu geben. Möglicherweise gesteht er manchen von denen, die seine Ansichten nicht teilen, zu, daß sie einige Qualitäten haben, doch seine Überzeugung, im Besitz der einzig notwendigen Sache zu sein, ist so stark, daß seine Verachtung gegenüber denen, die nicht seiner Religion angehören, im Grunde unverändert bleibt. Für ihn gibt es auf der einen Seite die Erwählten und deren Freunde, während auf der anderen Seite, ohne Unterschied und im selben Schlamm gefangen, all diejenigen dahinvegetieren, die nicht das Glück und das Verdienst haben, *die* Wahrheit zu kennen.

Die Menschen, zu denen auch die Frauen zählen, bilden sich gerne ein, recht zu haben, und die Vorstellung, daß ihre Meinung mehr wert ist als die der anderen, übt eine große Anziehungskraft auf sie aus. Die religiösen und ideologischen Gewißheiten fördern diese geistige Haltung auf ganz natürliche Weise. Doch ist es mit jeglicher Art von Meinung so. Zum Beispiel mit der Berthelots, der im Namen der über alles erhabenen Wissenschaft ausrief: »Die Natur besitzt für uns keine Geheimnisse mehr!« Es ist wirklich nicht leicht, die Pfade der Religion zu verlassen.

Bei einem Fabelerzähler, Charles-Louis Philippe, habe ich einmal einen Satz ohne offensichtlichen Bezug zum Kontext gelesen, der mich jedoch durch seine Dichte überrascht hat: »Wenn der Mensch unglücklich ist, will er recht haben.« Als ich davon ausgegangen bin, daß der erbitterte Wunsch des Menschen, recht zu haben, eine Geisteskrankheit ist, habe ich das menschliche Herz ohne Liebe und ohne Haß, lediglich mit der Kaltblütigkeit des Anatoms seziert. Im zitierten Satz beugt sich ein Dichter mit einem sanfteren und menschlicheren Blick über dasselbe Problem. Das Unglück ist sicherlich eine heilige Sache und Mitleid ein höchst respektables Gefühl. Dennoch frage ich mich, ob der Romancier nicht einen logischen Fehler begangen hat, als er etwas in einen Kausalzusammenhang gestellt hat, das in Wirklichkeit viel komplexer ist. Es ist zumindest unvorsichtig, die

Gesetze der Kausalität auf moralische, das heißt menschliche Phänomene anzuwenden. Ein Stein fällt auf lockeres Erdreich und gräbt ein Loch hinein: Wenn der Stein nicht gefallen wäre, wäre auch kein Loch entstanden. Die Ursache ist klar, die Wirkung auch. Aber bei den menschlichen Beziehungen ist das eine andere Sache. Es gibt keine Ursache, die nicht auch gleichzeitig eine Wirkung, und keine Wirkung, die nicht auch eine Ursache wäre. Beide verschmelzen miteinander, durchdringen und beeinflussen sich wie durch Osmose. So wie es in der physikalischen Welt kein Hoch und kein Tief gibt, ebensowenig gibt es Ursache und Wirkung in der moralischen Welt. Es wäre falsch zu behaupten, wie es Charles-Louis Philippe zu unterstellen scheint: Der Mensch ist unglücklich, folglich will er recht haben. Ebenso unrichtig wäre es, das Gegenteil zu behaupten: Der Mensch will recht haben, daraus folgt, daß er unglücklich ist. Sich unglücklich zu fühlen und recht haben zu wollen sind zwei psychologische Tatsachen, zwei Zustände, die aufeinander reagieren und die beide sowohl Ursache als auch Wirkung sind.

Der unmäßige Wunsch, recht zu haben, ist die Quelle unzähliger privater und öffentlicher Katastrophen. Er bringt Gestalten wie Torquemada und Hitler hervor, ebenso Xanthippen und andere rechthaberische, autoritäre und mürrische Ehefrauen. So wie das Gesetz der Schwerkraft für das Fallen einer Stecknadel oder die Bahn eines Sterns gilt, so sicher verseucht der verbissene und nicht zu unterdrückende Wunsch, recht zu haben, alle menschlichen Beziehungen, von den elementarsten – zwischen Vater und Sohn, zwischen Mann und Frau – bis hin zu den allgemeinsten: den Beziehungen zwischen den Mächtigen, den Kirchen, den Völkern. Casimir Périer, jener große Staatsmann vom Stil Louis-Philippes, pflegte zu sagen: »Wenn ich recht habe, sind meine Freunde mir ziemlich gleichgültig, doch wenn ich unrecht habe, will ich, daß sie mich unterstützen.« Das ist kein Scherz, es ist der Ausdruck einer sehr weit verbreiteten Geisteshaltung. Wo kommen wir hin, wenn selbst die konservativsten Politiker Opfer dieses unwiderstehlichen Dranges sind?

Eine gewiße Intelligenzschwäche liegt dieser Verirrung zugrunde. Der Mensch, der ein gesundes Urteilsvermögen besitzt, dessen Bewußtsein nicht von der hohen Meinung beherrscht ist, die er von seinen eigenen Ideen hat, kann sich über die Frage stellen und sie mit einiger Objektivität betrachten. Er empfindet seinen Meinungen und Gefühlen gegenüber nicht die rührende, einfältige Voreingenommenheit der Eule gegenüber ihren Jungen: »Meine Kinder sind süßer, schöner, besser gebaut und hübscher als all ihre Gefährten!« Doch die Rechthaberei ist eine der am weitesten verbreiteten Schwächen, und der Autor selbst, der über diesen Defekt schimpft, hat die allergrößte Mühe, sich davor zu bewahren.

Es muß noch einmal gesagt werden, wenngleich diese Wahrheit von La Palisse seit langem bekannt ist: Man ist nicht deshalb unglücklich, weil man außergewöhnliches Pech hatte, weil man nicht wie alle anderen die ideale Frau gefunden hat oder weil man ärgerlicherweise einen Dachziegel auf den Kopf bekommen hat. Nein, man ist unglücklich, weil man sich einen Charakter fabriziert hat, der das Unglück anzieht wie der Magnet das Eisen. Er ist es, der einen unglücklich macht, einen selbst und die eigene Umgebung, und er ist es auch, der in einem dieses rechthaberische Bedürfnis erweckt, besonders dann, wenn man unrecht hat. Denn es liegt nicht in der Natur des Menschen, in sich selbst den Ursprung seiner Leiden zu suchen, solange die kleinste Chance existiert, ihn woanders zu finden.

Der unglückliche Mensch ist im wesentlichen ein Mensch, der nicht liebt; oder, wenn man so will, einer, der nur sich selbst und sonst niemanden liebt. In diesen Worten liegt ein Widerspruch: Sich selber zu lieben, das bedeutet in Wahrheit, nicht zu lieben, darauf zu verzichten, seine Seele aus dem Panzer herauszulassen, in den sie eingesperrt ist. Diese seelische Onanie muß einen zwangsläufig unglücklich machen. Der arme Mensch will sich nicht eingestehen, daß sein unausstehlicher Charakter der Ursprung seines Unglücks ist, und klammert sich an die Vorstellung, die anderen seien Grund für all seine Mißgeschicke. Daher auch sein brennender Wunsch, recht zu haben, der bis zum Verfolgungswahn, ja bis zum reinen Wahnsinn gehen kann.

Ich habe in meinem Leben wenige Feinde gehabt, und ich bin nicht sonderlich stolz darauf. Im Gegenteil, ich müßte mich dafür entschuldigen, denn es ist eher ein Zeichen von Mittelmäßigkeit als ein Beweis von Größe. Diese wenigen Feinde konnte ich noch nicht einmal hassen, obwohl sie mir im Rahmen ihrer Kräfte sehr übel mitgespielt und ihre Machenschaften teilweise den Verlauf meines Lebens geändert haben. Ich denke da zunächst an Maroufle, den gemeinsten Vorgesetzten, den ich je kennengelernt habe und der mich mit Vorliebe als Prügelknabe benutzte. Trotzdem kann ich ihn nicht tödlich hassen, der Arme hatte einen unglücklichen Charakter, und er ließ seine üblen Launen vorzugsweise an mir aus, der ich von seinen Untergebenen der friedlichste und am wenigsten streitwillige war. Da war außerdem mein Kollege Joseph, dieser gehäßige Bursche, der mit seinen falschen Anschuldigungen die Schweizer Behörden auf mich hetzte. Zu erwähnen wären auch meine Freunde X..., die nach einer dreißig Jahre währenden engen Beziehung alles taten, um die ohnehin schon so wackeligen Fundamente meiner späten und schlecht angelaufenen Ehe zu untergraben. Vor allem aufgrund dieses letzten Beispiels bin ich geneigt zu glauben, daß ein Feind im Grunde eher ein Freund ist, dessen Gefühle aus irgendeinem Grunde bitter geworden sind. Wie könnte ein Mensch uns Böses wollen und es uns auch antun, wenn er uns nicht auf seine Weise liebte, wenn er nicht über unsere guten und schlechten Seiten Bescheid wüßte, wenn er nicht alles in allem eine gewisse Art der Sympathie für uns empfände? Doch selbstverständlich muß seine Sympathie aktiv, klarsichtig, scharfsinnig, illusionslos sein und von der eisernen Entschlossenheit, einen besseren Menschen aus uns zu machen, wenn es sein muß auch gegen unseren Willen. Man versichert uns, daß Gott diejenigen bestraft, die er liebt. Unsere Feinde sind im Endeffekt Freunde, die in unserem Leben Gottes Platz einnehmen möchten, die besorgt sind um unser Seelenheil und sich fest vorgenommen haben, uns Böses anzutun, da es ja zu unserem Besten ist.

Ich habe mitunter versucht, sie zu entschuldigen, indem ich mir sagte, daß sie eher dumm als böse seien, daß ihre Bosheit auf ihre Ignoranz zurückzuführen sei. Doch ich frage mich jetzt, ob diese Entschuldigung akzeptabel ist und ob die übliche Unterscheidung zwischen Bosheit und Dummheit wirklich gerechtfertigt ist. Die menschliche Dummheit, dieser große Nebel, der uns, wie einmal ein Philosoph gesagt hat, eine Vorstellung von der Unendlichkeit zu geben vermag, ist vielleicht nicht das, was ein oberflächliches Volk denkt. Es herrscht die ziemlich weit verbreitete Vorstellung, sie entspreche der Abwesenheit von Intelligenz. Dies ist meinem Gefühl nach ein Irrtum. Die Dummheit ist nicht das Fehlen irgendeiner Fähigkeit, sondern sie ist eine Eigenschaft *sui generis,* unabhängig, hochmütig, aktiv, bestrebt, sich in aller Öffentlichkeit zu zeigen und Einfluß auszuüben. Wenn die Dummheit passiv wäre, wie man allzu oft glaubt, würde sie versuchen, sich zu verstecken, würde sie sich klein und bescheiden machen, mit einem Wort, dann wäre sie gar nicht so dumm. Intelligenz ist die Fähigkeit zu verstehen, aufzuhellen, was wirr und dunkel ist, die feinen Unterschiede und verborgenen Ähnlichkeiten wahrzunehmen. Die Dummheit ist nicht ihr genaues Gegenteil, sie kann sich sehr wohl mit einem ansehnlichen Maß an Intelligenz verbinden, mit der Gerissenheit zum Beispiel; in diesem Fall ist sie nur um so mächtiger und gefährlicher. Der Mensch ist nicht dumm, weil er nicht versteht, sondern weil er falsch versteht. Der, der nicht versteht, schämt sich seiner Unfähigkeit, er wird vielleicht versuchen, seine Unwissenheit zu verbergen, und schweigen, um sie nicht allzu deutlich zu erkennen zu geben. Doch der, der falsch verstanden hat, ist deshalb nicht weniger mit sich selbst zufrieden, und sofern ihn nicht der Zweifel quält, ist er bald stolzer auf seinen Irrtum als der Intelligente auf sein Verständnis der Dinge. Denn der Irrtum ist insofern anziehend, als er mehr etwas Eigenes ist, mehr uns allein gehört als die Wahrheit, die sich, ihrem Wesen nach universell, nicht für eine schmeichelhafte Aneignung anböte.

Wir berühren an dieser Stelle den springenden Punkt des Problems. Der dumme Mensch ist nicht dumm aus Mangel an Intelligenz, sondern aus Egoismus. In seine eigene Person eingehüllt wie in ein Schneckenhaus, bezieht er alles auf sich und beurteilt Personen und Dinge allein nach seinem eigenen Maßstab. Die, die ihm ähnlich sind, interessieren sich nur für das, was sich unter Umständen auf sie selbst beziehen könnte: das Tun und Treiben ihrer Nachbarn, ihrer Arbeitskollegen, ihrer Rivalen auf dem Spielfeld des unmittelbaren Daseins. Ihre Konversation, wie glänzend sie auch mitunter sei, bleibt eine Form des Geschwätzes. Diese Unfähigkeit, von sich selbst abzusehen, das Andere zu verstehen, bei anderen Menschen zu schätzen und zu lieben, was verschieden ist, genau das zeichnet den Dummen aus – und man weiß, welchen Schaden er allein in unserem Jahrhundert angerichtet hat. Der dumme Mensch, vor allem wenn er schlau ist, und mehr noch, wenn er sich die Mittel der Gewalt aneignet, bestimmt seinen Bauchnabel beziehungsweise seine fixe Idee zum Mittelpunkt der Welt, und mit seiner Unbeirrbarkeit schafft er es stets, die Zustimmung derjenigen hervorzurufen, denen es nützlich ist, seine Ansichten zu teilen. In der festen Überzeugung, daß sein Geist die ganze Welt umgreift und daß das, was er nicht versteht, kaum die Mühe lohnt, verstanden zu werden, gelangt er bald zu der Gewißheit, daß seine Qualitäten die menschlichen Tugenden schlechthin sind, die dagegen, an denen es ihm fehlt, schon beinahe Makel – die er sich durchaus bemühen wird, bei anderen auszumerzen, wenn man ihm nur einige Waffen an die Hand gibt. Indem er bei denen, die er auffordert, ihm mit uneingeschränktem Beifall in seinen Ansichten zu folgen, nach zusätzlicher Bewunderung hascht, bewundert er sich im Grunde selbst in einer Weise, die ihn veranlaßt, Gott nach Art der Pharisäer dafür zu danken, daß dieser ihn so gemacht hat, wie er ist.

Wenn die Dummheit dieses Ausmaß erreicht, schlägt sie leicht in Bosheit um. Würde die vollkommene Güte existieren, so wäre sie in uns ein sicheres und konstantes Bewußtsein der Gleichheit aller Geschöpfe. Wären wir wahrhaft gut, so würde das Leid, das einem anderen widerfährt, uns ebenso großen Schmerz bereiten, als litten wir selbst darunter. Wir würden es sogar noch stärker empfinden, denn während wir gegen unsere eigenen Übel gefeit sind durch den Schutzwall des guten Gewissens und den Schild des Stoizismus, sind wir dem Unglück eines anderen schutzlos ausgeliefert. Im Gegensatz dazu ist der Mensch, dessen Dummheit vollkommen gereift und abgerundet ist, so von sich selbst erfüllt, daß es in ihm keinen Platz mehr gibt, um das Andere aufzunehmen. Seine Dummheit, die ihn schützend umgibt wie ein dicker Mantel, macht ihn unempfänglich für das Leid dritter. So wie das Kind, das einer Fliege die Flügel ausreißt, ohne sich vorzustellen, daß es einem Lebewesen wehtut, und in dem Maße, wie es unfähig ist, irgendeine Analogie zwischen der Fliege und sich selbst zu sehen, so kann auch der egoistische Mensch ohne die geringsten Gewissensbisse grausam und böse sein. Ein großer Teil der herrschenden Dummheit und Bosheit hat seine Ursache darin, daß die Menschen sich darauf versteifen, die Gemeinsamkeit ihres Schicksals zu ignorieren. Personen, die vom gleichen Unglück getroffen sind – zum Beispiel vom Verlust eines geliebten Menschen –, fühlen sich auf ganz natürliche Weise zueinander hingezogen. Doch die Menschen machen sich gerne Illusionen, und solange das Glück ihnen zuzulächeln scheint, halten sie sich für unverletzlich und vergessen, daß sie wie alle Welt anfällig sind für Krankheiten, Unfälle, Gebrechlichkeit und Tod. Wären sie sich dieser unerbittlichen Schicksalhaftigkeit stärker bewußt, so wären sie nicht so hart, so verständnislos dem Unglück anderer gegenüber. Phantasielosigkeit ist die gemeinsame Quelle, aus der sich gleichzeitig Dummheit und Bosheit speisen. So gehen Engstirnigkeit und Hartherzigkeit oft Hand in Hand.

Ich bin nahe daran zu glauben, daß die Phantasielosigkeit jene berühmte Sünde wider den Geist ist, die uns trotz der Erklärungen der Theologen oder gerade infolge dieser Erklärungen ein so großes Rätsel geblieben ist. Die Kinder, die in dem Augenblick, da sie die Hände des Schöpfers und der Hebamme verlassen, keineswegs vollkommen sind – mag es Rousseau gefallen oder nicht –, sind oftmals nicht im Besitz dieser intellektuellen und moralischen Fähigkeit; oder es ist vielmehr so, daß ihre Phantasie, die sehr lebendig ist, sich auf die Erschaffung einer Welt beschränkt, die ihnen eigen ist und zu der das Andere kaum Zugang hat. Denn man muß selbst gelitten haben, um das Leiden zu verstehen und zu teilen. In den Augen dessen, der eine vermauerte Phantasie hat, existiert das Leiden, das man nicht spürt, auch nicht. Es gibt Leute, die nicht wissen, was Schmerzen sind, solange sie nicht selbst einen Faustschlag ins Gesicht bekommen haben. Sie sind zu bedauern.

Es ist also nicht ganz richtig, von jemandem zu behaupten, er sei eher dumm als böse. Diese beiden Mängel sind kommunizierende Röhren und sozusagen austauschbar. Ich würde meinen wenigen Feinden sicher unnötigen Kummer bereiten, wenn ich ihnen zu verstehen gäbe, daß ihr boshaftes oder feindseliges Verhalten mir gegenüber seinen Ursprung in einem verborgenen Grundbestand reiner, unverfälschter Dummheit hat. Denn mit der Dummheit ist es wie mit den anderen Geisteskrankheiten: Derjenige, der unter ihr leidet, ist sich ihrer nicht bewußt. Wir sind alle mehr oder weniger verrückt, doch nur die geistig einigermaßen gesunden Menschen wissen, daß ihre Erkenntnisfähigkeit zu wünschen übrig läßt. Was die anderen betrifft … sollten wir uns dessen bewußt sein, daß sie genau in dem Maße zu fürchten sind, in dem sie davon überzeugt sind, ein Hirn zu besitzen, das gegen den Irrtum gewappnet ist, während es in Wirklichkeit nur gegen den Zweifel gefeit ist; und vergessen wir nicht – was mir selbst allzu häufig passiert ist –, daß sie in der Überzahl sind.

Um wieder aus dieser Einöde der Abstraktionen herauszufinden, werde ich ein Beispiel aus meiner eigenen Erfahrung heranziehen. Mein Freund Onésime war nie sehr gut im Bergsteigen. Nicht nur wird ihm leicht schwindelig, sondern er ist ganz einfach ein Angsthase, und ich habe ihn an manchen Stellen auf allen vieren kriechen sehen, an denen jeder Bergsteiger, der einigen Respekt vor sich selbst hat, sich aufrecht und mit den Händen in den Hosentaschen vorwärtsbewegt. Da er aber ehrgeizig und ein Liebhaber intensiver Erlebnisse ist, hat er hin und wieder mutig versucht, seinen Mangel an Mut zu überwinden. In den Zeiten, als ich noch ein guter Bergsteiger war, habe ich ihn manchmal bei Klettertouren geführt, die ein wenig über seinen Fähigkeiten lagen, indem ich ihn am Seil hielt und ihn sowohl moralisch als auch physisch unterstützte. Seit Jahren verbietet mir meine Arthrose solche kühnen Unternehmungen; zuerst mußte ich auf die großen Touren verzichten und später dann auf die kleinen. Onésime, der von diesem Gebrechen verschont geblieben ist, unternimmt noch von Zeit zu Zeit Bergbesteigungen. Er ist stolz darauf und zeigt dies auch manchmal. Vor einigen Jahren, als wir einmal gemeinsam eine Treppe hinaufgingen, machte er mich liebenswürdigerweise darauf aufmerksam, daß er trotz seines Alters immer noch zwei Stufen auf einmal nehmen könne. Er wußte seit langem von meiner Krankheit, und er wußte auch genau, daß es mir Mühe machte, die Stufen einzeln hochzusteigen. Seine Bemerkung war nicht böse gemeint, dessen bin ich mir sicher. Doch seine plötzliche Überlegenheit beim Erklimmen von Höhen machte ihn so glücklich, daß sie unbeabsichtigt aus ihm hervorbrach; er mußte dieses Glücksgefühl unbedingt zum Ausdruck bringen, vielleicht mit der Vorstellung, ich würde mich mit ihm freuen. Ich muß zugeben, daß ich nicht gutherzig genug war, um seine Freude mit ihm zu teilen.

Diese unbedeutende kleine Geschichte kommt gerade recht, um meiner Theorie etwas Gestalt zu verleihen. Onésime ist kein böser Mensch, er wollte mich nicht meine Unterlegenheit spüren lassen, sondern seine eigene Überlegenheit, was etwas ganz anderes ist. Sein Irrtum, einer der geläufigsten überhaupt, bestand darin, daß er im geschilderten Fall nur an sich selbst gedacht hatte. Diese Verengung des moralischen Horizonts kann man

Dummheit oder Bosheit nennen, je nachdem, aus welcher Perspektive man sie betrachtet oder wieviel Nachsicht man zeigt. Es ist einfach ein Mangel an Phantasie, den man niemandem vorwerfen darf, denn man kann nicht von jedem erwarten, daß er ein Poet ist.

# Liebesleben

Ein Engländer aus unserer Zeit, Neville Cardus, schrieb in seinen Memoiren: »Die Beschreibung meines Liebeslebens würde auf eine Postkarte passen.« Ich frage mich, ob man ihn bewundern oder bedauern soll. Diese Kürze könnte der Ausdruck einer das ganze Leben ungetrübt anhaltenden Jugendliebe sein, die beneidenswerteste Lösung der sexuellen Frage. Sie könnte jedoch auch einen bedauernswerten Mangel an Sensibilität verbergen, eine Gefühlskälte à la Fontenelle, mit der kein gesunder, normaler Mensch sich würde zufrieden geben wollen.

Ich für meinen bescheidenen Teil bin in dieser Angelegenheit in keinen extremen Fehler verfallen: weder ins Übermaß noch ins Nichts. In der Schule zwar frühreif, muß ich jedoch gestehen, daß ich in meiner sexuellen Entwicklung ein absoluter Nachzügler war, was ein schlimmer Defekt ist, so sehr machen sich die lieben Leute im allgemeinen darüber lustig. Da ich die Unterrichtsstunden mit Schülern verbrachte, die mehrere Jahre älter waren als ich, hatte ich nie besonderen Kontakt zu ihnen und habe mich kaum von ihren Worten oder von ihren Beispielen beeinflussen lassen. Ich weiß nicht, ob ich das bedauern soll. Ihre Kameradschaft hätte mir zweifellos geholfen, meine Schüchternheit zu überwinden, doch hätte ich mir diesen Nutzen wahrscheinlich zu teuer erkaufen müssen. So bin ich zu dem geworden, der ich bin, etwas menschenscheu, etwas ungesellig, schlecht gerüstet für die Schlachten des Lebens.

Als ich in die Pubertät kam, waren die geschlechtlichen Dinge ein mysteröses, unzugängliches Thema für mich, und ich versuchte vergebens, in jene Geheimnisse einzudringen, die um so mehr meine Neugier erweckten, als ich nicht das geringste von ihnen wußte. Ich war höchst beunruhigt, als ich den ersten Samenerguß bei mir bemerkte. In meiner Ahnungslosigkeit glaubte ich, von einer jener Geschlechtskrankheiten befallen zu sein, von denen in den Pissoirs die Rede ist. Ich hätte vielleicht versucht, zu einem Arzt zu gehen, um von ihm eine Erklärung für dieses sonderbare Phänomen zu erhalten und gegebenfalls ein geeignetes Heilmittel empfohlen zu bekommen. Zum Glück hielten mich die Scham und meine fehlenden Mittel davon ab.

Kurz nachdem wir uns in Zürich niedergelassen hatten, nahm ich eine ziemlich schlecht bezahlte Tätigkeit in der Großhandelsabteilung des Kaufhauses an, in dem mein Bruder seit über einem Jahr als Buchhaltungsgehilfe arbeitete. Ich waltete meines Amtes in einem spärlich erleuchteten Kellergeschoß, in dem ich etwa zehn Jahre dahinvegetierte, gerade lang genug, um mir die Augen zu verderben. Meine erste Tätigkeit bestand darin, einen Berg Pantoffeln der Größe nach zu ordnen, von 33 bis 46, eine undankbare und erniedrigende Arbeit für jemanden, der die höhere Handelsschule absolviert hatte.

In dieser Höhle gab es neben den männlichen Kollegen auch zwei schöne Mädchen, eine eher groß und schlank, die andere eher zart, Rose und Marthe. Ich bin kein Schönredner, ich bin nie einer gewesen und werde auch nie einer sein. Ich betrachtete diese beiden Schönheiten von weitem, ohne es zu wagen, mich ihnen zu nähern, denn die anderen Herren der Abteilung machten ihnen ohnehin schon ausgiebig den Hof. Einer von ihnen, der älter und gewitzter war als ich, rühmte sich, bei den beiden Damen beliebt zu sein, und lenkte meine Aufmerksamkeit auf die schönen Beine von Marthe. Ich war erstaunt, daß man die weibliche Schönheit auch so weit unten suchen konnte, aber mit der Zeit habe ich es dann doch gelernt.

Ich war sechzehn Jahre alt, als ich mich zum ersten Mal verliebte. Sie hieß Frieda, ein Name, der mit dem Wort *Frieden* verwandt ist, und ich habe diesen schönen Namen, der so gut zu meiner Geisteshaltung paßt, immer geliebt. Sie war Lehrling in einer Verkaufsabteilung, die mit unserer Abteilung nur entfernt Verbindung hatte. Sie mochte kaum älter als sechzehn sein, und ihr bezauberndes Gesicht berührte mich trotz meiner Ahnungslosigkeit vom ersten Augenblick an. Sie war klein und zart, hatte blaue Augen und blondes Haar, eine frische, helle Hautfarbe, regelmäßige Züge und dazu eine Stupsnase, die ihr Gesicht noch reizvoller machte, kurzum, eine Kreuzung zwischen Goethes Gretchen und einer Madonna von Fra Angelico. Und doch trug sie, wenn mich mein Gedächtnis nicht täuscht, als einzigen Heiligenschein ihre leuchtende Haarpracht. Was ihren übrigen Körper betraf, so entsprach er sicherlich ihrem Gesicht, obwohl ich es nie gewagt habe, mich davon zu überzeugen, denn zu jener gesegneten Zeit wußte ich noch nicht, daß die weibliche Schönheit auch noch anderswo als nur im Gesicht zu suchen ist. Sie muß auch Beine gehabt haben, denn sie bewegte sich mit der Geschmeidigkeit einer Gazelle, doch es würde mir sehr schwer fallen, diese zu beschreiben, es sei denn, ich erfände etwas, was ich damals gar nicht zu sehen versuchte. Ich liebte sie aus der Ferne und mit der Heftigkeit und kindlichen Reinheit der ersten Liebe. Denn es konnte keine Rede davon sein, sie anzusprechen, und noch weniger, ihr meine Gefühle zu offenbaren. Ich versuchte nur, die Gelegenheiten zu vermehren, bei denen ich sie sehen konnte, um nach Herzenslust die bittersüße Frucht der beginnenden Leidenschaft zu genießen. Ich hatte, ich weiß nicht mehr wie, herausbekommen, wie sie hieß, wo sie wohnte und wie sie zur Arbeit kam, und auf diesem Weg hatte ich eine Art Nische gefunden, von wo aus ich sie vorbeigehen sehen konnte, ohne selbst gesehen zu werden. Jeden Tag um Viertel vor zwei begab ich mich zu meinem Beobachtungsposten und wartete voller Unruhe auf den kurzen Augenblick, in dem sie an mir vorübergehen würde, leicht, glücklich, dem Leben zulächelnd und nichts ahnend von ihrem heimlichen Verehrer. Wenn ich sie hatte vorbeigehen sehen, was nur einen Moment dauerte, war mir für den Rest des Tages warm ums Herz, und ich hätte mein bescheidenes Glück nicht gegen das des Königs Salomon mit seinen Hunderten von Frauen und Konkubinen eingetauscht. An den Tagen, an denen ich sie nicht sah, tröstete ich mich, indem ich auf den nächsten Tag wartete, und es kam mir nicht in den Sinn, mich über das widrige Schicksal zu beklagen. Dieses Spielchen dauerte zwei oder drei Monate, ohne daß ich mich jemals zu erkennen gegeben und ohne daß sie irgend etwas gesehen oder geahnt hätte. Und dann, eines schönen Tages, kam sie nicht mehr ins Geschäft, und als ich mich diskret umhörte, erfuhr ich, daß sie aufgrund üblen Lebenswandels entlassen worden war. Diese Neuigkeit überraschte und betrübte mich: Ich war mir so sicher gewesen, daß diese engelgleiche Schönheit nur der Ausdruck einer schönen Seele sein konnte. Ich bin noch ein paarmal in der Gegend herumgeschlichen, in der sie wohnte, und einige Monate später sah ich sie noch einmal. Doch sie war schon nicht mehr dieselbe, ihr frisches Jungmädchengesicht trug die Spuren des Genusses, und ich glaubte darin die irgendeiner heimlichen Verderbtheit zu lesen. Ich habe nicht versucht, mich ihr zu nähern, und sie erkannte mich um so weniger, als sie mich niemals bemerkt hatte. Ich habe nichts mehr unternommen, um sie wiederzusehen, und habe sie auch nie mehr wiedergesehen. Das war das Ende meiner ersten Liebe.

Nachdem ich das große Kaufhaus meiner Anfangszeiten verlassen hatte, wo meine Aufstiegschancen nur sehr gering waren, erhielt ich eine besser bezahlte Stelle in einem Seidenhandelsbetrieb, dessen Personal, das weniger zahlreich war, sich vor allem als aufgeschlossener erwies. Der allgemeine Umgangston war gutmütig und familiär, man duzte sich schnell, und der Vorname ersetzte rasch den Nachnamen. Ich habe dort mehrere Freundschaften geknüpft, von denen manche lange Jahre gehalten haben. Ich war auch damals nicht unternehmender als in meiner frühesten Jugend, doch eine Frau, die in einer anderen Abteilung arbeitete, hatte mich – warum, weiß ich nicht so genau – bemerkt und nutzte einen Moment, in dem wir alleine waren, um mir ein abendliches Treffen im Park vorzuschlagen. Sie war nicht die Frau, die ich mir selber ausgesucht hätte: Sie war schon aus dem zartesten Alter heraus, und sie war einäugig, die Ärmste, was ihr Gesicht entstellte, das ansonsten nicht unangenehm anzuschauen gewesen wäre. Ich war noch nie mit einer solchen Gunst beehrt worden und nahm ihre Einladung eilig an. Von unserem Treffen, das nicht lange dauerte, habe ich nur eine einzige Erinnerung zurückbehalten, und zwar die an einen echten Kuß, den sie mir von sich aus gab und der mein allererster war. Er verwirrte mich zutiefst und ließ mich meine Verehrerin in einem neuen Licht sehen. Eine Frau, die eine solche Glut in einen Kuß zu legen vermochte, war es sicher wert, geliebt zu werden. Unsere Zusammenkunft hatte jedoch keinerlei Folgen. Meine Geliebte eines einzigen Abends hatte vielleicht mit einem geschickteren Jungen gerechnet, und es ist durchaus möglich, daß sie von meiner Unbeholfenheit enttäuscht war. Ich weiß es nicht, denn ich hatte keine Gelegenheit mehr, unter vier Augen mit ihr zu sprechen. Sie schlug mir kein neues Rendez-vous vor, und ich habe mich auch um keines bemüht, da ich mir gut vorstellen konnte, daß sie nicht mit mir zufrieden gewesen war. Dieser Abend blieb die einzige Liebeslektion, die ich von ihr erhielt. Sie verließ bald darauf die Firma, und ich habe sogar ihren Namen vergessen. Ich glaube nicht, daß ich ihren Vornamen gekannt habe. Ihr Kuß allein ist mir geblieben.

Meine ganze Jugend hindurch und in den ersten Jahren der Reife kannte ich mich nicht aus in der Kunst, bei den Schönen Erfolg zu haben und ihre Gunst zu gewinnen. Der Beweis dafür ist, daß mehrere angenehme Personen mir viele Jahre später vorwarfen, nie versucht zu haben, ihnen den Hof zu machen, wodurch sie mir zu verstehen gaben, daß meine Annäherungsversuche nicht allzu abweisend aufgenommen worden wären. Ich war lange Zeit von unbeschreiblicher Naivität oder, besser gesagt, Dummheit. Ich war schon über siebzehn, und meine abgebrühteren Kollegen gaben ungeniert die schlimmsten Obszönitäten von sich, in der Gewißheit, daß ich zu arglos sei, um sie zu verstehen. Der Sinn so mancher anstößiger Witze, die ich während meiner Jugendjahre gehört habe und die mir zufällig im Gedächtnis haftengeblieben sind, hat sich mir erst lange Zeit später erschlossen. Meine Unternehmungen auf dem Gebiet der Liebe waren erschwert durch meine Ignoranz, und es mangelte mir ganz und gar an der nötigen Kühnheit, um den Angehörigen des anderen Geschlechts näherzukommen. Ich weigerte mich, den Zürcher Dialekt zu sprechen, und dieser Mangel förderte nur noch meine natürliche Schüchternheit. Da ich kein praktizierender Jude war, hatte ich keine Gelegenheit, Jüdinnen kennenzulernen, die mir hätten gefallen können, und ich hätte außerdem gefürchtet, daß meine fehlende Frömmigkeit ihnen mißfallen hätte. Was die anderen betraf, so war ich mir der allgemeinen Aversion gegen Juden bewußt, die in der deutschen Schweiz fast genauso groß war wie in Deutschland, wenn auch weniger zur Schau gestellt. Mein Weg war von beiden Seiten verstellt.

Zwischen meinem zwanzigsten und dreißigsten Lebensjahr, als ich noch all meine Zähne im Mund und eine relativ große Anzahl von Haaren auf dem Kopf hatte, habe ich mich nicht allein damit begnügt, in den Firmen, in denen ich tätig war, auf meine Kolleginnen vom schönen Geschlecht Jagd zu machen. Ich habe auch versucht, in den meisten Fällen jedoch ohne großen Erfolg, die Bekanntschaft junger, schöner Personen zu machen, denen ich zufällig in der Natur, die mir als Komplizin diente, begegnet war, denn eine Frau mitten auf der Straße anzusprechen, wäre mir vulgär und demütigend erschienen. Zwar war ich nicht besonders häßlich oder schlecht gebaut, doch ich fürchtete, aufgrund meiner Herkunft Abfuhren zu erhalten – was mir mehrmals passiert ist, obwohl meine Nase sich nicht sehr vom gängigen Modell unterscheidet. Meine Werbeversuche waren, wie man sich sicher vorstellen kann, nicht gerade die eines Kriegshelden, und wenn das Ergebnis nicht meinen Erwartungen entsprach, was fast die Regel war, so war ich erstmal für eine ganze Weile abgestoßen von diesem Métier. Dann boten die Berge mir Zuflucht, doch mein Bedürfnis nach Liebe war offenbar stärker als meine Schüchternheit, denn ich konnte dort oben nicht umhin, mir unverhoffte Begegnungen zu erträumen.

Der Üetliberg, das Lieblingsziel der Zürcher Bergfreunde bei ihrem Sonntagsbummel, hat diesbezüglich einen schlechten Ruf, und die Damen, die dort alleine spazierengehen, laufen Gefahr, von Herren angesprochen zu werden, die den Wunsch haben, ihre Einsamkeit mit jemandem zu teilen. Meine Jugend hatte seit einigen Jahren die Ufer der Adoleszenz hinter sich gelassen, als ich in dieser Gegend, ohne allzu sehr darauf aus gewesen zu sein, die Bekanntschaft einer liebenswürdigen Passantin machte. Unsere Wege hatten sich oft gekreuzt, und mit der Zeit begleitete ein leichtes Lächeln unsere Begegnungen, dann ein Kopfnicken und ein kurzer Gruß, bis diese in Unterhaltungen, die von Mal zu Mal ausgedehnter wurden, und schließlich in ein Rendez-vous mündeten. Sie war Wienerin, etwas älter als ich, aber jung und hübsch geblieben. Sie war gesellig, wie es ihre

Landsleute im allgemeinen sind, geschieden, unterhielt jedoch eine ernsthafte freundschaftliche Beziehung zu einem Mann, der zu allem außer zum Heiraten bereit war. Dieser Herr unternahm nicht gerne Fußmärsche und erlaubte seiner Frau, alleine im Wald spazierenzugehen, wo es noch nicht so oft zu unangenehmen Begegnungen kam wie in der heutigen Zeit. Manchmal nahm sie einen Hund mit, der für ihre Sicherheit sorgte und ihr, wie es bei diesen treuen und nützlichen Tieren so üblich ist, die Kontaktaufnahme mit Fremden erleichterte. Es blieb zwischen uns bei gelegentlichen Treffen, die auf der Ebene einer offenen Kameradschaft ohne die geringste sentimentale Tönung stattfanden. Einmal jedoch hatte ich Anlaß zu einigem Zweifel. Eines schönen Sommermorgens lagen wir Seite an Seite träge im Gras, weitab von indiskreten Blicken, als es ihr in den Sinn kam, auf einem Grashalm zu kauen und mich aufzufordern, vom anderen Ende des Halms her das gleiche zu tun. Zwangsläufig kamen unsere Lippen sich Stück für Stück näher. Als sie gefährlich dicht beieinander waren, bekam ich Angst und ließ los. Es wäre bestimmt nur zu einem folgenlosen Küßchen gekommen, doch meine Schüchternheit war noch auf ihrem Höhepunkt. Sicher fand sie mich linkisch und krankhaft naiv, zu sehr jedenfalls für ihren persönlichen Geschmack, denn unsere Beziehung löste sich, wie sie begonnen hatte, nach und nach auf, ohne Auseinandersetzung oder Streit. In ihrer Gutmütigkeit versuchte sie sogar, mich mit einer jungen Person aus ihrer Bekanntschaft zusammenzubringen, die auf der Suche nach einem Freund war; denn vielleicht dachte sie, diese wäre in der Lage, mir etwas Schliff zu verpassen. Doch das Fräulein war nicht sehr anziehend, noch ich selbst besonders aktiv, so daß diese nur eben angedeutete Idylle ohne Abschied und ohne Tränen ihr Ende fand.

Man wird mich fragen, und ich selbst frage mich, warum ich nicht wie jeder andere versucht habe, eine Frau dadurch zu erobern, daß ich ihr die Heirat anbot. Dies war zu jener Zeit die übliche Methode, da die Frauen sich in jenen Jahren einer vergangenen Epoche noch gerne mit diesem Lockmittel verführen ließen. Heutzutage hat sich die Situation ziemlich geändert; die Frau ist unabhängig geworden, und die Ehe ist für sie nicht mehr das einzige Ziel in ihrem Leben. Heute wird das Konkubinat trotz seines häßlichen Namens weder vom Gesetzbuch noch von den Sitten geächtet. Es kommt sogar vor, daß die Damen wie einst die Amazonen den Mann zu dem alleinigen Zweck begehren, ein Kind zu bekommen, und, wenn sie das Resultat erst einmal erhalten haben, sehr gut ohne ihn auskommen. Doch vor einem halben Jahrhundert dachte der normale Mann zuerst ans Heiraten und dann an die Frau, die ihm hierzu geeignet erschien. Einer meiner Freunde, ein renommierter Mathematiker, erzählte mir einmal, wie er bei der Suche nach einer Ehefrau vorgegangen sei. Da er zur Heirat entschlossen war, hatte er eine Liste mit allen weiblichen Personen aus seinem Bekanntenkreis zusammengestellt, die eventuell in Frage kamen. Es waren um die hundert, was zeigt, daß er ein kontaktfreudiger Mensch mit zahlreichen gesellschaftlichen Verbindungen war. Er hatte die Liste mit der ihm eigenen Sorgfalt analysiert, die Unerwünschten durchgestrichen, die anderen genauer unter die Lupe genommen, bis er am Ende diejenige gefunden hatte, die alle Bedingungen erfüllte. Die Verbindung, die aus dieser wissenschaftlichen Prozedur hervorging, war glücklich, soweit man dies von außen zu beurteilen vermag. Dieses Beispiel vom Gelingen einer Ehe und auch einige andere vor ihm (denn solche Ausnahmen lassen sich sogar außerhalb der Romane finden) hätten mich dazu animieren sollen, den Hafen der Ehe anzusteuern, doch ich hatte zuviele gute und schlechte Gründe, mir meine Unabhängigkeit zu bewahren. Da ich sehr an meiner Mutter und meiner Schwester hing und zu meinem Unglück mit einem äußerst schmalen Geldbeutel versehen war, konnte ich keine Heirat ins Auge fassen, die diese beiden Geschöpfe in Armut zurückgelassen hätte. Außerdem erwiesen sich die einfachsten Wege, um zum Ziel zu gelangen, in meinen Augen als eine Aneinanderreihung vom Hindernissen. Die an eine isrealitische Gemeinschaft gebundenen Juden finden mühelos Ehefrauen ihrer Konfession, die ihren Vorstellungen entsprechen; doch war dieser Weg einem Nichtgläubigen wie mir verstellt. Schließlich und vor allem wußte ich aufgrund der literarischen Bestrebungen, die mir keine Ruhe ließen, daß das Ziel meines Lebens nie im Erringen von Vermögen liegen würde, und ich fürchtete mehr als alles andere eine energische, vernünftige Ehefrau, die mich nach bestem Brauch gezwungen hätte, mich ausschließlich der Anschaffung irdischer Güter zu widmen. Hierin war ich – und bin es auch heute noch – einer dieser verspäteten Romantiker, deren naive Selbstgefälligkeit von den Wohlhabenden belächelt wird.

Ich war dreißig Jahre alt, als ich meine erste Liebeserklärung machte, verbunden mit einem Heiratsantrag. Ich schrieb einen etwa zehn Seiten langen Brief, in dem ich der Auserwählten meines Herzens nicht nur meine Gefühle mitteilte, sondern auch und insbesondere die Gründe, die ich ihr zur Ablehnung meines Antrags vorschlug. Trotz meiner jungen Jahre kannte ich mich selbst ziemlich gut, doch ich habe das Maß vielleicht überschritten, indem ich mich, aus Angst, nicht treuherzig und aufrichtig genug zu sein, regelrecht schlecht machte. In strengster Weise beichtete ich meine zahlreichen Fehler. Dabei legte ich ganz besonderen Nachdruck auf meine geringen Chancen, eine gut bezahlte Stellung zu erlangen, da ich zwischen der Notwendigkeit, meinen Lebensunterhalt zu verdienen, und meinen literarischen Ansprüchen hin und her gerissen war. Ich betonte ohne falsche Hoffnungen meine mangelnde Selbstsicherheit und mein geringes Talent für geschäftliche Dinge. Ich befand mich damals in einer der düstersten Phasen meines Lebens. Die Krise im Textilgewerbe hatte mich zur Strafe für meine Sünden gezwungen, die Stellung anzunehmen, die am wenigsten zu meinem Wesen paßte, nämlich die eines Aussteuerverkäufers. Dazu verdammt, von Haus zu Haus zu gehen, litt ich tagtäglich unter der Verachtung und den scharfen Zurückweisungen, denen mich dieser gräßliche Beruf aussetzte. Dennoch verdanke ich es ihm, daß ich meine liebe Marie-Louise kennenlernte. Schwach und vertrauensselig, war sie das Opfer eines redegewandten Verkäufers geworden und hatte den Bestellschein unterschrieben, noch bevor sie sicher war, daß der Freund, der ihr die Ehe versprochen hatte, sein Wort halten würde; nun hatte aber fraglicher Freund sie kürzlich verlassen, sie und ihre Aussteuer. Sie arbeitete gemeinsam mit einer Kollegin in einem kleinen Handschuhladen in der Rue de Seyon und stand auf der Liste der ehemaligen Kundinnen, die ich aufsuchen sollte, in der Erwartung, gute Adressen für zukünftige Bestellungen zu erhalten. Ich war in dieser eigennützigen Absicht an sie herangetreten, doch ihre sanfte Art und ihr Charme hatten mich angezogen, und es ergab sich in der Folge, daß ich sie von Zeit zu Zeit besuchte, um mich über die Kränkungen hinwegzutrösten, die mein täglich Brot waren. Es war unter anderem ihre Freundlichkeit, die mich vermuten ließ, daß ihr Vergnügen an unserem Beisammensein ebensogroß war wie meines. Und bald hatte ich keine Zweifel mehr daran, daß unsere leidenschaftliche Freundschaft im Begriff war, Liebe zu werden. Nachdem diese unschuldige Beziehung, die ein wahrer Balsam für meine kummervolle Seele war, ein oder zwei Monate gedauert hatte, schrieb ich ihr, weil ich es nicht mehr aushielt, meinen langen Brief.

In ihrer Gutherzigkeit hielt sich die reizende Marie-Louise nicht weiter bei meinen ausgedehnten Hirngespinsten auf, sondern behielt nur das Wesentliche zurück. In ihrer sanften, vertrauensvollen Antwort nahm sie ohne Zögern das Herz und die Hand an, die ich ihr bot, legte jedoch sofort den Finger auf den entscheidenden Punkt, der unserer Verbindung im Wege stand. Sie war eine eifrige, praktizierende Katholikin und konnte nur mit dem Segen der Kirche heiraten. Zu jener Zeit beinhaltete dies die Verpflichtung, die Kinder, die aus einer solchen Verbindung hervorgehen würden, im römisch-katholischen, apostolischen Glauben zu erziehen. Dieses unvorhergesehene Hindernis schmetterte mich nieder. Es wurde zum Stein des Anstoßes, an dem all unsere

Bemühungen zerbrachen. Wir wußten nicht, ob unsere Verbindung fruchtbar sein würde, doch die Heftigkeit unserer Gefühle ließ dies vermuten. Ich mochte noch so sehr mit dem Verstand und mit dem Herzen nach einer Lösung suchen, ich sah einfach keine. Ich war nur dem Namen nach Jude, ich war nicht in der mosaischen Religion erzogen worden, ich ging nicht in die Synagoge und befolgte keine der Vorschriften dieses so strengen Kultes. Doch es erschien mir erniedrigend und unrecht, die Zukunft unserer möglichen Kinder zu belasten, die dazu verdammt gewesen wären, einen Namen zu tragen, der in krassem Widerspruch zu ihrem Glauben stünde, in einer Welt, in der der Antisemitismus immer schärfere Formen annahm.

Jahrelang haben wir uns beide gequält, ohne einen Ausweg zu finden. Lange Zeit hat jeder von uns gelitten, sie jedoch sicher heftiger, denn sie war besser als ich, und ihre Liebe war, wie ich später zu meiner Schande feststellen mußte, echter und dauerhafter als die meine. Selbstverständlich habe ich nie versucht, sie in ihren Überzeugungen ins Wanken zu bringen. Sie versuchte immer wieder, neue Wege zu finden, die unsere Verbindung zugelassen hätten. Eines Tages schlug sie mir eine mystische Ehe vor, wie die zwischen dem heiligen Franz von Assisi und der heiligen Clara, in der sich die Kinderfrage nicht mehr gestellt hätte. Doch wir waren keine Heiligen, weder sie noch ich. Später kam es ihr in den Sinn, daß es ja möglich war, die Freuden der Ehe kennenzulernen und dabei eine Empfängnis zu verhüten, doch diesen Vorschlag, der den Geboten der katholischen Kirche entgegenstand, wies sie zurück. Ich erinnere mich, daß ich eine Reise nach Saint-Maurice im

Wallis machte, um in einem Kloster einen Mönch, zu dem sie großes Vertrauen hatte, um Rat zu fragen. Es war alles vergebens. Mehrfach beschlossen wir, uns zu trennen und nicht mehr an diese unmögliche Verbindung zu denken. Doch wenn man jung ist und liebt, ist die Leidensfähigkeit fast grenzenlos. Wir kamen nach unseren zahlreichen Trennungen immer wieder zusammen und wußten doch genau, daß die wunderschönen Augenblicke, die wir gemeinsam verbrachten, durch unsere anschließenden Qualen hundertfach gesühnt werden würden. Ich habe später ein Heft erhalten, in das sie während der Zeit, in der wir beschlossen hatten, unsere Korrespondenz abzubrechen, Briefe an mich geschrieben hatte, und diese Briefe waren voller Güte und Zärtlichkeit.

Ich könnte nicht sagen, wie lange diese Tortur gedauert hat. Jedenfalls hat sie uns erschöpft, denn man kann nicht ewig zwischen Freude und Verzweiflung leben, zwischen der immer wieder wie Gras aus dem Asphalt hervorsprießenden Hoffnung und der von Mal zu Mal tiefer in die Herzen sich einschleichenden Hoffnungslosigkeit. Dennoch möchte ich diese schweren und stürmischen Jahre nicht aus meinem Leben streichen. Die schönen Augenblicke waren zweifellos selten, doch so strahlend, daß sie genügten, um mein ganzes Leben zu erhellen, und mir beim Gedanken daran noch heute warm um mein inzwischen schon ganz verkümmertes Herz wird. Ein Zwei-Tages-Ausflug, den wir einmal an Pfingsten in den Jura bei Neuchâtel unternahmen, kommt mir wieder in Erinnerung … Der Aufstieg über Noiraigue, die Ankunft auf der Hochebene, die den schwindelerregenden Abgrund des Creux du Van überragte, der tiefblaue Himmel, die strahlende Blumenpracht der Wiesen, wie ich sie nie wieder gesehen habe: In Gedanken sehe ich all diese Herrlichkeiten von neuem vor mir. Dort wuchsen die kleinen und die großen Enziane, die Marie-Louise so liebte, Maiglöckchen in ganzen Plantagen, Narzissen, Anemonen, Frauenschuh, duftender Vergißmeinnicht, die ganze Vielfalt der Alpenblumen. Wir wanderten Hand in Hand durch dieses Paradies und genossen zutiefst das sanfte, friedliche Glück. Wir verbrachten die Nacht in der »Ferme Robert«, um den vielen Menschen in der »Cabane Perrenoud« auszuweichen, in der es zwar bequemer, aber lauter gewesen wäre. Der Schäfer war erstaunt über unseren Wunsch, in zwei getrennten Zimmern zu schlafen, und bemühte sich vergebens, uns dazu zu bewegen, mit einem einzigen vorliebzunehmen. Marie-Louise, die erschöpft war vom langen Marsch, ging als erste zu Bett, und ich setzte mich zu ihr, um ihr etwas vorzulesen, bis ihr die Augen vor Müdigkeit zufielen. Wie schön der Tag gewesen war in der strahlenden Maisonne, in der frischen Höhenluft, inmitten der in voller Blüte stehenden Alpwiese! Falls ich jemals geglaubt habe, das Glück aus der Nähe zu spüren, so war es an jenem Tag. Es fiel uns schwer, am nächsten Tag diesen Ort der Wonnen zu verlassen und wieder nach Bevaix hinabzusteigen, von wo aus ein überfüllter Zug uns nach Neuchâtel zurückbrachte. In unserem Waggon sangen junge Leute in angeregter Stimmung anzügliche Lieder, und Marie-Louise, die das Glück ernst machte, bat mich, nicht hinzuhören. Das alles liegt mehr als ein halbes Jahrhundert zurück, doch ich sehe die Szene noch vor mir, als sei es gestern gewesen, das spärlich beleuchtete Abteil, die Studenten, die ihre doppeldeutigen Lieder anstimmten, und meine liebe Marie-Louise, die sich an mich schmiegte, so zart trotz ihrer dicken Bergschuhe.

Es ist angenehm, aber auch schmerzlich, solche Erinnerungen wachzurufen, vor allem da mein Gewissen mir vorwirft, daß ich es nicht verstanden habe, dieses für mich wohl zu hohe Glück zu ergreifen und festzuhalten. Als ich von Marie-Louises Vorzügen und Tugenden sprach, vergaß ich zu sagen, daß sie eher schön als hübsch war, mit ihren tiefen braunen Augen, die vom Grunde ihrer Seele zu kommen schienen, schönem dunklen Haar, feinen und regelmäßigen Zügen und einer frischen, rosigen Gesichtsfarbe. Außerdem besaß sie eine scharfsinnige und gebildete Intelligenz, obgleich sie sich selbst »mein Dummerchen« nannte, wie um mich, ohne daß darin ein Vorwurf gelegen hätte, aufzufordern, in meinem Innern nicht den Verstand über das Herz siegen zu lassen. Ihr religiöser Glaube spiegelte sich in all ihren Gedanken wider, und sie glaubte an das Glück wie an die Existenz Gottes. Ihre Hoffnung war fester und ausdauernder als meine. Sie hatte eine rührende, hartnäckige Art, jene Zukunft, die sich uns entzog, durch ihre Wünsche lebendig werden zu lassen. Ich höre noch, wie sie mir in einem Augenblick, in dem ich mir unseres Glücks schon nicht mehr so sicher war, sagte: »Wenn wir verheiratet sind, möchte ich, daß wir Nachthemden statt Pyjamas tragen.« Sieht man von den vorläufigen Trennungen ab, die lange Zeit immer wieder unsere Beziehung unterbrachen und nach denen wir trotz allem immer wieder zusammenkamen, fand zwischen uns kein endgültiger Bruch statt. Ohne es uns selbst einzugestehen, wurden wir es auf die Dauer leid, gegen ein widriges Schicksal anzukämpfen. Zwangsläufig nahm die Leidenschaft unserer Unterhaltungen und unserer Briefe ab. Wir sprachen nicht mehr vom Heiraten. Unsere Liebe wandelte sich in eine zärtliche und liebevolle Freundschaft, in der wir die allzu heiklen Themen vermieden. Ich spreche im Plural von diesem Schwächerwerden der Gefühle und sollte es eigentlich eher im Singular tun, denn Marie-Louises Herz ist mir immer treu geblieben, während das meine schließlich schwankend wurde. Das muß ich zu meiner großen Schande gestehen. Sie hatte mir in der Blütezeit unserer Liebe ein winziges, selbst angefertigtes Etui geschenkt, in dem auf der einen Seite ein fingernagelgroßes Photo von ihr steckte und auf der anderen ein winziges Efeublatt. Das Symbol meinte ganz klar: »Ich sterbe, oder ich binde mich«, und die Arme hat ihr Wort gehalten. Sie ist zu früh gestorben, mit knapp über fünfzig Jahren, und ich fühle mich schuldig an ihrem frühzeitigen Ende.

1962 hatte Papst Johannes XXIII. die hervorragende Idee, in Rom ein Konzil einzuberufen, das damit beauftragt wurde, sich mit den zahlreichen Problemen zu befassen, die die Christenheit erschütterten. Das Konzil untersuchte sorgfältig alle Punkte, an denen ihm bezüglich der weltlichen Moralgesetze der Kirche eine konziliantere – das ist das richtige Wort – Haltung gegenüber den Erfordernissen der Gegenwart möglich schien. Es gelangte unter anderem zu der Ansicht, daß die alte Vorschrift zur Regelung der Mischehen änderungsbedürftig sei, und verfügte, daß es in Zukunft den einzelnen Priestern überlassen sein sollte, einer solchen Verbindung auch ohne die Forderung, daß die Kinder, die daraus hervorgehen würden, sich dem katholischen

Glauben anzuschließen hätten, ihren Segen zu geben. Tja, hätte das Konzil sich nur dreißig Jahre früher zusammengefunden – und was sind schon dreißig Jahre in einer zweitausend Jahre alten Kirche? –, so wäre mein ganzes Leben anders verlaufen. Ich hätte meine geliebte, meine gute Marie-Louise heiraten können, und wenn ich, wie ich es glaube und hoffe, ihr ein angenehmeres und glücklicheres Leben hätte bereiten können, wäre sie nicht so früh, vom Kummer erdrückt, gestorben. Arme Marie-Louise, die das Leben so sehr liebte und so stark an seine Versprechungen glaubte, sie ruhte schon seit Jahren im Grab, als das Konzil eröffnet wurde.

Später, allzu spät mußte ich gestehen, daß der Fingerzeig des Schicksals nicht der wirklich Verantwortliche für unser Scheitern – für mein Scheitern – war. Ich habe in der Folgezeit einige Male die Gelegenheit gehabt, um mich herum festzustellen, daß gemischte Ehen, selbst solche zwischen Juden und Katholiken, nicht unbedingt zu einem Konflikt führen mußten; sogar die Kinder, davon konnte ich mich überzeugen, hatten im entsprechenden Fall nicht zwangsläufig unter ihrer zwiespältigen Position zu leiden. Ich habe mir daraufhin vorgeworfen, meinem Herz nicht gestattet zu haben, sich über all die von außen kommenden Überlegungen hinwegzusetzen, an denen mein schwacher Glaube hängengeblieben war, und mich auf diese Weise um ein endlich in Reichweite liegendes Glück gebracht zu haben, was in jeder Beziehung beweist, daß ich es nicht wert war.

Wieder zurück in Zürich, nachdem ich meine Reisetätigkeit in der französischen Schweiz aufgegeben hatte, da der Beruf des Verkäufers wirklich nichts für mich war, sollte ich die Bekanntschaft der reizenden kleinen Frieda machen. In ihrer Gegenwart war die Versuchung so groß, daß ich Marie-Louise untreu wurde, als ich schon aufgehört hatte, an die Möglichkeit einer ehelichen Verbindung zu glauben. Meine Beziehung zu Frieda – ein Name, der mir immer gefallen hatte und der mich an meine erste Leidenschaft erinnerte – erlebte ebenfalls, nach mehreren zufälligen Begegnungen, eine allmähliche, sehr angenehme Steigerung. Frieda war wohlgeformt, hatte einen geschmeidigen, anmutigen Körper, und ihr Gesicht war, ohne eigentlich schön zu sein, angenehm anzusehen, fröhlich und lächelnd, mit zwei verführerisch und vielversprechend leuchtenden Augen von undefinierbarem Graugrün.

Sie war von Geburt an mit einem ziemlich auffälligen und hinderlichen körperlichen Mangel behaftet: Ihr rechter Arm endete statt in einer Hand in einem Stumpf, der eher unschön aussah. Diese Deformation minderte die Anziehungskraft, die dieses hübsche Mädchen hätte ausüben können. Zweifellos hat sie mich ermutigt, mich Frieda zu nähern, denn trotz meiner Liebeserlebnisse, meiner armseligen Liebeserlebnisse, war ich nach wie vor äußerst schüchtern und hätte es vielleicht nicht gewagt, mich an eine Schönheit heranzumachen, die im Vollbesitz all ihrer Reize gewesen wäre. Ich erfuhr später, daß diese Mißbildung zwar nicht häufig vorkam, anderseits aber auch nicht so selten war, und daß es die Möglichkeit gab, sie mit Hilfe einer Prothese weniger sichtbar zu machen. Frieda hatte gelernt, sich bei allen Tätigkeiten ihrer linken Hand zu bedienen, und ihrem Wesen nach gehörte sie nicht zu denen, die sich gerne mit Tricks abfinden. Sie hatte es geschafft, sich an ihre Behinderung zu gewöhnen und schämte sich nicht, in Gegenwart anderer Leute Gesten mit ihrem rechten Arm auszuführen und so ihren unglückseligen Stumpf offen zu zeigen – den eine andere als sie mit allen Mitteln zu verbergen gesucht hätte.

Wie ich bald erfuhr, war sie mit ihren zweiundzwanzig Jahren schon eine Expertin in Sachen Liebe. Sie hatte mehrere Freunde gehabt, die eher auf Genuß als auf Leidenschaft ausgewesen waren. In einem volkstümlichen Milieu groß geworden, besaß sie weder das Zartgefühl noch die Skrupel, die Marie-Louise gehabt hatte, doch sie hatte ein geradliniges und friedliches Wesen, das in aller Offenheit eine ehrliche Neigung zum Vergnügen gestand. Sie war sinnlich, aber mehr noch liebevoll, und wie alle Frauen, die dieses Namens würdig sind, wünschte sie sich eher Zärtlichkeit als Wollust. Sie gab mir bald zu verstehen, daß die Liebe für sie ein Ganzes sein mußte, bei dem sowohl die Sinne als auch die Gefühle ihre Befriedigung fanden, und sie wunderte sich, daß Marie-Louise und ich uns hatten so lange Zeit und mit solcher Inbrunst lieben und dabei brav bleiben können, wie man so schön sagt. Sie war es, die mich in die körperliche Liebe einführte, und ich schulde ihr dafür große Dankbarkeit, denn ich weiß nicht, wie ich ohne sie die inneren Schranken hätte überwinden können, die mich daran hinderten, zur wahren Hingabe in der Liebe zu gelangen. Wie Rousseau es von Madame de Larnage sagte, so war sie es in meinem Falle, der ich es verdanke, nicht gestorben zu sein, ohne die Lust kennengelernt zu haben. Sie wurde die Geliebte meines Herzens und meines Körpers, und sie ist die einzige Frau geblieben, die mich die Freuden der vollkommenen

Liebe hat erleben lassen, an der Seele und Sinne gleichermaßen teilhaben und in der die Umarmung beide Liebenden mit genau der gleichen Seligkeit erfüllt, sie beide einer gleichen Explosion des Glücks ausliefert.

Trotz der Heftigkeit meiner Liebe zu Frieda, das sage ich hier zu meiner Schande, weigerte ich mich, sie in der Rolle einer zukünftigen Ehefrau zu sehen. Ich fürchtete, ihre körperliche Behinderung könne das Mitleid meiner Umgebung erwecken – ein Schwanken aus Selbstliebe, das mir nicht zur Ehre gereicht. So begann ich, im Lauf der Monate und Jahre – denn diese Liebe dauerte lange – einmal mehr, die Abstände zwischen unseren Begegnungen zu vergrößern, damit sie sich nicht zu sehr an mich gebunden fühlte. Trotz all der Freuden, die sie mir in reichem Maß zuteil werden ließ, verspürte ich immer eine doppelte Scham: Mein Gewissen warf mir meine Untreue gegenüber Marie-Louise vor, deren Liebe unverändert stark geblieben war, während die meine dabei war, sich lautlos in Freundschaft zu wandeln; außerdem wies es mich auf die egoistische Haltung hin, in der ich das Glück, mit dem mich Frieda erfüllte, ausnutzte, ohne ihr die Befriedigung der Ehe zu gewähren, die sie sich wünschte.

Ich habe niemals die Grausamkeit besessen, ihre Mißbildung als Grund für mein Zögern anzuführen, doch vielleicht war sie feinfühlig genug, um von sich aus dieses stillschweigende Argument in die Waagschale zu legen und darunter zu leiden. Selbstverständlich hätte ich mich, wenn sie durch mich schwanger geworden wäre, über meine Befürchtungen hinweggesetzt, doch die Frage stellte sich nicht, und es war besser so, denn unser beider Freiheit hätte darunter gelitten.

Durch mich angesteckt, war sie eine gute Bergsteigerin geworden, trotz ihrer Behinderung kühn und sogar waghalsig. Von Zeit zu Zeit unternahmen wir zusammen zweitägige Ausflüge, und nur bei diesen Gelegenheiten konnte ich ganze Nächte an ihrer Seite verbringen. Ich habe erwähnt, daß ich darauf achtete, daß wir uns in möglichst großen Abständen sahen. Sie nutzte diese Freiheit, die ich ihr ließ, nicht aus, selbst wenn ihr feuriges Temperament sie manchmal zu flüchtigen Abenteuern trieb, die sie mir ehrlich und ohne falsche Scham gestand. Allerdings lernte sie im Zuge dieser Abenteuer einen Mann kennen, der sie nicht nur lieben wollte, sondern auch bereit war, sie zu heiraten. Es war das erste Mal, daß Frieda, trotz all ihrer Reize behindert durch ihre Mißbildung, ein solches Angebot erhielt, und es war eine Überlegung wert. Der ideale Bewerber war dieser Mann gewiß nicht. Er war einige Jahre jünger als sie, von kräftiger Statur und sehr auf den Sex ausgerichtet, was ihr aber durchaus gefiel. Doch er wirkte etwas ungehobelt, besonders verglichen mit ihr, und er besaß einige kleinere und größere Fehler, die er nicht verbergen konnte, die er jedoch abzulegen versprach. Sie zögerte lange. Sie konsultierte sogar eine Graphologin, die alle drei Schriftzüge sehen wollte, die des Freiers namens Gody, Friedas und meine. Die wissenschaftliche Magierin riet Frieda, lieber mich als Freund zu behalten, selbst ohne die Aussicht auf Vermählung, als sich auf ein Eheabenteuer einzulassen, bei dem sie ernste Gefahren voraussah. Doch die Verlockung der Heirat war zu stark für die gute Frieda, die sich wie alle Frauen danach sehnte, den Titel einer Ehefrau zu erwerben. Selbstverständlich versuchte ich nicht, sie zu beeinflussen, selbst wenn ich es bedauerte, auf ihre Wohltaten verzichten zu müssen, die seit so langer Zeit mein Leben verschönerten. Denn ich war im Grunde nicht unglücklich darüber, mein Gewissen beruhigen zu können, das mir vorwarf, in egoistischer Weise Friedas schönste Jahre zu genießen und sie daran zu hindern, eine Familie zu gründen.

Wie ich es insgeheim ein wenig befürchtete, wurde die Ehe nicht glücklich. Die Flitterwochen dauerten nur kurze Zeit, und Gody vergaß bald die zahlreichen Versprechungen, die er gemacht hatte. Er nahm sein ausschweifendes Leben wieder auf, und die arme Frieda ertrug diese Demütigung schweigend. Da ich wußte, daß Gody mir gegenüber rückblickend eine starke Eifersucht an den Tag legte, wollte ich ihm in diesem Gefühl nicht recht geben, und so hütete ich mich, allzu häufig mit meiner früheren Freundin in Kontakt zu kommen, ließ sie bei den entsprechenden Gelegenheiten jedoch spüren, daß ich sie nicht vergaß. Und dann, mit der Zeit, besserte sich Gody von selbst, und Frieda konnte endlich aufhören, ihre Wahl zu bedauern. Da ihre Gesundheit sich verschlechtert hatte, war sie schließlich froh, einen robust gebliebenen Mann an ihrer Seite zu haben, der in der Lage war, die häuslichen Arbeiten zu erledigen, denen sie entsagen mußte; er ging einkaufen, kochte und putzte. Und so hatte ich das Glück, an sie denken und sogar den schönen Glanz unserer vergangenen Liebe wachrufen zu können, ohne daß unsere gemeinsamen Erinnerungen durch den Schatten meiner Gewissenbisse getrübt worden wären.

Um Marie-Louise keinen Kummer zu bereiten und auch aus Feigheit, denn ich fürchtete, meine Schande eingestehen zu müssen, hatte ich meine Beziehung zu Frieda vor ihr geheim gehalten. Meine beiden Liebesbeziehungen schienen mir im übrigen von so unterschiedlicher Natur, daß ich nicht zögerte, sie als unvereinbar zu erklären, was im Grunde nur eine andere Form war, mein Gewissen zu beruhigen. Nach dem Verlust von Frieda verkroch ich mich also mehr noch als je zuvor in meine Einsamkeit, fest entschlossen, erst einmal für lange Zeit nicht wieder mein Glück beim schönen Geschlecht zu versuchen. Ein Freund von mir, auch er ledig, ohne sich allerdings beispielhaft brav zu verhalten, warf mir meine Gleichgültigkeit vor und bemühte sich, mich aus meinem Schneckenhaus hervorzulocken. Ihm habe ich es zu verdanken, daß ich Eugénie kennenlernte, die ich unvorsichtigerweise zu meiner Ehefrau machte.

Sie hatte die frühe Jugend schon hinter sich gelassen, doch sie war noch frisch und hatte sich gut gehalten, besaß ein schönes, intelligentes Gesicht, aristokratische Züge, eine sanfte Stimme und einen sportlich durchtrainierten Körper. Sie war feiner und gebildeter als Frieda, allerdings konnte ich sie nicht mit Marie-Louise vergleichen, deren sanfte, charmante Art ich nicht vergessen hatte. Eugénie hatte ein sehr mühevolles Leben hinter sich; da sie eine Stelle als Bankangestellte hatte annehmen müssen, war sie gezwungen gewesen, sich in diesem brutalen Milieu ein energisches Benehmen anzueignen, das im übrigen in perfektem Einklang mit ihrem sehr eigensinnigen Charakter zu sein schien. Mein Herz, das lange brachgelegen hatte, war noch fähig, sich zu entflammen, obwohl ich bereits die Fünfziger erreicht hatte; und so verliebte ich mich denn in diese Dame, die nicht leicht zu erobern schien, und verliebte mich um so heftiger, als die Belagerung ja gerade lang und schwierig zu werden versprach. Ich ging soweit, daß ich meiner Muse, die lange Zeit müßig geblieben war, wieder Arbeit verschaffte, und riskierte sogar einen Berufswechsel. Wir befanden uns etwa in der Mitte der fünfziger Jahre, und der Wohlstand war gerade über die westliche Welt hereingebrochen. Der Freund, der mir Eugénie vorgestellt hatte, schlug mir vor, mit ihm gemeinsam Buchhaltungsmandate zu übernehmen, die ziemlich lukrativ zu werden versprachen, und so kam es, daß ich diesen neuen Beruf annahm, der meinen Neigungen so wenig entsprach. Es handelte sich indessen um eine stabile Tätigkeit, und Eugénie nutzte dies aus, um mich an die Versprechungen zu erinnern, die ich ihr in Vers und Prosa, in Wort und Schrift gemacht hatte. Unbeständig wie ein Mann, hatte ich mittlerweile ihren etwas schwierigen Charakter erkannt, und meine Liebe war schon wieder im Abschwellen begriffen. Ich hatte bereits Angst vor dieser Ehe, manche Leute rieten mir davon ab, doch ich wollte ein Ehrenmann bleiben, und so wurde das Aufgebot bestellt.

Meine immer wieder unterbrochene Beziehung zu Marie-Louise hielt weiterhin auf der Ebene einer herzlichen und treuen Freundschaft an. Ich glaubte, es wäre unaufrichtig von mir, wenn ich ihr nicht von meiner Heirat berichtete. Ich tat es so diplomatisch wie möglich, indem ich die Hoffnung äußerte, wir könnten trotz meines veränderten Familienstandes, der keinerlei Einfluß auf meine Gefühle der Zuneigung haben sollte, gute Freunde bleiben. Sie antwortete mir voller Traurigkeit und Würde mit der Bitte, nicht mehr zu versuchen, irgendeinen, weder direkten noch brieflichen, Kontakt mit ihr zu pflegen. Diese Antwort berührte mich schmerzlich. Ich mußte zu meiner Schande erkennen, daß Marie-Louise, beständiger als ich, unserer großen Liebe treu geblieben war und daß der Schlag, den ich abzuschwächen versucht hatte, sie verletzt hatte. Ich habe ihren Willen respektiert und nicht mehr versucht, ein Lebenszeichen von mir zu geben, mit einer einzigen Ausnahme: Als ich zwei Jahre später bei einem Ausflug in die Tessiner Alpen durch Isone kam, ein entlegenes Dorf, aus dem ihre Familie stammte, schickte ich ihr eine Grußpostkarte ohne Unterschrift. Hat sie sie erhalten? Ich weiß es nicht, da ich nie mehr etwas von ihr gehört habe.

Meine späte und etwas erzwungene Ehe wurde unglücklich. Wir waren beide zu reif und unsere Charaktere schon zu stark vom Leben geformt, als daß wir uns hätten einander anpassen können. Einer von beiden hätte nachgeben müssen. Eugénie war nicht dazu bereit und ich auch nicht. Der Kampf, den sie wahrscheinlich jahrelang gegen ihren männlichen Kollegen hatte führen müssen, hatte eine überzeugte Feministin aus ihr gemacht. In jener Zeit hatte sie eine ausgesprochene Aversion gegen Männer entwickelt, die sie meist als brutal und raffgierig erlebt hatte, und ich bekam die Folgen davon zu spüren. Nach einer kurzen Phase relativen, wenn auch etwas schwankenden Glücks wurde unser Eheleben mehr und mehr durch bissige Streitgespäche beeinträchtigt, bei denen nicht nur sie unrecht hatte, weit gefehlt! Wie ich schon sagte, hatte ich mich aufgrund der Mittelmäßigkeit meiner Existenz ans Sparen gewöhnt, während meine Frau, die auch nicht reicher war als ich, eher dazu neigte, stets die allerbeste Qualität zu verlangen. Daraus entwickelten sich kleinere Auseinandersetzungen zwischen uns, die nicht weiter schlimm gewesen wären, wenn sie nicht noch durch andere Unstimmigkeiten angeheizt worden wären. Eugénie ertrug es nicht, daß ich meiner Mutter, die ich ihrer Meinung nach zu häufig sah, eine so große Zuneigung entgegenbrachte. Sie hätte ihren Mann gerne für sich allein gehabt, und meine starke familiäre Bindung schien ihr auf Kosten meiner ausschließlichen Liebe zu ihr zu gehen. Sie hatte diese Angewohnheiten geduldet, solange ihre eigene Mutter noch am Leben gewesen war, denn diese hatte sie, in Scheidung und alleine lebend, sehr gebraucht, und ich fand es durchaus gerechtfertigt, daß Eugénie sie täglich besuchte. Die alte Dame empfand eine gewisse Sympathie für mich, und sie übte auf ihre über alles geliebte Tochter eine mäßigende, gesunde Wirkung aus. Unglücklicherweise starb sie wenige Jahre nach unserer Hochzeit. Eugénie war schwer getroffen von diesem Verlust, der gewiß dazu beitrug, daß sie meine Liebe zu meiner Familie als noch unangenehmer empfand. Unsere Streitereien arteten nun in länger andauerndes Schmollen aus, und den üblichen Auseinandersetzungen folgte ein undurchdringliches Schweigen.

Sie war es, die die Scheidung einreichte, und zunächst empfand ich es als eine Erleichterung. Sie erschien stahlgepanzert zur Gerichtsverhandlung, bewaffnet mit Dokumenten, die sie seit den ersten Tagen unserer Beziehung aufbewahrt hatte. Ihr Anwalt, äußerst aggressiv und bestens mit Material versorgt, schimpfte mit unermüdlichem Eifer auf mich ein, während meiner, von schlichtendem Wesen und durch mein Verschulden ziemlich schlecht informiert, lediglich ein paar Worte sagen konnte; so gelang es der Gegenpartei, in der ersten Verhandlung drei Viertel der Zeit für sich zu beanspruchen; ich kehrte krank vom Gericht nach Hause zurück und legte mich mit neununddreißig Grad Fieber ins Bett. Es zeigte sich in der Folge, daß die Taktik meiner Frau und ihres Verteidigers sich gegen sie selbst richtete: Im Verlauf der zweiten Verhandlung hatten wir reichlich Zeit, die Argumente, die uns entgegengehalten worden waren, zunichte zu machen, und so fiel die gütliche Regelung, dic das Gericht uns vorschlug, nicht allzu schlecht für mich aus. Ich kehrte erschöpft und schwerkrank in das leere Haus zurück. Mit ausgeklügelter Grausamkeit hatte Eugénie das Album mit den Gedichten, die ich ihr in den Tagen meiner blühenden Liebe gewidmet hatte, demonstrativ auf einem Tisch liegen lassen. Ich fühlte mich dadurch doppelt gedemütigt, als Ehemann und als Schriftsteller.

Ich hatte meine sanfte Marie-Louise nicht vergessen, und inmitten meines Schmerzes stieg ihr Bild wieder stärker in mir hoch. Ich glaubte den Augenblick gekommen, um eine erneute Annäherung zu wagen. Da erfuhr ich, daß sie nur wenige Jahre nach meiner Heirat gestorben war. Meine Traurigkeit wurde noch zusätzlich durch Schuldgefühle gesteigert, weil ich meinte, in gewisser Weise die Ursache für ihr Verscheiden gewesen zu sein. Man könnte darin ein Zeichen von Überheblichkeit erkennen. Dennoch will ich gestehen, daß mich dieser Gedanke, der für mich alles andere als ein Trost, sondern vielmehr stets ein schmerzender Dorn gewesen ist, verfolgt und ich ihn nicht fortzuschieben vermag. Ihre letzten Worte waren: »Ich sterbe und ...« Zeitweilig habe ich mir vorgestellt, daß sie mit meinem Namen auf den Lippen fortgegangen ist. Dann fühlte ich mich nicht würdig weiterzuleben, beschämt über den Edelmut eines solchen Herzens. Ihre Liebe war stärker als der Tod.

Die Männer, deren geschlechtsbezogene Eitelkeit eine so selbstverständliche Tatsache ist, reden gerne schlecht über die Frauen, über ihre Leichtlebigkeit, ihre Unbeständigkeit. Wenn ich an Marie-Louise denke, wäre ich versucht zu behaupten, daß die Frauen, wenn sie gut sind, besser sind als wir; so wie sie gleichfalls und aus denselben Gründen schlechter sein können als die Männer, wenn die Bosheit sie packt. Sei es in der Liebe oder bei zornigen Vorwürfen, sie geben fast immer mehr als sie bekommen; wohingegen die Liebe des Mannes ebenso wie sein Haß zu einem großen Teil die Frucht seiner Phantasie und so wie diese fähig ist, sich wie ein Ballon aufzublähen. Wenn eine Frau liebt, gibt sie sich ganz, während der Mann immer einen Teil seines Territoriums für sich behält, auf dem er weiterhin das Spiel beherrschen will – selbst wenn er anschließend erkennen muß, daß diese Überlegenheit aus dem Hinterhalt ebenfalls eine Illusion war. Ich bin beschämt, das muß ich noch einmal wiederholen, daß ich Marie-Louises Liebe nicht zu würdigen wußte, daß ich mich als so wenig fähig erwiesen habe, ihrer Liebe zu genügen, daß ich sie nicht verdient habe.

Neid liegt mir nicht. Ich bedaure es nicht, daß ich weder reich noch mächtig, noch berühmt geworden und immer in untergeordneter Stellung geblieben bin. Doch was die Liebe betrifft, diese unbedingte Mitte einer jeden Biographie, muß ich wohl oder übel feststellen, daß ich versagt habe – und muß darunter leiden. Mir wird bewußt, daß mein Gefühlsleben weder normal noch beispielhaft war. Ich gebe zu, daß ich die Männer beneide, die schon in jungen Jahren ihre auserwählte Begleiterin kennengelernt und an ihrer Seite Tag um Tag ein von Harmonie durchwirktes Leben gelebt haben, bis daß der Tod sein Trennungswerk vollbrachte. Lord Vansittard, lange Zeit der führende Geist der englischen Diplomatie, scheint das Glück in der Ehe gefunden zu haben, und unser Saint-Simon auch. Um so besser für jene Männer und Frauen! Was mich betrifft, so habe ich zweimal das Glück, das sich mir bot, an mir vorüberziehen lassen, und es ist klar, daß das Schicksal nichts dafür kann; mir allein fällt die Schuld zu. Was könnte ich auf die Frage des Dichters antworten, die sich jeder notgedrungen eines Tages wird stellen müssen: »Sag, oh du, was hast du aus deiner Jugend gemacht?« Doch ich habe nicht das Recht, mich zu beklagen, und ich beklage mich nicht, da ich selbst die alleinige Ursache für meine Mißgeschicke bin. Ich werfe mir nur vor, nicht genug geliebt zu haben – die Sünde, die einem am wenigsten verziehen werden kann, wie ich vorhin unvorsichtigerweise geschrieben habe – und vielleicht durch die Brutalität meiner Worte und meiner Taten eine Frau getötet zu haben. Warum habe ich mich geweigert, mit Marie-Louise diese körperliche Liebe zu teilen, die ich bei Frieda so sehr ausgekostet habe? Ich weiß, es ist müßig, auf verpaßte Gelegenheiten zurückzukommen, die der traurige Schlüssel zu jeglicher menschlichen Existenz sind. Marie-Louise ruht seit langem unter der kalten Erde, und ich bin ein alter, vom Leben und von der Liebe enttäuschter Mann.

Wenn ich an dieses Herz denke, dieses arme Herz, das neben seinen schon dermaßen fordernden biologischen

Funktionen auch noch lieben muß, trotz allem lieben muß, immer lieben muß, denn es könnte nicht aufhören zu lieben, ohne aufzuhören zu leben, dann frage ich mich, wie es ihm gelingt, nicht an dieser Aufgabe zugrunde zu gehen. Um so mehr als es bei seiner Tätigkeit, zumindest im Gefühlsbereich, vielen harten Schlägen ausgesetzt ist …

Ich war vielleicht zehn Jahre alt und trug außer diesem einen Jahrzehnt fröhlich meinen Matrosenkragen und meine kurzen Hosen. An jenem Tag fuhren wir mit der ganzen Familie zu einer Freundin meiner Mutter, einer alten Dame, die das zweite Kaiserreich noch miterlebt hatte und voller nostalgischer Gefühle an diese gesegneten Zeiten zurückdachte. Sie wohnte in Ezanville in der Nähe von Ecouen, wohin der Zug uns brachte. Es war ein heißer Sommernachmittag. Der mit Sandstein gepflasterte und von kleinen Häusern gesäumte Marktplatz schien von der Sonne erdrückt. Niemand war da, der uns hätte Auskunft geben können. Die braven Bürger hielten Mittagsschlaf, und die Hausfrauen genossen gewiß in unsichtbaren Lauben ihre wohlverdiente Ruhe. Unter den nur spärlich Schatten spendenden Akazien tanzten kleine Mädchen im Kreis. Ihre grazilen Körper wiegten sich wie im Traum, und ihre roten, rosa oder hellblauen Kleidchen blitzten als helle Flecken im Halbschatten der Baumgruppe auf. Ihre unausgegorenen Stimmen, wie Wein, der noch nicht seine volle Reife erlangt hat, wehten in Schwaden über den menschenleeren Platz zu uns herüber. Sie sangen!

*Kleiner Prinz, wenn du glaubst, daß ich dich liebe!*
*Mein kleines Herz ist nicht für dich bestimmt,*

*Es ist bestimmt für den, den ich liebe,*
*Und wen ich nicht liebe, der bekommt es nicht!*

Ich weiß nicht, warum dieses Kinderlied, daß ich seit damals nie wieder gehört habe, mir in Text und Melodie im Gedächtnis haftengeblieben ist. Jedesmal wenn ich es zufällig vor mich hinträllere, verblüfft mich von neuem die grausame Eindringlichkeit, mit der dem abgewiesenen kleinen Prinzen klargemacht wird, daß man ihn nicht haben will. Diese Art, das Messer in der Wunde herumzudrehen, scheint mir die ganze unbarmherzige Gleichgültigkeit des schönen Geschlechts in dem Augenblick auszudrücken, in dem es davon überzeugt ist, nicht zu lieben. Kein Zweifel, der Autor dieses armseligen Gassenhauers hatte das Herz der schönen Grausamen erkundet.

Ich werde zum Klang dieses Liedes mein letztes Liebesabenteuer in Erinnerung rufen. Ich befand mich in einem der düstersten Abschnitte meines Lebens. Schlag auf Schlag hatten mich seelische und körperliche Leiden heimgesucht. Die Scheidung hatte mich von einer Frau getrennt, die mich jahrelang in Rage gebracht hatte, doch obwohl ihre plötzliche Ferne ein noch so großer Segen für mich war, verfolgten mich doch gewisse Bilder, die ich aufgrund einer leider ja geläufigen optischen Täuschung von ihr zurückbehalten hatte, weiterhin mit schmerzlicher Schärfe. Ich war soeben an der Prostata operiert worden und geschwächt, demoralisiert und beinahe geschlechtslos heimgekehrt. Da geschah es auf einem einsamen, melancholischen Spaziergang an einem der letzten Herbsttage, daß mir Paulette über den Weg lief. Ich kannte sie seit langem; sie war Modezeichnerin in einer Bekleidungsfabrik gewesen, die ich zweimal die Woche aufgesucht hatte, um die Bücher zu führen. Obwohl uns die Liebe zu den Bergen verband, hatte ich nie versucht, mit ihr anzubändeln: Sie trug den Namen einer verheirateten Frau, und ich selbst hatte damals unter dem Ehejoch gestanden. An jenem Tag war sie alleine, und ich hatte keine Skrupel, ein wenig bei ihr stehenzubleiben, um mit ihr zu plaudern. Ich erfuhr, daß sie die Fabrik mehrere Jahre zuvor verlassen hatte; sie war geschieden und lebte alleine, und die Scheidung hatte auch für sie eine schwere körperliche und seelische Krise bedeutet. Da ich in dieser unerwarteten Übereinstimmung unserer beider Lebenswege einen Fingerzeig der Vorsehung zu erkennen glaubte, setzte ich alles daran, sie wiederzusehen, und wir wurden gute Freunde. Ihr glückliches Naturell und ihre Lebensfreude waren eine angenehme Abwechslung zu den Nörgeleien meiner früheren Frau. Sie hatte zwar weder Eugénies vornehme Art noch deren Bildung, doch davon hatte ich ja vorerst genug, und ich sagte mir, daß ein ausgeglichener Charakter und ein fröhliches Wesen gut und gerne die Kunst, Klavier zu spielen und beim Teetrinken den kleinen Finger zu heben, wettmachten. Im Zuge wachsender Vertrautheit ließ sie durchblicken, daß sie keine besondere Antipathie gegen die Männer im allgemeinen noch gegen mich im besonderen besaß. Die Erfahrung hätte mich wachsam machen sollen, doch mit dem Unglück verhält es sich so, daß es einen zu unnötigen Revanchen drängt. Mein Verlangen war entfacht. Wenn ich Paulette mit Eugénie verglich, fand ich tausend Gründe, die mich überzeugten, daß alles bestens laufen würde. Paulette ihrerseits gab sich freundlich und fast liebevoll.

Von meinem noch rüstigen Aussehen getäuscht, hatte sie mich für jünger gehalten und scheute sich nicht, zu verkünden, ich sei nicht ihr Typ, was ich für einen Scherz hielt. Ich hätte bei ihren kritischen Bemerkungen besser hinhören sollen: Meine Kleidung ließe an Eleganz zu wünschen übrig … Ich sei so gesellig wie ein Bär … Ich zog es vor, auf die Gemeinsamkeiten zwischen uns zu achten. Unter einer rauhen Schale hatte sie sich eine poetische Ader bewahrt, die kleine blaue Blume der Romantik. Eines Tages, als ich ihr, ohne ihr zu schmeicheln, zu ihrem gesunden Aussehen und ihrem bei über fünfzig Jahren anmutig und fast jugendlich gebliebenen Körper gratulierte, gab sie mir zur Antwort: »Als ich jung war, sah ich aus wie das blühende Leben« – in demselben Tonfall, als hätte sie gesagt: »Mit zwanzig Jahren wog ich zweiundfünfzig Kilo.«

Wir unternahmen gemeinsam mehrere sehr gelungene Bergtouren und einige weniger gelungene Sonntagsspaziergänge. Wir trafen uns nicht allzu häufig, worauf ich achtgab oder achtzugeben glaubte. Ich fürchtete, sie zu sehr zu beanspruchen, auch hatte ich Sorge, mich zu stark zu binden. Oft nahmen wir gemeinsam unsere Mahlzeiten ein, bei ihr oder bei mir, manchmal im Restaurant, und ich war glücklich festzustellen, daß wir die gleiche Vorliebe für die gute bürgerliche Küche und den Châteauneuf-du-Pape hatten. Jedoch erfüllte mich nicht mehr jene steigende Flut des Glücks, die ich einst verspürt hatte, wenn eine beginnende Liebe sich freudig entfaltete und gemeinsam erlebt wurde. Ich konnte es mir nicht verbergen: Ich war keine zwanzig mehr und auch keine vierzig. Nur mein Herz war jünger geblieben als ich und sehnte sich noch nach diesem Glück, das ich hatte entfliehen lassen und das ich nicht zurückerobern konnte. Unglücklicherweise ist der Mensch so geschaffen, daß er immer hofft, etwas in der Büchse der Pandora zu finden, selbst wenn sie leer ist. Mein grundlegender Irrtum, unausweichlich wie alle großen Fehler, da er sich aus meinem Wesen selbst ergab, war es, Paulette zu stark das Bedürfnis nach Zärtlichkeit spüren zu lassen, das mir keine Ruhe ließ. Sie merkte bald, daß sie mich in der Hand hatte, denn die Frauen haben dafür sehr sensible Antennen.

Diesen strategischen Fehler hatte ich schon damals begangen, als ich Eugénie den Hof machte. Heute bereitet es mir Vergnügen, meine Illusionen und Enttäuschungen zu sezieren, und ich beobachte voller Spannung, wie ein und derselbe Fehler, der meine Beziehung zu zwei grundlegend verschiedenen Personen veränderte, in beiden Fällen verheerende, wenngleich sehr unterschiedliche Folgen hatte. Eugénie hatte sich kalt und leidenschaftslos durch meine Aufmerksamkeiten und meine Hartnäckigkeit erobern lassen, denn es gefiel ihr, sich wirklich geliebt zu fühlen, zu einem Zeitpunkt, da sie vom Verstand her schon auf Cupido verzichtet hatte. Diese respektable Frau hatte meine übertriebenen und dennoch ehrlich gemeinten Liebesbeteuerungen wörtlich genommen. Sie glaubte felsenfest, ich würde immer der in einen Stern verliebte Wurm bleiben. Sie war zunächst enttäuscht, dann entrüstet und voller Wut, als sie feststellen mußte, daß ich ihr nicht für alle Ewigkeiten blind ergeben sein würde. Da die Logik immer ihre Stärke war, schloß sie daraus, daß ich ihr von Anfang an Leidenschaft vorgegaukelt hatte. So war also mein Übermaß an Liebe oder vielmehr meine Leichtfertigkeit, die darin bestand, allzu schnell die Wirklichkeit dieser Liebe vor ihren Augen bloßzulegen, der Grund für meine Enttäuschung. Bei Paulette hatte der gleiche taktische Fehler ganz andere Folgen. Sie war ein ungeschliffener Diamant, eine etwas grobe Natur. Sie hatte mich unter Vorbehalt näherer Prüfung genommen und mich fühlen lassen, daß sie mir einen großen Gefallen tat, wenn sie mich nicht gleich von Anfang an abwies. Meine Zuwendungen, das angenehme Gefühl, geliebt zu werden, die Komplimente, die ich ihr über ihre noch jugendliche Anmut machte, all dies trug dazu bei, daß sie wieder Vertrauen in ihre Reize gewann. So entstand bei ihr bald der Wunsch, sie an geeigneteren und würdigeren Objekten auszuprobieren. Sie hatte mich eine Zeit lang mangels eines Besseren behalten; sobald sie sich jedoch anderweitig versorgt sah, ließ sie mich klirrend zu Boden fallen. Einmal mehr war die übergroße Heftigkeit meiner Impulse das Mittel gewesen, dessen sich das Schicksal bedient hatte, um mich von meinem Höhenflug hinab in die Tiefe zu stürzen.

Diese Enttäuschung reichte bei weitem nicht an die anderen heran. Dennoch war es ein sehr harter Schlag für mich. Denn Paulette setzte all ihren Verstand ein, um mich mit einer Brutalität zu entlassen, über die ich bis heute staune, wenn ich an die vielen Stunden zurückdenke, die wir gemeinsam in der Sonne und vielleicht sogar im Glück verbracht hatten. Kann ich es wagen zu erzählen – ich schäme mich für sie und sogar ein wenig für mich –, daß ich, als ich sie später einmal auf der Straße traf, zu meiner größten Verwunderung erleben mußte, wie sie den Kopf wegdrehte, um meinen Gruß nicht erwidern zu müssen? Bei unserer Trennung hatte sie, zweifellos um jedem neuen Versuch meinerseits vorzugreifen, Wert darauf gelegt, mir einen langen Brief zu schreiben, in dem sie mit chirurgischer Präzision die zahlreichen und wichtigen Gründe aufzählte, die sie nötigten, mich fortzuschicken. Doch der kleine Prinz in jenem Lied war alles in allem vielleicht ebenso schuld daran wie ich, sich auf diese Weise behandeln zu lassen.

Dies sind die Wege, die mich sehr spät zu einer Enthaltsamkeit geführt haben, an der, so fürchte ich, die Weisheit nur sehr geringen Anteil hat. Die weibliche Schönheit bewegt mein altes Herz immer noch. Doch schon seit langem habe ich mir dem schönen Geschlecht gegenüber jeglichen Annäherungsversuch untersagt, der Anlaß zu irgendeiner Fortsetzung geben könnte. Wenn mein Blick einmal an einer Frau hängengeblieben ist, habe ich mir gesagt – und sage es mir heute noch, obwohl das Thema in meinem Alter eigentlich nicht mehr zur Debatte steht: »Da ich ohne die anderen ausgekommen bin, werde ich wohl auch ohne diese hier auskommen.«

Es ist richtig, es ist normal, und es ist unvermeidlich, daß eine Frau, die eine nicht erwiderte Zuneigung abschütteln will, sich härter gibt als nötig. In der Furcht, nicht richtig verstanden zu werden und erleben zu müssen, daß der abgewiesene Verehrer, auch auf die Gefahr hin, noch ein wenig mehr darunter zu leiden, weiterhin stur auf seinen Träumen beharrt, neigt sie dazu, eine Überreaktion gewaltsamer Art zu zeigen. Sie schlägt also stärker zu, um weniger weh zu tun. Wenn sie natürlich zusätzlich zu dem Wunsch, den Zudringlichkeiten, deren sie müde geworden ist, ein Ende zu bereiten, von einer neu erwachenden Liebe beseelt ist, von der sie sich nicht ablenken lassen will, ist sie gezwungen, noch heftiger zuzuschlagen. Der andere hätte eigentlich schon die Andeutungen verstehen und eine schwache Frau nicht dazu zwingen sollen, ihm, wenn ich es mal so sagen darf, den seelischen Fußtritt zu verpassen.

»Für den Weisen sind Glück und Unglück wie die rechte und die linke Hand; er versteht es, sich beider zu bedienen.« Ich weiß nicht, woher ich dieses schöne Wort der heiligen Katharina von Siena habe, das seit einem halben Jahrhundert und länger in meinem Gehirn herumspukt. Doch nachdem ich, vielleicht zu ausführlich, auf meine ehelichen und außerehelichen Unglücke eingegangen bin, muß ich gesenkten Hauptes gestehen, daß ich kaum einen Nutzen aus dieser Weisheit zu ziehen vermocht habe. Es ist angenehmer und einfacher, anderen eine Lektion zu erteilen, als sie selber in die Tat umzusetzen. Nehmen wir also an – viel kostet es ja nicht –, daß unsere Erfahrungen unserem Nächsten in gewissem Maße dienlich sein können …

Was auch immer ihre Ansichten über das Geld sein mögen, die Männer beharren hartnäckig auf der Vorstellung, daß die Frau sie gücklich macht. Man muß schon äußerst kühn sein, um gegen eine Auffassung anzukämpfen, die so festsitzt, daß man fast schon meinen könnte, daß sie feststeht. Zumal der Franzose, von Natur aus ein schlauer Fuchs, es nicht versäumen würde, folgende Anspielung zu machen: »Die Trauben hängen zu hoch und die Gründe liegen zu nah.« Nichts läßt einen Mann so lächerlich erscheinen wie der anhaltende Mißerfolg beim schönen Geschlecht. Ein übertrieben zaghafter Verehrer wird von allen verachtet, von den Frauen mehr noch als von den Männern. Der Gehörnte, ob verheiratet oder ledig, liefert den Stoff für sämtliche Komödien und so manchen Schwank. Und was den Impotenten betrifft, so nimmt die Verachtung, die ihm entgegengebracht wird, geradezu die Ausmaße einer Tragödie an. Doch das Alter bewahrt mich heute gerade vor diesen eingebürgerten Spötteleien. Ich habe die Zeit der Liebeserlebnisse hinter mir, und ich kann nun nach Lust und Laune darüber reden. Ich war, weder was die Zahl noch was den Erfolg meiner erotischen Abenteuer angeht, eine Glanznummer, doch gerade weil es wenige waren, hatte ich Zeit, darüber nachzudenken, Schlüsse und sogar beinahe eine Lehre aus ihnen zu ziehen.

Beim Versuch, durch die Erforschung meines Gewissens die Gründe für mein Pech mit den Frauen herauszufinden, muß ich aufpassen, daß ich nicht den landläufigen Fehler begehe, den Balken im eigenen Auge zu übersehen. Eine einmalige Enttäuschung kann eine Sache des Zufalls sein, zwei oder drei Mißerfolge könnte man dem Pech zuschreiben, doch wenn die Fehlschläge, zwar von jeweils unterschiedlichem Verlauf, im wesentlichen jedoch gleichgeartet, sich häufen, muß man sich eingestehen, daß die Ursache in einem selbst und nirgends sonst liegt. Nachdem ich die Gründe für mein Mißgeschick in alle Richtungen gedreht und gewendet hatte, ist es mir, wie mir scheint, gelungen, dessen Prinzip zu erkennen – oder etwas, was ich gerne für ein solches halten würde. Darauf bin ich nicht gerade stolz. Auch wenn der Dichter dies beteuert, macht es nicht immer glücklich, die Ursache der Dinge zu kennen.

Zunächst diese Vorsichtsmaßregel: Die Gesetzmäßigkeit, die ich mir hier erlauben werde, dem Urteil des

Lesers zu unterbreiten, gehört dem Bereich des Menschlichen an, das heißt, ich kann keine Gewähr dafür geben. Der Mensch, das wissen wir seit Montaigne, ist ein so wandlungsfähiges, schwankendes und mannigfaltiges Wesen, daß es unmöglich ist, einen Lehrsatz über ihn zu formulieren, der hundertprozentig richtig oder falsch wäre. Deshalb sind die menschlichen Gesetze veränderlich und ungewiß, unfähig, uns dauerhaft zufriedenzustellen. Ich will versuchen, meine Gesetzmäßigkeit so knapp wie möglich darzulegen: »Die Menge an Liebe, die zwischen zwei Menschen möglich ist, bleibt konstant.« Ich fürchte, mich nicht klar genug ausgedrückt zu haben, da ich so großen Wert auf die Kürze gelegt habe; versuchen wir also, uns verständlich zu machen. Wenn ein Mann und eine Frau sich lieben, zieht ein Anwachsen der Liebe bei dem einen notwendigerweise eine Abnahme der Liebe bei dem anderen nach sich. In seinen Erinnerungen beschreibt Legouvé das Ehepaar Berlioz-Smithson, dessen enger Freund er war: »Unglücklicherweise verhält es sich mit Mann und Frau oft so wie mit zwei Waagschalen; wenn die eine steigt, sinkt die andere. In dem Maß, in dem das Smithson-Thermometer anstieg, fiel das Berlioz-Thermometer.« Dieser Lehrsatz scheint offen gegen einige anerkannte Meinungen zu verstoßen. Wenn zwei Menschen sich lieben, glauben sie, dieses Gefühl könne sich bis ins Unendliche steigern, so, als sei die Liebe von Natur aus dehnbar. Man hat dies immer geglaubt, und man wird es sicher noch lange glauben, denn der Mensch ist Wahrheiten gegenüber völlig resistent. Statt mir die Herzensbindungen als ein Gummiband vorzustellen, das man durch bloßes Ausdehnen in die Länge ziehen kann, würde ich eher vorschlagen, sie mit einer Iridiumkette zu vergleichen, und zwar nicht wegen ihrer Solidität – weiß Gott, nein! –, sondern weil letztere, egal was auch passiert, in ihrer Länge unverändert bleibt.

Ob zu Recht oder zu Unrecht, ich rede mir ein, daß mein Axiom, das sich nicht durch Demonstration beweisen läßt und, wie es nicht anders sein könnte, von einer ganzen Reihe von Ausnahmen bestätigt wird, um mich herum dazu beitragen wird, das Glück zu mehren oder die Enttäuschungen zu mindern, die die Liebe mit sich bringt. Ich habe es zu spät entwickelt, um selber noch etwas davon zu haben, um so mehr wird man die Uneigennützigkeit zu schätzen wissen, mit der ich es den zukünftigen Generationen zugute kommen lasse.

Im Vertrauen auf dieses Gesetz, dem ich nicht meinen Namen anhängen will, wird der geneigte Leser darauf achten, von der Liebe nicht etwas zu verlangen, was sie nicht geben kann. Mein eigenes schlechtes Beispiel wird ihm eine Lehre sein. Möge er schließlich noch bedenken, daß die Frau im Gegensatz zu allem, was in den Magazinen geschrieben steht, vielleicht nicht die einzige Vermittlerin dessen ist, was man Glück nennt. Ich weiß sehr wohl, daß Dichter, Romanschriftsteller, Gesetzgeber und Bordellbesitzer sich seit Jahrtausenden alles Erdenkliche einfallen lassen, um das Gegenteil zu beteuern, und daß diese grobe Dummheit weiterhin unter großem Beifall von der betrogenen Masse geschluckt wird. Wir erinnern uns an das berühmte arabische Sprichwort: »Das Glück des Mannes liegt in den Armen einer Frau oder auf dem Rücken der Pferde.« Ich fürchte sehr, daß es sich dabei um ein von Frauen und Pferden in Umlauf gebrachtes Gerücht handelt.

# Fortune

Als ich jung war, lebte ich in einer Welt weiser Häupter. Erfahrung und Alter waren Mode, und die jungen Leute mußten sich, wenn sie, sei es auch nur versuchsweise, akzeptiert werden wollten, schön brav und bescheiden verhalten. Über fünfzig Jahre sind vergangen, zwei Weltkriege haben uns überrannt, und eine umfassende Revolution hat sich in den Sitten vollzogen. Man hatte uns Geduld gelehrt: Die Stunde würde kommen, so versicherte man uns, da auch wir, nachdem wir uns im Laufe der Zeit bewährt haben würden, Beachtung und – wer weiß? – Macht und Ehre würden erlangen können. Wie alle Angehörigen meiner Generation habe ich auf diese segensreiche Stunde in der Lebensmitte gewartet, wo der gute Arbeiter, nachdem er den Höhepunkt seines Schaffens erreicht hat, endlich das Recht erhält, die Annehmlichkeiten des Alters und den Respekt seiner Flurnachbarn zu genießen. Ich warte immer noch darauf. Die Revolution, die ich soeben erwähnte, hat all meine schönen Hoffnungen und die aller Jungen meines Alters zunichte gemacht, die den Fehler begangen haben, etwas länger zu überdauern, als es sich gehört.

Ich hatte gerade den Hafen der Fünfziger erreicht, als ich miterlebte, wie die Flutwelle eines beispiellosen Wohlstandes über unser altes Europa hinwegrollte, gewiß nicht so grausam, jedoch ebenso zerstörerisch wie die Kriege, die sie vorbereitet hatten. Man konnte zusehen, wie die mit dem Konsum verbundenen Werte beinahe von heute auf morgen in den Himmel gehoben wurden, eskortiert von einer ganzen Prozession häßlicher Worte, die seither nicht mehr aufhören, die Menschen ins Träumen zu versetzen: Rentabilität, Innovationsbedürfnis, Leistung, Produktivität. Der Mann der Stunde, oder besser gesagt: der Zukunft, würde von nun an der Verwalter sein. Politiker und Journalisten, die sich aufgrund eines sonderbaren Aberglaubens rühmten, der Zeit voraus zu sein, verfaßten für den Verbraucher von morgen Bücher, die tausend mehr oder weniger amerikanische Wunderdinge versprachen, welche die »Massen« – wie man so schön sagt – beglücken sollten. Und sie malten von diesem neuen Menschen ein schillerndes Bild, in dem diejenigen meines Alters, die noch in ihren grauen Anzügen steckten, sich nur mit großer Mühe wiederzuerkennen vermochten. Erstens war dieser Mensch von morgen jung; und kaum hatte er das Ruder übernommen, schon setzte er alles daran, den alten Matrosen, zu denen auch ich gehörte, klarzumachen, daß sie schleunigst ihren Platz zu räumen hätten. Kurzum, ich war in einer Zeit jung gewesen, in der nur die Alten geachtet wurden, und ich erreichte das Alter in einer Zeit, in der die Jungen das Steuer an sich rissen.

Diese Revolution ist zweifellos die radikalste von allen, die wir wohl oder übel seit der Belle Epoque miterleben mußten, insofern, als sie mit einem tausendjährigen Wertesystem abgeschlossen hat. Bis zum Beginn dieses Jahrhunderts, zur Zeit der ordentlichen Arbeit, hatte man große Achtung vor der Gewissenhaftigkeit und der Erfahrung des arbeitsamen Menschen. Diese Tugenden gelten nicht mehr in einer Welt, in der die Technik regiert. Heutzutage verlangt man vom Arbeiter, von der Kassiererin im Supermarkt, selbst vom Bankier in erster Linie die Fähigkeit, sich in kürzester Zeit in den Umgang mit Maschinen und neuen Prozessen einzuarbeiten, die ihrerseits dazu bestimmt sind, bald von anderen, »leistungsfähigeren«, das heißt noch schnelleren, abgelöst zu werden. Bei diesem Wettlauf, bei dem nur die Geschwindigkeit zählt, hat die Jugend leichtes Spiel. Ein junger Mensch lernt in wenigen Tagen Autofahren, während der alte Knacker, der sich in vorgerücktem Alter dazu entschließt, sich mit dem Steuerrad vertraut zu machen, Blut und Wasser schwitzen muß, bevor er sich mehr oder weniger auf der Straße halten kann, und dies noch dazu unter den vorwurfsvollen Pfiffen der aufsteigenden Klasse. Der Konflikt zwischen den Generationen ist zweifellos genauso alt wie die Generation selbst, doch die allgemeine Beschleunigung, die das Merkmal unserer Zeit ist, verleiht ihr ganz plötzlich einen anderen Inhalt. Bislang bedeutete der freundliche Vorwurf des zukunftsorientierten Sohnes gegenüber seinem an den alten Bräuchen festhaltenden Vater keinen Bruch zwischen beiden, sondern eine Veränderung in der Kontinuität – um eine Formulierung zu gebrauchen, die einstmals gerne in politischen Diskursen verwendet wurde. Heute müssen sowohl der Vater als auch der Sohn feststellen, daß sie schon in wenigen Jahren in zwei verschiedenen Welten werden leben müssen, die sehr oft nur noch durch schmale, wackelige Brücken miteinander verbunden sind. Die Menschen reiferen Alters bemühen sich nach besten Kräften, sich von diesem Fluch zu befreien, indem sie rührende Versuche anstellen, »jung zu bleiben«, wohingegen die Studenten zu meiner Zeit mit allen Mitteln versuchten, den »Messieurs« zu gleichen. Der allmählich alternde Chef verbringt die frühen Morgenstunden damit, spärlich bekleidet durch den Stadtpark zu laufen; an seinen wenigen Urlaubstagen greift er zum Tennisschläger oder steigt auf die Skier und verbucht seine Leistungen mit kindlicher Freude. Denn selbst der Sport, und besonders das Bergsteigen (die einzige sportliche Disziplin, die mir auszuüben gegeben war), ist inzwischen eher eine Sache der Technik und der Schnelligkeit als eine Sache des Vergnügens und der sorglosen Liebhaberei.

Während des Ersten Weltkrieges, als die Straßen und mein Portemonnaie gleichermaßen leer waren, hatte ich das Glück, hundert wundervolle Wanderungen durch die schönsten Schweizer Kantone unternehmen zu können, und diese bescheidenen Ortswechsel gefielen mir so sehr, daß ich ihrer nicht müde wurde. Wir brachen in aller Herrgottsfrühe auf, überquerten ein oder zwei Pässe und schliefen in Scheunen oder Herbergen, die von einer unseren Mitteln angemessenen Bescheidenheit waren. Eines Tages konnten wir durch ein unglaubliches Glück einen ganz frischen, in ein feuchtes Tuch eingewickelten Butterklumpen in die Stadt mitbringen. Die Eroberung dieses einfachen Schatzes ließ mich mit Hilfe der Phantasie in den gleichen Höhen schweben wie den Forscher, der eine wertvolle Statuette, die er dem Wüstensand entrissen hat, zum Museum geleitet. Für die Jugend von heute mit ihren Siebenmeilenstiefeln wäre es ein leichtes, sich über diese einfachen Freuden lustig zu machen, die uns so groß erschienen. Allerdings bin ich nicht sicher, ob sie, wenn sie die Welt, die überall zur Uniformierung tendiert, mit großen Schritten bis in ihre allerletzten Winkel durchmessen würden, einen guten Tausch gemacht hätten. Der Raum, in dem sie sich bewegen, hat sich genau proportional zu ihrer Fähigkeit, Etappen zu überspringen, verkleinert, und man kann sie eigentlich nur bemitleiden, wenn man daran denkt, welche Enttäuschung sie, nachdem sie genauso viele Zeitzonen überwunden haben wie einst Marco Polo, bei der unausweichlichen Feststellung erleben werden, daß Genf und Singapore sich zum Verwechseln ähnlich sehen.

Schon bei geringerem Anlaß würde man die Orientierung verlieren, und es sieht in der Tat alles danach aus, als ob mit den alten Kompassen, die den Leuten einst halfen, nicht allzusehr aus der Bahn zu geraten, kaum noch etwas anzufangen ist in einer Welt, in der das Hier und das Dort immer austauschbarer geworden sind: so austauschbar, wie es die Menschen der Zukunft sein werden, die von nirgendwoher stammen und vom einen zum anderen Ende der Welt die gleichen Nebenprodukte ein und derselben Kultur in sich aufgenommen haben werden, einer Kultur, die es darauf anlegt, bei denen, die sie in aller Unschuld konsumieren, den kleinsten gemeinsamen Nenner zu treffen. Der wirklich pathologische Wohlstand, in dem die westliche Gesellschaft seit dreißig Jahren schwelgt – und in dem der Rest der Welt sich liebend gerne aalen würde, in der Hoffnung, daß bald Schluß ist mit einem Elend, das jedoch noch eine große Zukunft vor sich hat –, ist nicht ohne Gegenleistung erkauft worden: größerer Reichtum für die einen, neue Geißeln für die anderen, und für alle eine

Inflation der Trugbilder, lauter heimtückische Eingriffe in die Freiheit, als Einzelwesen zu existieren.

Wenn dem so ist, so erleben wir nicht nur eine soziale Revolution, sondern eine wahre Artenmutation – man möge mir dieses große Wort verzeihen. Im übrigen wissen wir, daß der Mensch sich körperlich und erst recht moralisch innerhalb eines halben Jahrhunderts stärker verändert hat als im Laufe von zwei Jahrtausenden und ein paar Jahrhunderten, die uns von Phidias trennen. Wir stecken noch zu sehr mitten in der Umwälzung, um deren Ausgang vorauszusehen; doch es scheint selbstverständlich, daß der neue Mensch, geboren inmitten von Kriegen, politischem und wirtschaftlichem Chaos und der alltäglichen Gewalt, die die Kinder von reich und arm gleichermaßen fasziniert, stärker, härter und weniger sensibel für die bescheidenen, vom Gebrauch und von der Zeit patinierten Dinge sein wird. Er wird ein Bewunderer der Technik mit ihren heiklen Metamorphosen, der Mode mit ihren permanenten Veränderungen, der Bewegung und des Lärms sein. Er wird die viel zu braven Idole verbrennen, zu deren Füßen wir den Weihrauch einer überholten Zeit haben emporsteigen lassen. Er wird bei allem genau das Gegenteil dessen tun, was uns in unseren alten Träumen vorschwebte, und das einzige Zugeständnis, das er uns wird machen wollen, wird, falls die Plätze nicht zu teuer sind, ein Erbbegräbnis sein.

Nie hat die Jugend ein solches Prestige genossen, und es ist ihr gutes Recht, es zu nutzen und zu mißbrauchen. Und was wird erst morgen sein, in unseren vom Überfluß völlig erschöpften Breiten, wo bleichgesichtige Greise meines Alters den größten Teil der Herde bilden werden, in ihre klimatisierten Sterbehäuser verbannt, fernab von jeglichem aktivem Leben, mit dem beschämenden Siegel der Nutzlosigkeit gebrandmarkt und in berechtigter Verachtung gehalten von der Oligarchie der neuen selbstgefälligen, breitschultrigen Geschäftsführer, die das ganze Jahr über braungebrannt sind und von Vitaminen und Geringschätzung nur so strotzen. Im Bewußtsein, den Wind im Rücken zu haben, nehmen die jungen Leute die ihnen von der gegenwärtigen Zeit gebotenen Vorteile wie Vorschüsse auf eine Vorrangstellung entgegen, die ihnen für die nahe Zukunft versprochen wird. Jeder neue Erfolg macht sie fordernder, ungeduldiger in ihrer Erwartung, bald die Vormundschaft der Älteren abschütteln zu können. Zumal, da es im gegnerischen Lager nicht an Überläufern mangelt, die zu allem möglichen Getue bereit sind, um für »geistig jung« gehalten zu werden, und schamlos der Jugend schmeicheln, um sich besser in ihre Reihen einschleichen zu können – doch es ist gar nicht so einfach für die Menschen reiferen Alters, sich als »junge Leute« auszugeben, da letztere, ängstlich bedacht auf die Privilegien ihrer Generation, ein teuflisches Vergnügen daran haben, jeglicher Verwechslung vorzubeugen, indem sie durch starke Betonung provokanter äußerer Zeichen ihre unleugbare Andersartigkeit unterstreichen.

Gorer hat in seiner Analyse der Amerikaner – die nach wie vor, von Kino und Fernsehen unterstützt, das absolute Vorbild unserer lieben Blondschöpfe sind – gezeigt, wie sich bei diesem Volk von Immigranten, das sich von heute auf morgen ins industrielle Abenteuer gestürzt hat, eine neue Art der Beziehung zwischen den Generationen entwickelt hat. Die in den Vereinigten

Staaten geborenen Söhne besaßen von Anfang an einen Vorteil gegenüber ihren Vätern, die noch ihren europäischen Angewohnheiten verhaftet waren; und oftmals brachten diese ihren Kindern im Bewußtsein der eigenen Unterlegenheit einen fast angsterfüllten Respekt entgegen, der von jenen kaum erwidert wurde. Nebenbei entwickelte sich, da die Mutter aus naheliegenden psychologischen und gefühlsmäßigen Gründen weniger verachtet wurde als der Vater, eine Art Matriarchat, das durch jenes idealisierte Bild der siegreichen Frau verstärkt wurde, das den Menschen bald schon von der Werbung aufgezwungen werden sollte. Aus unterschiedlichen, wenn auch ähnlichen Gründen geschah das gleiche in den autoritär regierten Ländern, ob nun mit faschistischer oder kommunistischer Gesellschaftsordnung, wo der jungen Generation, die weniger unter dem Verdacht stand, sich an die verabscheuten Werte der Vergangenheit zu klammern, rechtzeitig Honig ums Maul geschmiert wurde, damit sie sich zuverlässiger in die bestehende Ordnung eingliederte.

Da Europa genau dort liegt, wo die stürmischen Winde aus Ost und West aufeinanderstoßen, hat es große Mühe, die letzten Überreste seiner geistigen Unabhängigkeit zu bewahren. Eine seltsame Unterwürfigkeit den absurdesten Diktaten der Mode gegenüber hat sich hier in allen Schichten der Jugend breit gemacht – und selbst unsere brave Landbevölkerung, die sich einst den von Vergil besungenen friedlichen Zerstreuungen hingab, macht den Trend, so gut sie kann, mit. Diese beflissene Unterordnung unter die herrschende Gewöhnlichkeit, die sich als Antiphrase ein vornehmes Gehabe zulegt, hat den alten Anarchisten, der in mir schlummert, immer aufgebracht. Wie mir diese Welt der Produktion zuwider ist, in der der Schöpfungsakt mittlerweile völlig verschwunden ist, in der die Arbeit sich auf mechanische Handgriffe beschränkt, in der das Brot industriell, das heißt von niemandem hergestellt wird! Und ich kann inzwischen die demonstrative Anmaßung dieser langhaarigen Bengel verstehen, die ganz offensichtlich einen Horror vor jeder Art von Anstrengung haben, da das Ergebnis eben dieser Anstrengung, das ja angeblich dessen größte Belohnung ist, zu einer reinen Abstraktion geworden ist. Meine einzige Hoffnung gründet sich auf die Feststellung, daß ihre Nonchalance sie davon abhält – wobei die Pille das ihre dazutut –, sich zu reproduzieren wie einst unsere Väter, was möglicherweise dem wuchernden Wachstum der Menschheit Einhalt gebieten wird, unter dem unser Planet so sehr leidet, und – wer weiß? – in naher Zukunft jenes schreckliche Krebsgeschwür aufhalten und vielleicht für immer unter Kontrolle bringen wird, dem wir in unserer Vermessenheit den Namen Fortschritt gegeben haben. Denn die Natur der Dinge ist stärker als die menschliche Perversität und wird es eines Tages schon schaffen, mit einem kräftigen Prankenhieb das Gleichgewicht wiederherzustellen, das wir unvorsichtigerweise zerstört haben – leider sieht jedoch alles danach aus, als werde eine solche Rückkehr zur Mäßigung nicht ohne Zähneknirschen vonstatten gehen.

Man möge meine Bitterkeit nicht mißverstehen. Ich werfe der Jugend nicht vor, daß sie so ist, wie sie ist, vielmehr nehme ich es meinen Zeitgenossen übel, daß sie die frühere, auf Mummelgreise übergegangene Macht (mit der letztere allerdings wirklich manchmal ungestraften Mißbrauch trieben) nur einzugrenzen vermochten, indem sie eine andere, ebenso ungerechte und exklusive Macht eingesetzt haben. Wie dem auch sei, das Übel ist geschehen, und es ist besser, sich in Weisheit mit der neuen Ordnung zu arrangieren, die uns von dieser wechselhaften Wetterkunde namens Geschichte aufgezwungen wurde.

Im übrigen frage ich mich manchmal, wenn ich mich dabei ertappe, daß ich über die Jugend herziehe, ob sich nicht ein wenig Neid in den einwandfreien Zement meiner Argumente mischt. Vor hundert Jahren, zu einer Zeit, die ich mir in meinen Träumereien glücklicher ausmale als meine eigene, hat Georges Feydeau schon beteuert: »Die Jugend taugt nichts. Die neue Generation ist fürchterlich!« Und melancholisch hinzugesetzt: »Ich wäre gern ein Teil von ihr ...«

Gestärkt durch die bittere Medizin der vorangegangenen Seiten, weiß der Leser nun schon, welches der erste Schlüssel zu Glück und Wohlstand ist: die Jugend, die nicht, wie man lange angenommen hat, ein bloßes Übergangsstadium ist, sondern eine Ware, die man sich in jedem Alter verschaffen kann, indem man in exzentrischen Boutiquen einkauft, Schönheitsinstitute und Modestrände aufsucht, indem man Bücher liest, »über die geredet wird«, und als Gast bei Tischgesprächen die bemerkenswerten Äußerungen aus dem Fernsehen wiederholt, dieser so bequemen Enzyklopädie, von der Bouvard und Pécuchet, wenn sie die Chance gehabt hätten, sich ihrer zu bedienen, begeistert gewesen wären. Denn es ist nie gut, ein Wissen auszubreiten, das das eigene sein könnte: Der Gesprächspartner könnte sich beleidigt fühlen, wohingegen er geschmeichelt und dankbar sein wird, wenn er aus Ihrem Munde erneut eine bestimmte Äußerung vernimmt, die er schon hundertmal bei jenen Journalisten gehört hat, »die einen so intelligent machen«, und die er sich bereits in aller Ruhe und mit der allerbesten Absicht hat aneignen können.

Doch der Leser, eine anspruchsvolle Persönlichkeit, die zweifellos alle Aufmerksamkeiten verdient, wird sich nicht mit einem einzigen Schlüssel zufrieden geben. In der Tat muß derjenige, der erfolgreich, und mehr noch der, der vermögend sein will, über einen so gut bestückten Schlüsselbund verfügen, daß er alle Türen öffnen kann, an denen er sich sonst wohl oder übel den Kopf einrennen würde; und bei diesen Türen denke ich natürlich auch an das goldene, aber gut bewachte Tor zur Arbeitswelt – einer Welt, zu der ich für meinen Teil immer nur durchs Hintertürchen Zugang gefunden habe.

In jener Zeit, als ich meine bescheidenen Kompetenzen in einer Seidenhandelsfirma einsetzte, konnte ich die bewundernswerten Manöver eines Angestellten beobachten, der etwas höhergestellt war als ich und sich ganz offensichtlich eine schöne Zukunft zurechtbastelte. Er hatte, um die Gunst des Firmenchefs zu erlangen, eine ganz einfache Methode entdeckt, die selbst beschränktesten Geistern einleuchten würde. Den lieben, langen Tag kriegte er, mit Verlaub gesagt, seinen Arsch nicht hoch, doch wenn der Abend gekommen war und seine Kollegen sich die Hände waschen gingen und den Bürostaub von ihren Schuhen abschüttelten, begann er, eine übereifrige Geschäftigkeit zu entfalten. Plötzlich erinnerte er sich wieder an irgendeine Sache, die nicht erledigt worden war, und befahl einem seiner Untergebenen, sich unverzüglich damit zu befassen; er diktierte Briefe, die seit Wochen liegengeblieben waren, und machte sich im ganzen Haus mit einer auf subtile Weise – denn man soll ja nicht übertreiben – demonstrativen Betriebsamkeit und Hektik zu schaffen. Kurzum, man sah nur noch ihn, und der beeindruckte Chef konnte sich in kürzester Zeit sowohl von seinem Fleiß als auch von seinen Wunsch überzeugen, sich für den guten Gang der Firma einzusetzen, und gleichzeitig auch noch von der Großmütigkeit, die ihn veranlaßte, Überstunden zu machen, ohne darum gebeten worden zu sein – und mehr noch: Ebensolches auch von seinen Untergebenen zu verlangen.

Der Herr des Hauses fällt immer auf ein solches Theater herein. Ein Chef ist von Geburt oder aus Gewohnheit jemand, der nicht fähig zu arbeiten und folglich außerstande ist, die Arbeit der anderen wirklich zu schätzen. Er kann das Geleistete fast nur anhand der Länge der Zeit beurteilen, die zur Erledigung notwendig war. Da der Chef, weniger ein Tagmensch als seine Untergebenen, es meist vorzieht, erst am späten Vormittag im Büro aufzutauchen, ist die beste Art, ihm den Hof zu machen, die, daß man sich abends entgegenkommenderweise länger an seiner Seite aufhält. Außerdem hat der Angestellte, der aus einem nicht zu unterdrückenden Feuereifer heraus seine Arbeitszeit – oder seine Anwesenheitszeit – in die Länge zieht, auf diese Weise die Gelegenheit, die Vertraulichkeit des Meisters zu erlangen, was ein Privileg von allergrößtem Nutzen ist. Damit will ich ihm gar nicht unterstellen, daß er davon profitieren könnte, um die Präferenzen des großen Manitu zu steuern oder gar um unfreundliche Geschichten über seine Kollegen zu kolportieren, doch hätte er dazu gewiß die Gelegenheit, selbst wenn die allseits bekannte Redlichkeit seines Charakters eine solche Annahme ad absurdum führt.

Mehr noch: Indem man Überstunden anhäuft, um sich beim Chef beliebt zu machen, indem man ihm gegenüber seine edle und uneigennützige Gesinnung beweist, bereitet man sich selber am allerbesten auf den schweren Beruf des Firmenchefs vor. Man gewöhnt sich schrittweise daran, seine Angewohnheiten denen des Chefs anzugleichen: unverhofft auftauchen, bis spät abends bleiben, mehr auf die Arbeit der anderen als auf seine eigene achten, besonders diejenigen überwachen, die nichts anderes können als arbeiten, mit einem Wort, die Arbeit eines Chefs leisten, der von seinen Söldnern gefürchtet und respektiert werden möchte. Das ist, so wie es aussieht, kein besonderes Kunststück, und man könnte meinen, daß der Weg zum Reichtum, wenn er auch nicht mit so viel Annehmlichkeiten gepflastert ist wie der zur Hölle, eine lange, schattige und leicht abschüssige Asphaltstraße ist, auf der man sich nur rollen zu lassen braucht, um Erfolg zu haben.

Dem ist ganz und gar nicht so. Wenn ich auch, bei aller Bescheidenheit, nicht dümmer bin als andere: Mir ist es nie gelungen. Doch mir scheint, ich habe auf meinem Weg einige Gründe für unseren gemeinsamen Mißerfolg entdeckt, und ich glaube, ein frommes Werk tun zu können, wenn ich Ihnen meine Überlegungen zu diesem Thema unterbreite.

Farqhar, der berühmte amerikanische Fabrikant, stattete eines Tages Andrew Carnegie einen Besuch ab. Einfach und naiv, wie Millionäre nun einmal sind, äußerte er im Verlauf des Gesprächs nicht ohne Stolz diesen

Satz: »Noch heute bin ich immer der erste in der Fabrik und der letzte, der nach Hause geht.« Carnegie schüttelte den Kopf und sagte: »Sie arbeiten zweifellos sehr langsam. Ich erledige mein Tagespensum in knapp zwei Stunden.«

Diese Anekdote ist in meinen Augen von größter Bedeutung. Sie gleicht jenem einzigen Knochen, der Cuvier zur Rekonstruktion eines prähistorischen Tieres genügte. Sie widerlegt die berühmte Legende vom Auge des Meisters und zeigt, daß die großen Industriekapitäne in der Lage sein müssen, sich überflüßig zu machen, einen großen Teil ihrer Funktionen an geeignete Personen zu delegieren und sich lediglich die strategischen oder als solche betrachteten Entscheidungen vorzubehalten. Doch wie alle tiefen Weisheiten hat sie einen doppelten Boden. Wenn man einmal den Deckel der praktischen Erfahrung gelüftet hat, stößt man auf folgendes moralische Axiom, dessen universelle Bedeutung nicht mehr bewiesen zu werden braucht: Man wird nicht durch Arbeit reich, sondern dadurch, daß man die anderen für sich schuften läßt. Sich so wenig wie möglich anzustrengen ist das Mittel, um weiterzukommen. La Fontaine lehrt uns: »Arbeitet, strengt euch an! ...« Leider ist auch dies eine Fabel, und der Autor selbst hat sich gehütet, sein schlechtes Gebot zu befolgen. Jedermann weiß, daß man mehr und schneller Geld verdient, wenn man dem Verwaltungsrat angehört, als wenn man im Schweiße seines Angesichts die niederen Tätigkeiten des Unternehmens verrichtet.

Fassen wir also zusammen. Arbeiten ist eine unangenehme, mühevolle, ermüdende und wenig einträgliche Beschäftigung; das habe ich zwar soeben gesagt, doch ist dies eine jener elementaren Wahrheiten, die man nicht oft genug betonen kann. Ich bin von Natur aus eher arbeitsam. Darauf bin ich keineswegs stolz, ich schäme mich aber auch nicht deswegen, der liebe Gott und meine Eltern haben mich eben so gemacht. Der arbeitende Mensch ist ein rechtschaffener Mensch, er will ein schönes Werk abliefern und auf anständige Weise sein Geld verdienen. Ich möchte ungern etwas Schlechtes über die Rechtschaffenheit sagen, sie ist eine sehr schätzenswerte und von allen guten Schriftstellern empfohlene Tugend. Ich bedaure, daß ich anderer Meinung bin als so viele große Männer, doch da wir unter uns sind, will ich Ihnen ins Ohr flüstern, daß die Aufrichtigkeit manchmal ein Hindernis auf dem Weg zum Erfolg ist, wenn sie zum Beispiel einen braven Burschen dazu bringt, sich zu Tode zu arbeiten, statt sich rechts und links nach einem lukrativen Job umzuhorchen. Er arbeitet unbeirrt, der Arme, und weiß dabei, wenn er kein Dummkopf ist, doch ganz genau, daß ihm das nicht viel einbringen wird. Ich bin von Natur aus jemand, der, nachdem er den ganzen Tag über als gewissenhafter Angestellter seiner Aufgabe nachgekommen ist, am Abend nicht mehr das Bedürfnis verspürt, sich noch länger an der tristen Arbeitsstätte aufzuhalten, wo ihn vielleicht die dem braven Mitarbeiter verheißene Achtung und Beförderung erwarten. Wenn ich weniger anständig gewesen wäre, hätte ich mich weniger abgerackert, und meine Karriere wäre mit Sicherheit spektakulärer verlaufen. Ich wiederhole noch einmal, daß ich das nicht sage, um mich zu rühmen. Ich weiß ganz im Gegenteil, daß die Tatsache, daß ich mich hier auf eine Tugend berufe, äußerst verdächtig ist, da die Grenzen zwischen Ehrlichkeit und Dummheit an manchen Stellen sehr unscharf sind. Den Fiskus nicht zu hintergehen, zum Beispiel, kann, je nach Fall und Gesichtspunkt, ein bemerkenswerter Beweis von Ehrlichkeit oder aber der Hinweis auf einen beengten und schwerfälligen Geist sein.

Der Wunsch, nicht zu arbeiten, ist, wie jedermann weiß, der Ausgangspunkt für jeglichen Fortschritt. Die Maschine, dieser Deus ex machina der modernen Tragödie, ist im wesentlichen ein Gerät, daß dazu bestimmt ist, dem Menschen Arbeit zu ersparen. Zu Beginn des Jahrhunderts schrieb Gina Lombroso ein Buch, in dem sie auf die verhängnisvollen Auswirkungen hinwies, die der angebliche Fortschritt unvermeidlich nach sich zieht. Was würde sie heute sagen? Im Laufe von fünfzig Jahren ist die Maschine immer mächtiger, immer unverzichtbarer, immer vereinnahmender geworden. Und sie hat in großem Maße dazu beigetragen, die Arbeit als solche zu diskreditieren. Man kann es der Jugend nicht verdenken, daß sie derart angewidert ist von sämtlichen Arbeitsprozessen, wenn sie sieht, daß ein marionettenhafter Schnulzensänger an einem Abend mehr verdient als Mozart in seinem ganzen Leben. Nichtsdestotrotz liegt es mir fern, über die heiligen Werte der Arbeit lästern zu wollen. Es ist meiner Meinung nach sehr gut, daß unsere aus dem Paradies vertriebenen Vorfahren gezwungen waren, ihr Brot im Schweiße ihres Angesichts zu verdienen. Die Arbeit ist bis heute das einzige bekannte Mittel, wirkungsvoll gegen das Unbehagen, auf der Welt zu sein, anzukämpfen. Und obwohl sie es einem in keinem Fall gestattet, Vermögen zu erlangen – darüber sind wir uns wohl einig –, bleibt sie dennoch nach wie vor einer der bequemsten Wege zu dem, was man mit ein wenig Phantasie das Glück nennen könnte.

Daraus ergibt sich dieser einwandfreie oder fast einwandfreie Syllogismus:

– die Arbeit kann einem unter gewissen Umständen eine Art Glück verschaffen;

– die Arbeit ist ganz zweifellos eines der schlechtesten Mittel, um Geld zu verdienen;

– ergo: Geld macht nicht glücklich (q.e.d.)

So unanfechtbar auch diese Logik sein mag, ich fürchte doch sehr, daß sie den meisten nicht überzeugend erscheint. Ich werde es verschmerzen.

Ich kenne nichts Lästigeres als die große Gesellschaft. In ihr zu verkehren ist allerdings ein Muß für den, der es zu etwas bringen will. Ich werde den Leser, der mich sicher allmählich zu durchschauen beginnt, nicht weiter überraschen, wenn ich ihm mitteile, daß ich bei dieser besonders nützlichen Übung, die gute Manieren und böse Absichten in gelungener Harmonie verbindet, immer auf die bedauernswerteste Weise gescheitert bin. Sich mit Leuten zu unterhalten, für die man keinerlei Zuneigung empfindet, ist eine Kunst, die, mit Klugheit praktiziert, ihren Mann weit zu bringen vermag, selbst wenn sie möglicherweise, sofern sich die Sache in die Länge zieht, zu einer wahren moralischen Tortur werden kann. Man kann also gar nicht genug dazu raten, sich mit Sorgfalt darin zu üben. Diese Prüfung, das muß ich zugeben, liegt meistens über meinen Kräften, und bei den seltenen Gelegenheiten, in denen ich mich ihr stellen muß, ertappe ich mich fast immer dabei, daß ich demjenigen, der das Wort an mich richtet, nur mit halbem Ohr zuhöre und ihm, da mir nichts Besseres einfällt, mit kurzem zustimmendem Brummen antworte, was nicht wirklich befriedigend ist, besonders wenn der Gesprächspartner sehr von sich selbst erfüllt ist und folglich intensive Aufmerksamkeit und entsprechende Entgegnungen erwartet.

Ich habe mich lange Zeit gefragt, warum die feine Gesellschaft oder das, was man so nennt, um ihr ein wenig Konsistenz zu verleihen, in den Augen von Leuten wie mir eine solche Folter darstellt, während das Gespräch mit einem guten Freund oder, besser noch, mit einer guten Freundin, so viele Annehmlichkeiten bietet. Ich erkläre mir die Sache mittlerweile folgendermaßen. Manche Leute behaupten, daß der Mensch, dieser berühmte Mikrokosmos, genau wie die Erde von einer unsichtbaren Atmosphäre umgeben ist, einer Art Aura – ein wenig wie diese heiligen, mit einem Glorienschein versehenen Persönlichkeiten, die die frommen Werke der italienischen Malerei bevölkern. Die Person, die man liebt oder gerne mag, umgibt einen demnach sogleich mit einer sympathischen Atmosphäre: Ihre Aura und die eigene verbinden sich auf ganz natürliche Weise. Doch sobald die Gesellschaft etwas größer wird, kann man sich, selbst wenn es sich um Leute handelt, die einem gefallen könnten, nicht mehr auf Sympathien verlassen. Die Heiligenscheine, die ein jeder insgeheim ums Haupt trägt, vermischen sich in einem höchst unangenehmen Durcheinander, und der Unglückselige, der zu feinfühlige Antennen besitzt, ist rasch der Verwirrung preisgegeben.

Vielleicht ist das Unglück, nicht gesellig zu sein, keinerlei Vergnügen daran zu finden, sich in vornehmen

Kreisen zu bewegen und nicht das Bedürfnis zu verspüren, laut und wortreich vor einem großen und zwangsläufig gewählten Publikum zu sprechen, das charakteristische Merkmal des Versagers. Mir scheint, es gibt zwei Kategorien von Menschen, die Arbeiter und die Redner, und es sind natürlich die Redner, die Erfolg haben, während die Arbeiter im günstigsten Falle gerade so über die Runden kommen. Arbeiten bedeutet, auf die Dinge einzuwirken, reden bedeutet, auf die Menschen einzuwirken. Die Bauern, die Hilfsarbeiter, die Schmiede arbeiten. Die Anwälte, Politiker, Kaufleute, Priester, Pädagogen reden und werden dafür manchmal sehr gut bezahlt. Natürlich hat diese Unterteilung nicht so viel mit dem Beruf selbst zu tun, sondern mehr mit Charakter und Temperament. Es gibt Ärzte, die besser reden als heilen können, Künstler, deren Konversation wesentlich gehaltvoller ist als ihr Werk. Andererseits kann es durchaus vorkommen, daß man auch integre und hart arbeitende Politiker antrifft sowie Anwälte, die sich mehr um die Gerechtigkeit als um ihren Gewinn sorgen, ehrliche Priester, die die Lage ihrer Schäflein verbessern möchten. Doch der beherrschende Gedanke bleibt nach wie vor: Durch Reden und nicht durch Arbeiten gewinnt man das Herz der Frauen, den Beifall der Massen und das Geld der Einfältigen, durch Reden weist man auf seine Qualitäten hin und verschleiert auf freundliche Art seine Fehler, durch Reden wird man reich, ehrbar und berühmt. Wenn man jedoch nicht zu reden versteht, kann man schuften wie ein Tier, um sich herum Gutes tun und anderen die größten Dienste erweisen, und doch ist niemand einem dankbar dafür, und man hat weder Nutzen davon, noch gewinnt man Ruhm dabei.

Das ist doch logisch, verdammt nochmal! Man kann nicht von den anderen verlangen, daß sie Gutes von einem denken, wenn man ihnen nicht den Weg weist.

Der Mensch ist laut Aristoteles ein sprachbegabtes und geselliges Tier. Diese Wahrheit ist um so unbestreitbarer, als sie einem die zwei Facetten eines einzigen Gedankens vor Augen führt: Je geselliger der Mensch ist, um so mehr redet er, denn wenn er derart beschaffen ist, gefällt es ihm immer wieder von neuem, sich sprechen zu hören. Sein Erfolg im Leben und bei den Frauen – zwei weitere Aspekte ein und derselben Realität – steht in direktem Verhältnis zu seiner Geselligkeit und seinem Redetalent. Die Frauen lieben den Schönredner oder schlicht den Redner, doch nicht unbedingt den schlichten. Hier liegt ein charakteristischer Unterschied zwischen Mann und Frau, diesen zwei füreinander geschaffenen Wesen, die durch einen kleinen anatomischen Unterschied miteinander verbunden und durch Abgründe psychologischen Unverständnisses voneinander getrennt sind. Die Frau spricht viel und gerne, sie ist geselliger und gesprächiger als der Mann. Doch obwohl sie die redegewandten und über vielseitigen Gesprächsstoff verfügenden Männer wahrnimmt und schätzt, empfindet sie eben diese Fähigkeiten bei anderen Frauen keineswegs als Befriedigung. Um den Frauen zu gefallen, müssen die Männer reden und die Frauen schweigen.

Ich erörtere diese Dinge nicht bloß aus theoretischer Sicht. Ich habe im Lauf meines Lebens die Ehre und das Vergnügen gehabt, einige Frauen kennenzulernen, sofern es einem Mann möglich ist, sie kennenzulernen, und meine Beobachtungen – wenngleich sie, wie man gesehen hat, sehr begrenzt waren – haben es mir erlaubt, einige Schlüsse zu ziehen. Der allzu schweigsame Mann und die allzu gesprächige Frau bleiben erfolglos. Wenn der Mann seine wesentliche Aufgabe erfüllen will, die darin besteht, den Damen zu gefallen, um Erfolg, Lorbeeren oder Kinder zu bekommen, so muß er seinen Hang zur Schweigsamkeit überwinden. Die Frau dagegen, die von Natur aus redseliger ist, muß an ihrer unbesiegbaren Neigung arbeiten, zuviel zu reden und in allem das letzte Wort zu haben. Das ist schwer, doch der Erfolg fordert diesen Preis. Die Frauen spüren im übrigen instinktiv, ob sie es mit einem Mann beziehungsweise einer Frau zu tun haben, der oder die ein etwas zu großes Mundwerk hat. Deshalb kann ein Salon nur unter der Leitung einer einzigen Dame funktionieren. Bei zweien wäre eine zuviel.

Ich entspreche der Definition des Aristoteles recht wenig. Wenn auch die Einsamkeit ihren Reiz für mich hat, so kann ich doch, wenn es sein muß, reden, möglichst jedoch im kleinen Kreis und lieber noch unter vier Augen. Der aristotelische Mensch dagegen ist gerne in Gesellschaft; und die große Runde schüchtert ihn nicht ein, ganz im Gegenteil: Je mehr Leute da sind, um so mehr redet er. Er schwadroniert sogar um so besser, je mehr Leute um ihn herum sind, und wenn die Zuhörerschaft sich in eine Menschenmenge verwandelt, erreicht er seine höchste Selbstverwirklichung: Dann wird der Sprecher zum Lautsprecher oder, wie man sagt, zum Redner. Man könnte diesen auch als einen Sager bezeichnen; das Gegenteil des »Sagers« wäre somit, unter Hinzufügung einer einfachen Vorsilbe, der »Versager«.

Zum Redner wird man, als Poet wird man geboren, hat Quintilian gesagt. Entweder ist das ein Witz, oder es ist ein Gerücht, das die Dichter verbreiten, um die Konkurrenz abzuschrecken. Man wird nie zu irgend etwas, sondern man kommt zur Welt als das, was man ist, Dichter oder Bauer, Sager oder Versager. Manchmal, je nach dem, ob die Bedingungen besonders finster oder besonders günstig sind, stirbt ein Dichter, bevor er überhaupt gezeigt hat, was er kann, oder ein Versager hat Erfolg, wie Jean-Jacques Rousseau. Es handelt sich hierbei um Ausnahmen, die die Regel bestätigen. Desgleichen gibt es zahlreiche Berufe, die jeder meint, ausüben zu können, ohne sie erlernt zu haben: Straßenfeger, Journalist oder Politiker. Das beweist noch gar nichts; denn dann müßte man ja annehmen, man würde als Journalist geboren, und das würde selbst der brillanteste Zeitungsschreiber nicht im Ernst zu behaupten wagen.

Man hat festgestellt, daß die Frau besser für das Leben gerüstet ist als der Mann und daß sie seine Wechselfälle tapferer erträgt. Ihre höhere Lebenserwartung könnte durchaus der Beweis dafür sein. Man hat für diese Tatsache zahlreiche Erklärungen gesucht und auch gefunden. Da wäre einmal die Beziehung zwischen den Geschlechtern, bei der der Mann gibt und die Frau empfängt, er sich verausgabt, während sie an Kräften zunimmt. Daß eine verheiratete Frau länger lebt als eine alte Jungfer, scheint diese Hypothese noch zu erhärten. Doch meiner Meinung nach sind die psychologischen Gründe von größerer Bedeutung. In erster Linie herrscht die barocke, aber hartnäckige Vorstellung, die sich als eine wahre Legende durch die Jahrhunderte zieht, derzufolge der Mann ein kraftvolles, robustes Wesen ist, für die harte Arbeit und den Lebenskampf geschaffen, während die Frau, ein reizendes, zerbrechliches Geschöpf, von ihm

Schutz, Großmut, ritterliche Gefühle, Liebe, Lust und Laune erwartet. Obwohl dieser Gedanke noch nicht ganz so alt ist wie die Welt selbst und auch längst nicht in allen Ländern und Klimazonen akzeptiert, wird er in unseren Breiten doch immer gerne aufgenommen, und es kann keinen Zweifel daran geben, daß er in unserer Gesellschaft dazu beigetragen hat, daß das Leben der Frau einfacher und weniger aufreibend ist. Gewiß haben die Emanzipation der Frau und ihre Eingliederung ins wirtschaftliche, politische und zum Teil auch ins militärische Leben diese Unterschiede etwas abgemildert. Doch sie sind immer noch groß genug, um der Frau einen Vorzugsplatz in den Bussen wie im Leben einzuräumen. Die Schwäche der Frau ist ihre große Stärke.

Ich möchte dem noch eine Erklärung hinzufügen, die gar nicht so sehr ein Scheinargument ist, wie man glauben könnte: Die Frau lebt länger als der Mann, weil sie mehr redet. Dies ist kein Paradox; lassen Sie mich meine These erläutern. Die Ärzte früherer Zeiten, die nicht ganz so dumm waren, wie wir sie uns seit Molière vorstellen, betrachteten den Kranken als jemanden, der von schlechten Körperflüssigkeiten angefüllt war, und sie versuchten, ihm Erleichterung zu verschaffen, indem sie ihn purgierten und zur Ader ließen, in der etwas primitiven Vorstellung, daß gleichzeitig die üblen Launen mit herauskämen. Unsere heutigen Spezialisten sind natürlich viel beschlagener, und wir wagen es kaum, uns über die Medizin lustig zu machen. Trotz allem bin ich mir der Weisheit unserer Zeitgenossen gar nicht so sicher. So wie ich mich manchmal frage, ob die Fortschritte der Technik dem Glück der Menschheit dienlich sind, läßt meine betonte Neigung zur Häresie in mir auch Zweifel am Fortschritt der modernen Medizin aufkommen. Sieht man einmal von dieser oder jener eindeutigen und bis zum Vorliegen weiterer Informationen vielleicht wunderbaren Entdeckung ab, so ist das, was man gemeinhin den medizinischen Fortschritt nennt, lediglich die Schöpfung einer neuen Bezeichnung am Bett einer alten Krankheit. Früher hieß es Szirrhus, heute nennt man es Krebs, damit ist die Sache erledigt, und die Medizin hat einen großen Schritt nach vorne getan. So ist es zum Beispiel mit meiner alten Arthrose, die heutzutage Paget-Syndrom genannt wird: Während sie nun ein Jahrhundert lang im Detail beschrieben worden ist, hat man sich seither damit begnügt, sie mit einem neuen Namen herauszuputzen, ohne indes ihren Ursprung erkannt oder ein Heilmittel gegen sie gefunden zu haben.

Tja, machen Sie sich ruhig über mich lustig, wenn Sie wollen, aber ich glaube an die schlechten Körperflüssigkeiten. Mehr noch, in Sachen Hypochondrie, psychischer Depression und der meisten körperlichen und geistigen Qualen bin ich davon überzeugt, daß man sich gesundreden kann. Das ist nichts Neues. Sokrates praktizierte schon damals das, was er als seinen Hebammenberuf bezeichnete, indem er seine Zunge – und die der anderen – arbeiten ließ. Und der gute Doktor Freud persönlich, der Erfinder der berühmten Analyse des Unbewußten, hatte nichts anderes im Sinn, als seinen Patienten die Würmer aus der Nase zu ziehen, indem er sie bis zur Atemlosigkeit reden ließ; denn er hatte die recht plausible Vorstellung, daß diese »Logorrhöe« es ihnen erlauben würde, mit den Worten auch ihre Krankheiten auszuscheiden. Man befreit sich von Sorgen, Ärgernissen, Mißerfolgen, Ressentiments, Groll, kurzum von allen Übeln des Lebens, indem man sie anderen erzählt, um Verständnis, Bedauern, Trost, Achtung, Zustimmung zu erlangen – manchmal sogar, um sich selbst die Möglichkeit einer Besserung zu geben. Reden bedeutet, sich von den Schlacken befreien, die die Seele belasten und die Körperflüssigkeiten verunreinigen. Reden ist Leben – und Sterben, darin wird mir niemand widersprechen, ist Schweigen.

Nun weiß aber jeder, daß die Frau mehr spricht als der Mann. Manche werfen ihr das vor. Sie haben unrecht. Denn indem sie dies tut, findet sie spontan jenes Gleichgewicht wieder, das dem Mann allzu oft verwehrt ist. Ich würde sogar noch weiter gehen und behaupten, die Frau redet nicht nur mehr, sie redet auch besser, denn erst wenn man ohne zuviel Zurückhaltung spricht, gewöhnt man sich daran, es auch gut zu tun, genau wie Balzac erst durch vieles, schnelles und schlechtes Schreiben gelernt hat, vernünftig zu schreiben.

Es ist klar, daß die Frau in diesem Punkt einen eindeutigen Vorteil gegenüber dem Mann genießt, der das traurige Talent besitzt, seine Sorgen in ihrem ganzen Ausmaß zuzulassen. Wie wäre das bloß, wenn er die Geburtsschmerzen ertragen müßte, von denen sich die Frau in gewissem Maße dadurch befreit, daß sie mächtig schreit und stöhnt, da sie nicht von dem falschen Stolz zurückgehalten wird, der den Mann, dieses wahrhaft sensible und zimperliche Wesen, zwingt, mit zusammengebissenen Zähnen zu leiden.

Ganz nebenbei wird man sich fragen, warum die Frau, wo sie doch so begabt ist in Sachen Sprache, nicht schon seit langem die Last der Politik auf sich genommen hat, dieser Wissenschaft, die ein jeder beherrscht, ohne sie studiert zu haben. Allerdings hat sie sich in den letzten Jahren glanzvoll bemüht, diesen Rückstand wettzumachen, und man kann sagen, daß sie zwar den Mann in der Ausübung der hervorragendsten aller Künste noch nicht abgelöst hat, jedoch schon anerkennenswerte Ergebnisse erzielt und so auf ihre bescheidene Art, jedoch in bedeutender Weise dazu beigetragen hat, den universellen Einklang zu zerstören, eine Aufgabe, die bis dahin den eminentesten Vertretern des männlichen Geschlechts vorbehalten war. Einige Staatsmänner, und nicht eben die geringsten, haben im übrigen den ganzen Nutzen begriffen, den man aus dem natürlichen Hang der Frauen ziehen kann, die Stimme zu erheben und ihrer Begeisterung laut Ausdruck zu verleihen: Ich war schon immer der Ansicht, daß Adolf Hitler, illustren Angedenkens, nicht mit so großer Mehrheit hätte gewählt werden und sich folglich nicht dauerhaft die Macht hätte sichern können, wenn das Wahlrecht in Deutschland ein ausschließlich männliches Privileg geblieben wäre.

Daß sich die Frauen in der guten alten Zeit weniger für Politik interessiert haben, lag zweifellos daran, daß sie feinfühliger und geschickter waren als unsere vom Rampenlicht geblendeten Zeitgenossinnen. Sie zogen es vor, dem eitlen, prahlerischen Mann die angenehme Illusion zu lassen, er regiere die Welt, und es sich selbst vorzubehalten, ihn vom Alkoven aus wie eine Marionette zu dirigieren, ohne daß er sich in acht genommen, noch sie ihn in seiner Eigenliebe verletzt hätte. Heutzutage wäre Madame de Maintenon Premierministerin, und Madame de Pompadour hätte das Portefeuille des Innenministers – wie ordinär! wie dekadent!

Doch jetzt, da es um Frauen geht, merke ich, daß ich dem ungeduldigen Leser noch einen letzten Schlüssel in die Hand geben muß. Will er wirklich, daß das Leben ihm das Beste, nur das Beste, nichts als das Beste bringt? Nun gut, dann muß er ein für allemal seine berühmte Selbstgefälligkeit zum Schweigen bringen und tatsächlich der Frau das glorreiche Privileg überlassen, ihm, auf einem Tablett, wie es sich gehört, die Annehmlichkeiten zu präsentieren, die seine zarte Seele mit Recht vom Leben erwarten darf.

Es ist jetzt vielleicht vierzig Jahre her, die mir wie Jahrhunderte vorkommen, da besaß die Schweiz noch nicht diese wertvolle Errungenschaft der Moderne, das Frauenwahlrecht, doch die Frage stand schon in aller Schärfe an, und die Feministen beiden Geschlechts traten sehr aktiv dafür ein. An jenem Tag hatte mein Freund Charles auf dem Rückweg von einem Ausflug in die Berge die Idee, mich auf einen Besuch zu einem Freund mitzunehmen, der an einem See in der Gegend wohnte. Die fragliche Person war ein schon nicht mehr ganz junger Mann, der sichtlich seinen Komfort liebte; er empfing uns mit offenen Armen, und die Unterhaltung war bald in vollem Gange. Nachdem er seine Scheu abgelegt hatte, erging sich der gute Charles, ein passionierter Feminist, bald in einer langen Rede, bei der er sich die allergrößte Mühe gab – und es ihm auch nicht an ausgezeichneten Argumenten mangelte –, in den zartesten Farben eine Welt auszumalen, in der die Frauen endlich auch ein Wort mitzureden hätten – sozusagen. Sein Freund, dessen Namen ich nicht behalten habe, ließ ihn nach Herzenslust schwatzen, ohne ihn ein einziges Mal zu unterbrechen. Als Charles seine Predigt beendet hatte, ergriff er das Wort und äußerte zu unserer Überraschung folgendes:

»Sie haben Recht, vollkommen Recht, und mehr noch, als Sie glauben! Ich bin sogar der Meinung, Sie gehen nicht weit genug. Den Frauen das Wahlrecht zu geben ist nur eine halbe Sache. Wenn man es richtig machen wollte, müßte man es gleichzeitig den Männern wegnehmen. Wir können nur dann auf eine wirkliche Veränderung hoffen, wenn wir den Frauen die Lasten und Freuden der Politik überlassen. Ich finde, die Männer haben auf diesem Gebiet schon genügend Schlamassel angerichtet. Vertrauen wir also die Zügel den Damen an, dann werden wir ja schon sehen.«

Diese Äußerungen machten großen Eindruck auf mich. Daß sie nach so vielen Jahren immer noch in meinem Gedächtnis vergraben sind, ist der Beweis dafür. Und je mehr ich darüber nachdenke, um so mehr wundere ich mich, daß dieser Versuch nie gemacht wurde. Es gibt ja schließlich die Amazonen, die vielleicht mehr sind als nur eine Legende, doch diese Geschichte, falls es denn eine ist, ist dreißig Jahrhunderte alt, und es wäre höchste Zeit, das Experiment zu wiederholen. Und außerdem ist die Frauenfrage nicht nur eine politische Angelegenheit, wie es Mrs. Pankhurst und ihre Frauenstimmrechtlerinnen verkündeten. Dieses respektable Mannweib hat zu ihrer Zeit übrigens sicherlich angenommen, das Problem sei umfassender. Einem frechen Gegner, der sie mitten in einer Rede unterbrach, indem er rief: »Wouldn't you like to be a man?« entgegnete sie mit wunderbarer Schlagfertigkeit: *»Wouldn't you?«*. Genau da liegt das Problem: zu wissen, was man will, und sich nicht blödsinnig an Vorrechte zu klammern, die vielleicht gar keine sind. Die Frau fordert lauthals das Recht auf Arbeit, die Gleichstellung bei der Arbeit, und der Mann, dieser Trottel, macht ihr jeden Fußbreit Boden streitig, statt ihr mit dem Lächeln eines Gentleman den Vortritt zu lassen.

Denn seien wir einmal ehrlich: Macht es uns wirklich soviel Spaß, uns zu Tode zu schuften? Wenn ich mich so in der Geschichte umgucke, dann hatten eigentlich fast nur Michelangelo, Voltaire und Simenon Freude an der Arbeit. Der Rest der Truppe könnte sehr gut auf jegliche Plackerei verzichten. Wenn wir all diese uns aufreibenden Tätigkeiten nicht den Damen überlassen, so ist dies lediglich einer auf Eigenliebe beruhenden Dummheit zuzuschreiben. Folgen wir doch unseren wahren Instinkten, und lassen wir uns nicht durch übernommene Eitelkeiten irreführen, die uns die Geschichte im Lauf der Jahrhunderte eingepflanzt hat. Verzichten wir ohne zu murren auf jede Art von Arbeit, und lassen wir uns von unseren hilfsbereiten Gefährtinnen das Frühstück ans Bett bringen, bevor sie ins Büro oder in die Fabrik eilen. Die nicht zivilisierten Völker, bei denen sich die Stimme der Natur noch vernehmen läßt, haben den Frauen das Recht auf Arbeit nie verweigert. Man überläßt ihnen sämtliche Tätigkeiten, manchmal mehr, als ihnen lieb ist. Wir brauchen gar nicht mal so weit zu gehen. Fahren Sie in die europäischen Mittelmeerländer, und Sie werden sehen, daß dort die Frauen die schwersten Lasten tragen, während die Herren mit den Händen in den Taschen, manchmal sogar in denen der anderen, umherspazieren.

Es hätte noch einen weiteren großen Vorteil, wenn man das Recht auf Arbeit vollständig den Frauen abtreten würde. Nur weil viele von ihnen von ihren Aufgaben nicht genügend in Anspruch genommen sind, klettert unser Lebensstandard in schwindelerregender Weise unaufhörlich weiter in die Höhe. Die untätige Frau schlägt die Zeit tot, indem sie Geld ausgibt, und die hieraus resultierende Inflation läßt Börsenmaklern und Industriekapitänen graue Haare wachsen. Besorgen Sie unserer anderen Hälfte eine Tätigkeit, die sie von morgens bis abends beschäftigt, und die überhitzte Konjunktur wird sich wie durch Hexerei wieder beruhigen. Von ihrer neuen Verantwortung ausgefüllt, werden sie bald glücklich und stolz sein, uns endlich eine durch ihren Lohnzettel bescheinigte Überlegenheit beweisen zu können. Dies wird sich mit Sicherheit angenehm auf unser Eheleben auswirken, und wir werden endlich genügend Muße haben, um uns den Werken der Kochkunst und denen der Liebe zu widmen, die mehr als alles andere unsere Fürsorge verdienen. Noch eines unter uns: Es genügt, daß die Frau dem Manne gleichgestellt ist, um ihm überlegen zu sein.

Auch über den häuslichen Nutzen hinaus, auf den wir soeben hingewiesen haben, kann diese neue Situation den zivilisierten Nationen nur von allergrößtem Vorteil sein. Der unerwartete Zuwachs an Arbeitskräften wird der unkontrollierten Einwanderung, die manchen Politikern so großen Kummer bereitet und den Frieden unserer artigen Vorstädte gefährdet, einen Riegel vorschieben. Wenn die Inflation erst einmal gestoppt ist, wird die Wirtschaft eine bis zum heutigen Tage ungekannte Stabilität erlangen. Die Arbeitslosigkeit wird behoben und die Kriminalität besiegt sein. Es wird keinen Anlaß mehr für Krisen geben. Angebot und Nachfrage werden sich einander anpassen wie der Handschuh der Hand oder, um einen weniger geläufigen Vergleich zu gebrauchen, wie Ehemann und Ehefrau. Wir werden die Rückkehr des Goldenen Zeitalters erleben, obendrein noch mit Kino, Fernsehen und so vielen schönen Sachen, die die Schäfer Arkadiens nicht kannten, ganz zu schweigen von den Wunderdingen, die die unermüdliche Technik zukünftigen Generationen noch bescheren wird.

# Fatalitas

Man wird vielleicht finden, daß ich zu sehr abschweife. Ich höre den lieben Leser schon losplatzen: »Der Mißerfolg steigt ihm zu Kopfe!« Er möge sich beruhigen. Das Scheitern hat mir nie den Geist verwirrt, denn ich habe immer die etwas prosaische Vorsicht besessen, die Verantwortung hierfür nur meiner armen Person anzulasten, die genauso schlecht ist wie meine Körperflüssigkeiten, und darüber zu lachen, sobald es mir möglich war, was nicht immer ein leichter Sport ist. Die Versager, besonders wenn sie einen Funken Intelligenz besitzen – das sind die schlimmsten –, bilden sich gerne ein, sie seien ausgesprochen Pechvögel. So glauben sie am Ende, eine heimtückische Vorsehung verfolge sie unerbittlich und mache all ihre noch so gut durchdachten Unternehmungen zunichte, und sehen in allem einen Fingerzeig des Schicksals.

Obwohl mir, ohne daß ich stolz darauf wäre, ein Ehrenplatz in der Bruderschaft der Versager zukommt, habe ich mich immer davor gehütet, Ansprüche dieser Art zu erheben. Ich habe nie angenommen, das Schicksal hege mir gegenüber besonders finstere Absichten. Vielmehr habe ich versucht, in mir selbst den verborgenen Ursprung für meine wiederholten Mißgeschicke zu finden. Auf diese Weise habe ich sicherlich auf einige fragwürdige Befriedigungen verzichtet, denn es ist nicht unbedingt unangenehm, sich selbst als das vom Unglück erwählte Opfer zu betrachten.

Ich hatte das Pech, mehr unter dem Zwang der Verhältnisse als aus eigenem Willen eine kaufmännische Laufbahn zu beginnen. Daß ich es nicht vermocht habe, mir in diesem Gewerbe eine wunschgerechte Karriere aufzubauen, ist nicht irgendwelchen dunklen Kräften zuzuschreiben, sondern ganz einfach mir selbst. Um im Geschäftsleben erfolgreich zu sein, muß man von dem Wunsch, von der Leidenschaft besessen sein, Geld zu verdienen. Das ist die treibende Kraft, die mir immer gefehlt hat. Ich bin gar nicht mal sicher, ob ich dies wirklich aufrichtig bedaure.

Wie der arme Jean-Jacques habe ich mich in meiner Jugend und bis in ein ziemlich hohes Alter hinein Tagträumen hingegeben, die im Vergleich zu den nächtlichen Träumen den Nachteil besitzen, daß sie das Leben übermäßig stark ausfüllen, daß sie den Stachel der Lust stumpf und den Willen schlaff und spannungslos werden lassen. Auch sind sie weniger ungewollt als die Träume, die unseren Schlaf begleiten, und mithin gefährlicher. Während meiner einsamen Spaziergänge und sogar auf dem Weg ins Büro pflegte ich mir pseudobiographische Geschichten zu erzählen, in denen ich selbst natürlich immer gut dastand. Je nachdem und entsprechend den jeweiligen Stimmungen des Augenblicks war ich ein Mann, der sich durch Intelligenz und Gefühl auszeichnete, oder ein Held, der unerhörte Großtaten vollbrachte, indem er unter Einsatz seines Lebens wertvolle Menschen rettete, die ihm, entgegen dem allgemein Üblichen, ewige Dankbarkeit erwiesen. Wie man sich gewiß denken kann, fehlten auch die Frauen nicht in meinen

Phantastereien. Da diese reizvollen Illusionen mir ohne großen Aufwand all das bescheidene Glück schenkten, nach dem ich trachtete, erschien es mir unnötig, im Leben nach zusätzlichen Befriedigungen zu suchen. Im übrigen, unter uns gesagt: Ich bin mir immer noch nicht so sicher, ob die Illusion vom Glück das tatsächliche Glück nicht gut und gerne aufwiegt.

Da jedoch klar ist, daß ich kein nachahmenswertes Vorbild bin, will ich noch eine weitere Regel aufstellen: Derjenige, der bei Männern wie auch bei Frauen Erfolg haben will, muß darauf verzichten, zu den sogenannten Geschäftszeiten zu träumen. Der Träumer oder seine degenerierte Abart, der Phantast, ist nicht für die Handlung gerüstet, die als einzige den erleuchteten Teil der Bühne ausfüllt, den, auf dem wir unsere Talente zur Geltung zu bringen versuchen. Ich habe dies viel zu sehr am eigenen Leibe zu spüren bekommen, um nicht an dieser Stelle zu wagen, eine Warnung zu formulieren: Der Traum ist ein ernstliches Handicap beim Wettlauf ums Glück. Dadurch, daß ich damit beschäftigt war, meinen Hirngespinsten nachzuhängen, habe ich tausend Gelegenheiten verstreichen lassen, die andere, rasch im Handeln und Entscheiden, eilig an meiner Statt ergriffen haben. Völlig in Anspruch genommen von dem Bemühen, das Für und das Wider abzuwägen und dem Geheimnis meines Herzens auf die Spur zu kommen, war ich, wenn es galt, eine Sache in Angriff zu nehmen, von skrupulöser Bedächtigkeit, wovon ich heute, das muß ich zugeben, überhaupt nichts habe. Wie es das Orakel von Delphi gewollt hat, habe ich mich auf diese Weise selbst kennengelernt; doch es hat mir kein besonderes Vergnügen bereitet, diese Bekanntschaft zu machen.

Wenn das Schicksal, falls es existiert, uns vor eine Entscheidung stellt, macht es sich gewöhnlich nicht die Mühe, uns die Aufgabe zu erleichtern. In den Augen derer, die die bedauerliche Angewohnheit besitzen, alles auf die Goldwaage zu legen, befinden sich Vor- und Nachteile am Ende fast immer in ziemlich exaktem Gleichgewicht. Und pingelige Menschen wie ich stehen am Ende da wie ein Esel zwischen zwei Heuhaufen. Der energische und entschlossene Mensch dagegen besitzt die Fähigkeit, unverzüglich das Indiz zu erkennen, das den wichtigsten Hinweis gibt und das entscheidende Gewicht auf die entsprechende Waagschale bringt. Gleich einem neuen Sherlock Holmes genügt ihm eine Kleinigkeit – diese Kleinigkeit, die der Schlüssel zu allem ist –, um die richtige Tür zu öffnen.

Einer meiner Freunde, der während des letzten Krieges in die Schweiz geflüchtet und es leid war, sich immer als Einwanderer fühlen zu müssen, das heißt als ein Verdächtiger, dessen kleinste Schritte überwacht werden, hatte eine Gelegenheit wahrgenommen, nach Australien auszureisen, wo er sich als freier Mann ein neues Leben aufbauen wollte. Unglücklicherweise aber fühlte er sich, kaum daß er in Sidney von Bord gegangen war, von einer unüberwindlichen Abneigung gegen die Menschen auf der anderen Seite der Welt erfaßt und lief, ohne seine Gefühle näher zu analysieren, zum erstbesten Schalter, um sich ein Rückflugticket nach Europa zu kaufen. Er tat gut daran, denn wenig später wurde er vom Schicksal reich beschenkt, und er erschien mir bald darauf so zufrieden mit dem Leben, wie man es in unseren sublunarischen Sphären nur sein kann.

Die Geschichte, die ich nun erzählen werde und die

diesmal in erster Linie mich selbst betrifft, hatte nicht ganz den gleichen Ausgang. In der Seidenhandelsfirma, in der ich arbeitete, war es zwischen mir und einem Prokuristen zu einem Streit gekommen, und trotz meiner berühmten Friedfertigkeit hatte ich der Versuchung nicht widerstehen können, ihm ein paar Ohrfeigen zu verabreichen. Nach dieser Überschreitung des Rubikons entschloß ich mich trotz einer oberflächlichen Wiederversöhnung, die sich in einer auf beiden Seiten gleichermaßen unaufrichtigen Gesinnung vollzogen hatte, meine Stelle zu kündigen. Aufgrund eines glücklichen Zufalls bot man mir fast unmittelbar anschließend eine Stellung in einer anderen Firma derselben Branche an, die älter und solider war als die, bei der ich arbeitete, und dazu noch erwartete mich ein höchst schmeichelhaftes Gehalt. Ich erinnere mich, daß ich den Herrn, der meine Bewerbung prüfte und meine Fähigkeiten testen wollte, verblüffte, indem ich einen Brief, den er mir auf deutsch diktierte und den ich ins Spanische übersetzen sollte, sofort in der Fremdsprache niederschrieb. Ich erhielt also die Stelle, hatte jedoch nicht einmal Zeit, mich dort einzurichten. Denn als ich bei meinem ehemaligen Chef die Kündigung einreichte, versuchte dieser, mich zu überreden, und bearbeitete mich nach allen Regeln der Kunst: Er warf mir meine Undankbarkeit vor und stellte mir als Lockmittel eine hübsche Gehaltserhöhung in Aussicht. Zwischen Vernunfts- und Gefühlsargumenten hin- und hergerissen und vor allem darauf erpicht, meine Ruhe zu bekommen, sah ich den letzten Ausweg darin, meine neue Anstellung rückgängig zu machen. Dies war ein Fehler, denn nicht einmal ein Jahr später war meine Firma zur Liquidation gezwungen, und dieses Mal hatte ich die allergrößten Schwierigkeiten, anderswo unterzukommen.

Die Ähnlichkeit zwischen diesen beiden unterschiedlichen Anekdoten ist vielleicht nicht mit bloßem Auge zu erkennen, doch sie wird hoffenlich deutlich werden, wenn es mir gelingt, die Lehren zu formulieren, die sich daraus ziehen lassen. Hier die erste: Ein Mensch, von dem man sagt, er sei vom Schicksal begünstigt, trifft an den Kreuzungen des Lebens stets auf ein Straßenschild, und selbst wenn die Inschrift darauf nicht immer sehr gut zu lesen ist, so sieht er schon irgendwie zu, daß er schleunigst einen Sinn hineinliest. Anschließend heißt es dann, er habe Glück gehabt; ich würde eher sagen, daß er es verstanden hat, es auf sich zu lenken, vielleicht sogar, es sich von A bis Z selbst zu schmieden.

Die zweite Lehre ist folgende: Wenn ein Versager von meiner Sorte ein Problem lösen soll, entscheidet er sich vorzugsweise für die Alternative, die ihm am wenigsten Anstrengung bereiten wird – in jedem Fall aber für die, die den fragwürdigen Verdienst hat, die Dinge in ihrem gegenwärtigen Zustand zu belassen. (Manche meiner Mitbrüder, das weiß ich wohl, verfallen ganz im Gegensatz dazu der Manie ständiger Veränderung, und ihre ewige Rastlosigkeit hat ungefähr genauso verheerende Folgen wie mein Gleichmut.) Mit anderen Worten: Nehmen wir uns in acht vor jenem Seelenfrieden, den die Weisen uns empfehlen; er dient nur dazu, das armselige Innenleben derer auszustatten, die, um die Risiken eines Mißerfolgs möglichst gering zu halten, beschlossen haben, ihr Leben bewußt zu vertun.

Die dritte Lehre besagt, daß man sich nicht zu sehr auf die Moral verlassen darf. In der folgenden Geschichte habe ich mich, wie bei so vielen anderen Gelegenheiten in meinem Leben, vom Gefühl leiten lassen. Das war ein Irrtum. Die Moral gehört zu jenen ausgezeichneten Dingen, von denen wir klugerweise keinen zu häufigen Gebrauch machen sollten. Sie ist bestens geeignet für die glücklicherweise nicht sehr zahlreichen Fälle, in denen wir uns ohne Zögern zwischen Gut und Böse entscheiden müssen; doch sobald wir sie in den Wirren des Lebens als Kompaß benutzen wollen, führt sie zu dürftigen Ergebnissen. Wenn man eine eindeutige Dummheit begangen hat, ist es nur ein schwacher Trost, sich sagen zu können: »Wenigstens bin ich im Einklang mit meinem Gewissen«, solange man nicht in Frieden mit den Instanzen ist, die das Leben regieren.

Nicht wagen, das zu versuchen, was wir mangels eines Besseren Schicksal nennen, darin besteht die große Unvorsichtigkeit der Vorsichtigen. Andererseits jedoch großmütige Ruhmestaten zu vollbringen, unter dem Vorwand, das Glück, dieses brave Kind, sei den Tapferen hold und Mut und Opferbereitschaft würden immer mit Dankbarkeit belohnt, bedeutet, unsäglichen Enttäuschungen entgegenzugehen. Dankbarkeit ist etwas ausgesprochen Seltenes, das man eigentlich nur im Pfandleihhaus antrifft. Die Undankbarkeit dagegen, die von vielen Leuten als ein Fehler betrachtet wird, ist der beste Verbündete desjenigen, dem daran gelegen ist, seine Unabhängigkeit zu wahren; sie ist der Ausdruck der Menschen, die an der Freiheit hängen und zu allem bereit sind, um diese zu verteidigen. Der freie Mensch läßt es nicht zu, daß man ihn, auch nicht durch Wohltaten, ankettet. So wurden etwa die Athener Aristides' überdrüssig, weil sie ihm Dankbarkeit für seine Gerechtigkeit schuldeten: Diese Last wurde ihnen unerträglich. Desgleichen entledigten sich die Franzosen Clemenceaus, sobald der Krieg zu Ende war, denn es ist immer klug, die Diener, in deren Schuld man sich fühlt, »dankend zu verabschieden«, wie man so schön sagt. Und die Engländer verfuhren ein paar Jahre später mit Churchill nicht anders. Was die Amerikaner betrifft, so ist klar, daß die Europäer ihnen nicht verziehen haben, daß sie sie mindestens zweimal in weniger als einem halben Jahrhundert gerettet haben. Ich könnte die Liste der Beispiele bis ins Unendliche fortsetzen, denn es handelt sich hier um ein universelles Gesetz. Wir können folgenden Schluß daraus ziehen: Einen Dienst zu erweisen, ohne daß der Nutznießer davon etwas mitbekommt, ist keine Sache des Taktgefühls, sondern lediglich eine Sache der Vorsicht. Wie jeder weiß, begnügt sich der Undankbare, mit anderen Worten, der Mensch, nicht damit, die empfangene Wohltat so rasch wie möglich zu vergessen, sondern er trägt sein Leben lang eine unter Umständen bis zum Haß gehende Abneigung gegen den leichtsinnigen Menschen in sich, der die Verwegenheit besessen hat, ihm in einer schwierigen Zeit zu Hilfe zu kommen. Man mag es nicht, sich an solche Augenblicke erinnern zu müssen, das ist ganz natürlich; und man unternimmt alles mögliche, um diejenigen teuer bezahlen zu lassen, die einen in die unangenehme Lage gebracht haben, daß man sich in ihrer Schuld fühlt. Ich für meinen Teil war nie reich genug noch in einer genügend hohen Position, um die bitteren Früchte der Undankbarkeit nach Herzenslust genießen zu können. Die Dienste, die ich in meiner Umgebung mal hier, mal dort habe erweisen können, waren in der Regel so bescheidener Natur, daß meine Schuldner sozusagen keinerlei Vorteil davon hatten, undankbar zu sein.

Wie ich schon berichtet habe, bin ich immer beruflichen Tätigkeiten nachgegangen, die mir nicht lagen. Ich suchte mir Trost darin, daß ich mich am Rande meiner offiziellen Arbeit Beschäftigungen widmete, die mir mehr entsprachen: Lesen, Malen, Schreiben oder Bergwandern. Ich habe also, um mir mein Leben zu verdienen, ohne das Gefühl zu haben, es zu verlieren, eine Doppelexistenz geführt, nach Art der doppelten Buchhaltung, in der ich ja schließlich in den letzten Jahren meiner beruflichen Laufbahn versunken bin. Wenn man mich fragen würde, warum es mir nie gelungen ist, diese beiden voneinander getrennten Bereiche meines Lebens durch die Wahl eines Berufes zu vereinen, der sowohl angenehm als auch einträglich gewesen wäre, könnte ich meinerseits gewiß irgendeiner böswilligen Schicksalhaftigkeit die Schuld zuschieben, ohne allerdings sehr daran zu glauben. Kein Zweifel, daß Gott uns nach besten Kräften bei unseren Pleiten behilflich ist; kein Zweifel auch, daß es uns zunächst einmal am Herzen liegt, uns selbst zu helfen, wie es das Sprichwort rät, um Gott die Aufgabe zu erleichtern.

Mit etwa dreißig Jahren habe ich als Handelsvertreter für eine Armaturenfabrik gearbeitet, und mein Betätigungsfeld umfaßte die französische und die italienische Schweiz. Von all den meinen Begabungen zuwiderlaufenden Tätigkeiten, die ich auszuüben die Ehre hatte, war diese gewiß nicht die allerschlimmste. Die Kunst, Wasserhähne zu verkaufen, erfordert keine übermenschlichen Fähigkeiten. Die Fabriken gehören einer Berufsgenossenschaft an, die Preise sind gesetzlich festgeschrieben, die konkurrierenden Produkte mehr oder weniger identisch, kurzum, der Verkäufer braucht kaum ein stichhaltigeres Argument geltend zu machen als eine Miene, die die Sympathie des Gesprächspartners zu erwecken vermag. Es ist notwendig und ausreichend, wie die Mathematiker sagen, wenn man regelmäßig die Kundschaft aufsucht und den Installateuren, die aufgrund einer Art Berufskrankheit immer eine sehr trockene Kehle haben, ein Gläschen anbietet. Mit Zeit und Ausdauer und wenn man nicht allzu unsympathisch oder besonders auf den Kopf gefallen ist, erringt man ganz allmählich die Gunst der Kunden und folglich auch einige Bestellungen. Da ich zu schüchtern war, konnte ich mich in größeren Firmen nicht genügend durchboxen; denn man kommt dort nur über verschiedene Angestellte, die alles tun, um ihre Überlegenheit gegenüber dem untertänigen Bittsteller zu behaupten, an den Chef heran. Ich habe es fast nie geschafft, diese Hürden zu überwinden, und mußte mich immer mit den kleinen Klempnern in Latzhose begnügen, die oft nur schwer von ihren Arbeitern zu unterscheiden waren und deren Gunst man sich mit ein paar Gläsern weißen Landweins sichern konnte.

Wenn wir so plaudernd, im Anblick jener Landschaften, die einen seit Rousseau zu Herzensergüssen verlocken, ein Glas nach dem anderen leerten, entstanden mitunter sogar Freundschaften. Diese konnten sich als durchaus fest und haltbar erweisen, auch wenn zu Beginn kaufmännische Interessen im Vordergrund gestanden hatten. Doch die Erfahrung sollte mich lehren, daß eine Flasche Wein als Opfergabe immer noch das beste war, um sie am Laufen zu halten. Kam es einmal vor, daß ich über diese Menge hinausging, so mußte ich in den meisten Fällen (nicht immer, wie man später noch sehen wird) im Nachhinein feststellen, daß ich mich an die geteilten Freuden der einfachen Zecherei hätte halten sollen. So erging es mir mit einem Mann namens Macchi, einem braven Kerl italienischer Abstammung, der liebenswürdig war, wie die Italiener es sind, wenn ihnen danach ist. Er war mit der Zeit einer meiner treuesten Kunden geworden und erzählte mir gerne von seinen kleinen Geschäften; ich hörte ihm bereitwillig zu, und wir verstanden uns wie alte Freunde, auch ohne daß ich ihn jedesmal zur Tränke führen mußte. Bis zu dem Tag, da er mir anvertraute, er sei der Erfinder eines neuen Toilettenspülsystems, dessen seiner Meinung nach offensichtliche Vorteile jedoch nie einen Fabrikanten hatten locken können. Wie alle unglücklichen Erfinder war er über das Unverständnis der Menschen verbittert. Obwohl die Technik nie meine Stärke war, kam mir, als ich erfuhr, daß die Firma, für die ich arbeitete, die Herstellung von Spülkästen plante, die Idee, zwei Fliegen mit einer Klappe zu schlagen: Ich konnte meinem Chef eine interessante Neuheit anbieten und meinem treuen Macchi die Gelegenheit verschaffen, sein Talent unter Beweis zu stellen. Ich weiß nicht, ob die Sache an letzterem scheiterte oder ob der brillante Erfinder Forderungen stellte, die der Firma zu hoch erschienen, jedenfalls ging das Abenteuer in die Binsen, und Macchi gab sich fortan größte Mühe, mir mit finsterer Miene zu begegnen, und erteilte seine Aufträge einer anderen Firma.

Eine Geschichte aus jüngerer Vergangenheit ist Abwasser auf meine Mühle. Was mich betrifft, so war dabei nicht so sehr Interesse im Spiel als vielmehr Gefühl. Edwige war eine junge, charmante Person, von lebhaftem, liebevollem Wesen, recht gut gebaut, wenn auch ein wenig pummelig, deren Augen immer ja zu sagen schienen. Sie arbeitete nur zeitweise in einer Firma, die ich selbst hin und wieder zwecks Buchhaltungstätigkeiten aufsuchte. In Scheidung lebend, mit einem Kind, das sie versorgen mußte, hatte sie mir ihre Schwierigkeiten als alleinstehende Frau anvertraut, und ich begann, an der Beziehung zu ihr einen Gefallen zu finden, der den üblichen Rahmen einer Bürokameradschaft zu sprengen drohte. Ich wußte, daß ihre Arbeit ihr nicht behagte: Sie wurde schlecht bezahlt und war in den Augen der anderen kaum etwas Besseres als eine Lastenträgerin. Eines Tages, als der Firmenchef, der mit seinem früheren Buchhalter ziemlich unzufrieden war und mir gegenüber immer wieder betonte, wie glücklich er sei, mich als Mitarbeiter zu haben, mir erzählte, wie schwierig es sei, eine ernsthafte und fähige Angestellte zu bekommen, kam mir die Idee, ihm Edwige zu empfehlen – nicht ohne die leise Hoffnung, daß meine Geste mich ihr näherbringen würde. Ein verhängnisvoller Irrtum: Ein paar Wochen später wurde ich auf schmachvolle Weise davongejagt, ohne daß besagter Chef sich die Mühe machte, seine Entscheidung zu begründen, und mein Vorgänger wurde in allen Ehren wieder in seinen Posten eingesetzt. Ich hatte allen einen Gefallen tun wollen außer mir selbst. Und was die schöne Edwige anging, die nun erst recht für meine Annäherungsversuche unzugänglich war, so machte sie es sich zur Aufgabe, meine Briefe unbeantwortet zu lassen, selbst wenn Taktgefühl und Stolz es meiner Feder untersagten, ihr meine Vermittlungsbemühungen in Erinnerung zu rufen.

Ich sah sie viele Jahre später bei der Beerdigung ihres Sohnes wieder, und die Trauer schien uns sogar für eine gewisse Zeit einander näherzubringen. Einem Menschen in Not beizustehen ist schon eine Befriedigung an sich: Es vermittelt uns ein Gefühl von Warmherzigkeit und die Illusion, ein besserer Mensch geworden zu sein. Gewiß sind das Vertrauen und die Hingabe, die die betreffende Person uns bei dieser Gelegenheit entgegenzubringen bereit ist, nicht dazu bestimmt, von Dauer zu sein. Ich hatte es Edwige gleich gesagt: Sie sollte sich mir gegenüber nicht verpflichtet fühlen und sich die Freiheit nehmen, mich fallen zu lassen, sobald sie mich nicht mehr brauchte. Allerdings hatte ich nicht geglaubt, daß es so schnell zum absehbaren Ende kommen würde. Diese Frau, die keinerlei Hang zur Mystik besaß, ließ sich unter dem Eindruck des Schmerzes von den Sirenen der Religion anlocken. Sie begann, Pastoren und andere Experten in himmlischen Fragen aufzusuchen, und gab mir zu verstehen, daß meine Besuche nicht mehr erwünscht waren: Angeblich fingen die Nachbarn schon an zu klatschen, und sie müsse alleine sein, um ihre Gedanken wieder zu ordnen ... Ich gab mir keine weitere Mühe mehr.

Vorhin habe ich ein Loblied auf die Undankbarkeit gesungen, doch die Beispiele, die ich soeben erwähnt habe, lassen nur die Kehrseite der Medaille erkennnen. Der Vollständigkeit halber muß ich auch die Vorderseite zeigen: die Vorteile und den Gewinn, deren Voraussetzung die Undankbarkeit ist. Ich kann dabei leider nicht aus meinem eigenen Fundus schöpfen, doch mit der Skizzierung eines Mannes, den ich gut kannte, wird uns vielleicht schon gedient sein.

Fabrice ist groß, robust, gut gebaut. Er ist knapp fünfzig, trägt sein Alter jedoch gelassen. Er wirkt sympathisch, hat einen offenen, ehrlichen Blick und ist nicht hochmütig; er sieht aus, als könne er kein Wässerchen trüben. Vor kaum zehn Jahren war er noch ein einfacher Schlosser und mußte für eine recht magere Ration hart arbeiten, denn er war verheiratet, und die ersten Kinder kamen zur Welt. Doch er war intelligent, beschlagen, ehrgeizig und hielt stets seine Augen offen. Er sah sehr wohl, wo die Unzulänglichkeiten der kleinen Firma lagen, bei der er angestellt war: minderwertige Gerätschaften, eine schlechte Organisation sowie nachlässige Poliere und Arbeiter, die wenig Lust hatten sich abzurackern. Einer der Großkunden des Hauses, dem sein wacher Geist und seine kritische Einstellung auffielen, bot ihm an, ihn finanziell zu unterstützen, damit er sich selbständig machen könne. Das ließ sich Fabrice nicht zweimal sagen, er verließ die Fabrik unter lautem Türenschlagen und nahm den einzigen fähigen Handwerker des Hauses mit, den er zu seinem Quasi-Geschäftspartner machte. Er richtete sich in einer miserablen Baracke ein und arbeitete mit gebraucht gekauften Maschinen, die jedoch besser waren als die, die ihm vorher zur Verfügung gestanden hatten. Besagter Kunde hatte ihm Arbeit versprochen und hielt Wort. Bald regnete es Aufträge, Fabrice arbeitete wie ein Besessener, sonntags und unter der Woche, sein Partner ebenfalls, und Madame Fabrice persönlich half in den Stillpausen aus.

Das Geschäft blühte, doch Fabrice wollte höher hinaus. Es störte ihn, daß er nach wie vor von seinem

Auftraggeber abhängig war, und er fand in seiner Umgebung Leute, die bereit waren, ihm Kapital zu leihen. Er schaffte modernere Maschinen an und suchte sich neue Kundschaft, um nicht gezwungen zu sein, die Aufträge seines Beschützers auch dann anzunehmen, wenn sie ihm nicht genügend Gewinn einbrachten. Letzterer merkte bald, daß er sich verkalkuliert hatte, doch da war es schon zu spät; Fabrice stand schon auf eigenen Füßen, und selbst indem er ihm seine Aufträge entzog, konnte er keinen Druck mehr auf ihn ausüben. Dank der erzielten Gewinne und der bei allen möglichen Stellen aufgenommenen Darlehen konnte Fabrice sehr bald seinen Freunden der ersten Stunde ihr Geld zurückzahlen. Von seinem Quasi-Sozius hatte er sich rasch befreit, indem er ihn weise in untergeordneter Stellung hielt. Endlich war er frei, unabhängig. Er hatte noch jede Menge Schulden, besonders bei den Banken, doch Dankbarkeit schuldete er niemandem mehr.

Fabrice hat schon vor langer Zeit seinen alten Schuppen verlassen und eine große Fabrik bauen lassen, die er mit Hilfe einiger Angestellten seines Vertrauens leitet; sollten diese sich irgendwann unentbehrlich fühlen, so wird er sie mühelos abzuschütteln wissen. Man sieht ihn nie mehr in Latzhosen, doch er ist immer freundlich, heiter und leutselig. Sein Vermögen wächst, seine Familie vergrößert sich, angeblich hat er sich sogar den Luxus einer Geliebten geleistet, um seine rechtmäßige Ehefrau diesbezüglich zu entlasten. Er ißt besser. Er ist das leibhaftige Symbol des die Welt regierenden Wohlstandes, der sich mit dem einen Bein auf Arbeit und Initiative stützt und mit dem anderen aufs Glück, ohne das alles Bemühen vergebens ist. Besäße der Wohlstand ein drittes

Bein, so würde es auf der Undankbarkeit ruhen, jener für den Erfolg so unentbehrlichen, wenn auch oft verkannten und verunglimpften Tugend.

Wenn auch nicht zwangsläufig das Schicksal über unser Glück oder Unglück entscheidet, so ist es vielleicht nicht ganz unnütz, sich für die Wegstrecken des Lebens mit den notwendigen Mitteln auszustatten, die es einem erlauben, den Unzulänglichkeiten jener Gottheit entgegenzuwirken, die auf den Bildern immer mit verbundenen Augen dargestellt wird. Hätte ich entsprechend Vorsorge getroffen, so hätte ich nicht eines Tages in der Rolle eines Vertreters für Aussteuern gesteckt, von allen Berufen mit Sicherheit derjenige, der am wenigsten meinen eigentlichen Anlagen entsprach. Falls Sie es noch nicht wissen, muß ich Ihnen erklären, daß ein Handlungsreisender, wie man ihn damals nannte, seine Fähigkeiten im Grunde gar nicht richtig einsetzen kann, wenn er nicht neben einigen psychologischen Eigenschaften in erster Linie über Kontaktfreudigkeit, Zungenfertigkeit und Wagemut verfügt. Und schließlich muß seine Seele oder das, was er statt dessen in sich trägt, durch eine Polsterung aus Elefanten- oder Nashornleder geschützt sein; ohne die ist er verloren, besonders dann, wenn die Ware, mit der er zu tun hat, zu den Dingen gehört, die man nur einmal im Leben kauft – und zu den Zeiten, von denen ich hier spreche, war die Anschaffung einer Aussteuer eine Sache, die einen für das ganze Leben verpflichtete. In diesem Fall hat er keine Zeit, nach und nach das Vertrauen seiner Kundschaft zu erobern, sondern er muß sich die Beute mit einem Schlage sichern und notfalls mit Gewalt auf den Willen des Kunden einwirken, besonders wenn es sich bei dem Kunden um eine Kundin handelt. Der gute Verkäufer ist ein selbstbewußter Mensch. Wenn er fest genug an seinen Stern glaubt, wirkt seine Selbstsicherheit rasch ansteckend; von dem Moment an ist es nicht mehr so sehr sein Wille – angenommen, diese seelische Fähigkeit existiert –, den er seinem Gegenüber aufdrängt, sondern vielmehr seine Person. Wie das Kaninchen vor der Schlange gerät der Kunde, und stärker noch die Kundin, in Verwirrung, erstarrt in Bewunderung, wagt es nicht mehr, sich zu widersetzen, und unterschreibt den Auftragsschein.

Es ist sicher jedem begreiflich, daß ich nicht, und in dieser Branche weniger noch als in anderen, der rechte Mann am rechten Platz war. Mir mangelt es gleichermaßen an Redetalent und Unverfrorenheit, und die seelische Hautschicht, die vermutlich das innerste Wesen eines jeden Menschen bekleidet, ist bei mir ganz und gar unzureichend ausgebildet. Gewiß, auch mir ist es gelungen, einige Aussteuern unterzubringen, doch geschah dies nie aufgrund meiner Verkaufstalente; ich hatte lediglich das Glück, genau an dem Tag aufzutauchen, an dem die Kundin zum Kauf entschlossen war, oder der Name des Hauses, das ich vertrat, hatte in ihren Ohren zufällig einen angenehmen Klang. Ich mache mir hinsichtlich meiner Begabungen nichts vor. Doch die Erinnerung an diese winzigen Erfolge ist nichts im Vergleich zu den Beleidigungen, die auf diesem Gebiet mein ständiger Lohn waren. So entsinne ich mich noch einer Erniedrigung, die mich in Gedanken fast ein halbes Jahrhundert lang hartnäckig verfolgt hat. Ich befand mich an jenem Tag in Neuchâtel, einer Stadt, die in der gesamten französischen Schweiz für die Überheblichkeit ihrer Aristokratie bekannt ist. In dieser noblen Stadt bildet sich jedermann ein, mehr oder weniger zur besseren Gesellschaft zu gehören. Auf irgendeine Empfehlung hin war ich in ein Haus geraten, das einen einfachen, aber begüterten Eindruck machte, und stand nun der Dame des Hauses gegenüber. Selbstverständlich muß der Aussteuerverkäufer, wenn er nicht auf ausdrückliche Bitte kommt, sich bemühen, das niedere und eigennützige Motiv seines Besuchs zu verbergen. Er muß seinen Gesprächspartner so lange wie möglich in Unwissenheit belassen, von diesem und jenem reden und seine Absicht erst dann zu erkennen geben, wenn er bei seinem Opfer eine gewisse Sympathie erweckt hat. Das ist nicht immer einfach, und in dem vorliegenden Fall war es dies weniger als je zuvor. Die Dame hatte mich kühl, jedoch ohne betonte Abneigung empfangen und mir sogar einen Stuhl angeboten. Sie zeigte sich in keinster Weise zum Plaudern aufgelegt und ließ mich mein kleines Sprüchlein hersagen, ohne mir im geringsten unter die Arme zu greifen. Unter diesen Bedingungen und trotz Zuhilfenahme geschicktester Umschreibungen sah ich mich bald gezwungen, meine Absichten preiszugeben. Da erhob sich meine Gesprächspartnerin, warf mir einen zornerfüllten Blick zu und öffnete mir die Tür mit den Worten: »Gehen Sie, Monsieur.« Sie brauchte ihre liebenswürdige Aufforderung nicht zu wiederholen; im nächsten Moment war ich auf der Straße und fühlte mich körperlich und seelisch gleichermaßen elend.

Ich war um so weniger zum Aussteuerverkäufer geeignet, als diese Tätigkeit ein Können verlangt, das gegenüber den Damen entfaltet werden muß. Auf die Gefahr hin, mich zu wiederholen, erinnere ich daran, daß die Frau das Barometer für den Erfolg im Leben ist. Stendhal, der der Ansicht war, der Erfolg in der Liebe sei das höchste Lebensziel, riet, tapfer die schlimmsten Beleidigungen zu ertragen, wenn dies der Preis dafür sei, jenes so sehr angestrebte Ziel zu erreichen. Das Glück, das er bei der Nachwelt hatte, ist für uns eine Aufforderung, seinen Worten allergrößte Aufmerksamkeit zu schenken. Doch vielleicht hat dieser bewunderswerte Schriftsteller nicht genug die in Temperament, Charakter und Sensibilität bestehenden Unterschiede bedacht. Der eine erträgt es mit Gelassenheit, zwanzigmal hintereinander abgewiesen zu werden, wenn dafür seine Wünsche beim einundzwanzigsten Mal auf Wohlwollen stoßen. Ein anderer ist unglücklicher über seine zahlreichen Mißerfolge, als er sich über seinen einen Erfolg zu freuen vermag. Der gute Beyle selbst war kein geeignetes Beispiel. Er liebte die Liebe mit einer mehr intellektuellen als körperlichen Leidenschaft, und er war zu dünnhäutig, um beim schönen Geschlecht den erträumten Erfolg zu genießen.

Ich habe nie den Anspruch erhoben, auf diesen Seiten eine chronologische, ja nicht einmal eine logische Ordnung zu befolgen. Doch ich stelle fest, daß ich beim Thema Schicksal beginne, mich über den Beruf des Aussteuerverkäufers auszulassen, um anschließend abzuschweifen und mich einmal mehr der Frau, dieser angeblichen Glücksspenderin, zuzuwenden. Ich bitte dafür um Entschuldigung, doch das Leben ist eine schrecklich komplizierte Sache, die ich mir als ein absurdes, ganz aus Labyrinthen, Geheimtüren und Fallgruben bestehendes Bauwerk vorstelle. Das Thema Glück hätte im Kapitel über die Liebe abgehandelt werden müssen; jedoch ist es auch nicht ohne eine gewisse Beziehung zum Problem des Aussteuer- und Wasserhahnverkaufs.

Ist nicht die allererste Voraussetzung für jenes berühmte Glück bei dem, der sich rühmt, es zu erfahren, die gute Meinung, die er von sich selber haben muß? Manchen Menschen gelingt es, sich ohne Mißbehagen offen in die Augen zu sehen. Andere, von einem krankhaften Drang zur Selbstkritik befallen oder von Natur aus zur Schwarzseherei neigend, scheitern bei dieser Übung, die doch von so großer Bedeutung ist. Auf jeden Fall ist es, selbst wenn man die glückliche Veranlagung besitzt, sich in günstigem Licht zu sehen, von Nutzen, sich durch die Zustimmung anderer ermutigt zu fühlen. Es schmeichelt uns in angenehmer Weise, und gerne lassen wir uns von dem überzeugen, was wir freudig für bare Münze nehmen. Im Gegensatz dazu empfinden wir es als unangenehm, als Zielscheibe der Kritik herhalten zu müssen, selbst wenn wir weder Poeten noch Politiker sind. Noch demoralisierender jedoch ist es, wenn wir systematisch ignoriert, gedemütigt, links liegengelassen werden, wie groß auch die Anstrengungen sein mögen, die wir unternehmen, um die Sympathie und den Beifall unserer Zeitgenossen und Zeitgenossinnen zu erlangen.

Bei den Damen etwas zu erreichen wird im allgemeinen nicht als eine übermenschliche Leistung betrachtet. Es genügt, viel und freundlich zu reden und sie geschickt und ohne Geiz zu beweihräuchern. Man könnte meinen, daß es auf diese Weise fast unmöglich ist, keinen Erfolg zu haben, wenn man nicht gerade mit schlechtem Willen an die Sache herangeht. Nun beweist aber die weltweite Erfahrung, und meine eigene im besonderen, daß die Enttäuschungen hier an der Tagesordnung sind. Die allgemein verbreitete Vorstellung, es sei einfach, eine Frau zufriedenzustellen, trägt dazu bei, daß diese Mißerfolge etwas Schändliches und Erniedrigendes sind. Und dies ist der Grund, warum ich kein guter Aussteuerverkäufer war.

Ich habe mich oft gefragt, warum jemand von meiner Sorte, der nicht dümmer und nicht häßlicher ist als irgendein anderer und zu allem Überfluß auch noch von einem unglaublichen Bedürfnis nach Zärtlichkeit verzehrt wird, in Gegenwart der Frauen ein solcher Meister im Scheitern gewesen ist. Da diese Feststellung mich zu einem verbitterten und ungerechten Menschen hat werden lassen, habe ich den Angehörigen des anderen Geschlechts vorgeworfen, sie würden den Erfolg bewundern und den Schein nicht vom Sein unterscheiden können. Ich sah, wie sie sich vorzugsweise eingebildeten, überheblichen Maulhelden anvertrauten, deren Brutalität ihnen größte Befriedigung sowie jenes angenehme Bewußtsein verschaffte, gewaltsam genommen, im doppelten Wortsinn überwältigt worden zu sein. Mit der Zeit bin ich zu einer vielschichtigeren und vernünftigeren Auffassung gelangt. Es ist zunächst einmal falsch, von den Frauen im allgemeinen zu sprechen, denn es gibt mehrere Arten von Frauen, und man muß vor allem zwischen denen unterscheiden, die fähig sind zu lieben, und denen, die nur geliebt werden wollen. Es handelt sich dabei nicht um dieselben Frauen, obgleich man manchmal das Wunder erleben kann, daß eine Frau, die es liebt, wirklich geliebt zu werden, auch selber ohne Berechnung Liebe schenkt.

Außerdem und vor allem bewundern die Frauen nicht so sehr die Gewalt als vielmehr das Glücksgefühl. Gemäß guter weiblicher Logik stellen sie sich vor, daß ein glücklicher Mann eher in der Lage ist, Glück zu spenden, so wie die Kaufleute der Ansicht sind, daß ein reicher Kunde immer wird zahlen können. Die Schlußfolgerung wird nicht unbedingt immer, jedoch oft genug durch die Tatsachen bestätigt. Für den Handel zwischen den Geschlechtern wie für den Handel im allgemeinen gilt eine Regel, die so alt ist wie die Welt: Nichts ist so erfolgreich wie der Erfolg. Wenn Sie einer Frau oder einem Kunden wie ein geprügelter Hund gegenübertreten, steuern Sie geradewegs auf die Niederlage zu. Gehen Sie jedoch ohne Zögern auf sie zu, ohne falsche und ohne echte Scham, mit dieser ruhigen Selbstsicherheit, die einem das gewohnheitsgemäße Bewußtsein des Glücks verleiht, so werden Sie fast niemals vergebens an die Tür klopfen. Mazarin, der zwar keine Ahnung von Strategie hatte, jedoch etwas von Menschen verstand, zog Erkundigungen über einen General ein, bevor er ihm ein Kommando übergab: »Ist er glücklich?« Man darf es den Frauen nicht verübeln, wenn sie die Männer nach dem gleichen Kriterium beurteilen wie einst jener große Minister.

Alle Menschen schmachten nach dem Glück, doch die Frauen seufzen auch dann noch, wenn sie glücklich sind. Wo ist dieses Glück, von dem man so viel spricht und mit dem niemand zufrieden ist? In meiner Eigenschaft als Versager könnte ich mich aufgrund der ungerechten Verteilung dieses überaus notwendigen Produktes, nach dem ich strebe wie alle anderen Menschen auch und von dem ich nur Krümel abbekommen habe, benachteiligt fühlen. Doch im Bemühen, mich nicht von den Ressentiments eines enttäuschten Mannes treiben zu lassen, würde ich meinen, daß die Unglücklichen ihr trauriges Los fast immer verdient haben. Man ist nicht glücklich, weil man ein ruhiges Gewissen, eine schöne Frau, einen guten Ruf oder einen goldenen Gürtel besitzt. Nein, man ist glücklich, weil man sich einen glücklichen Charakter geschmiedet hat, etwas, was für jeden Geldbeutel erschwinglich ist. Ohne dem für dieses Universum verantwortlichen Schöpfer ein Kompliment machen zu wollen, würde ich sagen, das Glück ist die Sache auf der Welt, die am besten verteilt ist: Jeder bekommt so viel davon, wie er verdient, so viel, wie er vertragen kann. Geben Sie einem Menschen Glück, der einen verbitterten und gequälten Charakter hat, und dieses Glück wird in seiner Seele sauer werden wie die Milch im Krug. Im Gegensatz dazu bleibt der »arme Hiob«, der sieht, wie der Teufel ihm seinen Besitz und seine Familie entreißt, glücklich und zuversichtlich: weil er ein gerechter und gottesfürchtiger Mann ist, werden die Gläubigen sagen; wegen seines glücklichen Charakters, würde ich eher sagen, wobei ich rasch hinzufügen möchte, daß beides ungefähr auf das gleiche hinausläuft.

Chamfort, der kein Weiser war, denn er besaß die Schwäche und die Unachtsamkeit, sich aus Furcht vor dem Tode selbst zu töten, hat diesen berühmten Satz geprägt: »Das Glück ist keine einfache Sache. Es ist schwer, es in sich selbst zu finden, es ist unmöglich, es woanders zu finden.« Schopenhauer hat dieses Wort so sehr bewundert, daß er es seinen Aphorismen als Motto vorangestellt hat, obwohl es sich um eine wenn auch sehr geistreich formulierte Banalität handelt. Verkündet man: »Das Glück kann ein jeder nur in sich selbst finden«, so stimmen einem sämtliche Philosophen zu, auch wenn sie sich im allgemeinen über nichts einig sind. Das Verdienst Chamforts war es, einer Weisheit, die so alt ist wie die Welt selber, eine neue Wendung zu geben. Ich erinnere mich, dieses Zitat einmal im Verlauf einer Unterhaltung mit meiner lieben Marie-Louise verwendet zu haben. Sie protestierte mit allergrößtem Nachdruck: »Das ist nicht wahr. Das Glück ist eine einfache Sache. Man braucht nur zu lieben.«

Wenn ich nach so vielen Jahren wieder daran zurückdenke, scheint mir, die sanfte Marie-Louise hatte allen Philosophen zum Trotze recht. Die Liebe reicht aus zum Glücklichsein, die Liebe, die manche in einer spontanen Regung entfalten und die für andere ewig eine Terra incognita bleibt. Wenn uns jenes angenehme Gefühl glücklich machen soll, so muß es gleichzeitig als Freude und als Opfer empfunden werden, in dem Sinne, wie Marie-Louise es begriff. Sobald wir etwas anderes darunter verstehen und ausschließlich Genuß oder einen bestimmten Vorteil darin suchen, ist es nicht mehr länger eine Quelle des Glücks.

Fällt es uns dennoch immer leicht, einer positiven inneren Bereitschaft nachzugeben, das Andere in all seinen Erscheinungsformen zu akzeptieren, das Unabwendbare anzunehmen und wie Hiob das Schicksal, das uns bestimmt ist, wie auch immer es ausfallen mag, über die Menschen hinaus zu lieben? Freilich müßten wir sowohl die Menschen als auch unser Geschick zuverlässig entziffern können. Am 9. September 1934 wurden König Alexander von Jugoslawien und Louis Barthou in Marseille Opfer eines Attentats. Infolge dieses traurigen

Ereignisses wurde von einer Regierung, die bemüht war, mittels der Strenge der Repression ihre mangelnde Voraussicht wiedergutzumachen, eine Razzia gegen unerwünschte Ausländer durchgeführt. Mein Bruder lebte damals in Paris, wo er sich in einer angenehmen und vollkommenen sicheren Lage befand. Da jedoch den Behörden die Farbe seiner Papiere nicht gefiel, wurde er zu einem der zahlreichen Opfer des Ausweisungsdekrets. Er mochte protestieren, so laut er wollte, seine Kontakte aktivieren, sämtliche Beziehungen spielen lassen und sogar soweit gehen, um eine Audienz beim Minister zu bitten, es half alles nichts. Todunglücklich mußte er das Land verlassen und sich auf der anderen Seite des Ärmelkanals niederlassen, wo er schließlich eine Position errang, die höher war als die, die man ihn aufzugeben gezwungen hatte – und außerdem noch einer Verfolgung entkam, die für viele fatale Konsequenzen hatte.

Seine Geschichte erinnert mich an die jenes Chinesen, der gemeinsam mit seinem Sohn in den Bergen von der Pferdezucht lebte. Eines Tages lief ihm sein schönstes Tier davon, und Freunde von ihm eilten herbei, um ihre Anteilnahme an diesem Unglück zu bekunden. Worauf der Alte antwortete: »Woher wißt ihr, daß es ein Unglück ist?« Einige Tage später kehrte das flüchtige Pferd in Begleitung einer ganzen Horde wilder Pferde zu seiner Herde zurück. Als die Freunde kamen, um ihm zu diesem Glück zu gratulieren, sprach der gute Mann zu ihnen: »Woher wißt ihr, daß es ein Glück ist?« Durch diesen plötzlichen Überfluß an Reitpferden in Versuchung geführt, wollte der Sohn eines von ihnen zureiten und brach sich dabei ein Bein. Als die Freunde abermals ihre Anteilnahme bekunden wollten, erwiderte ihnen der weise alte Mann: »Woher wißt ihr, daß es ein Unglück ist?« Im Jahr darauf brach ein Krieg aus, und der invalide Sohn wurde vom Kriegsdienst befreit.

Die Chinesen sind vielleicht von allen Moralisten diejenigen, die ich mir am ehesten zum Vorbild wählen würde. Ob es ihnen besser als uns gelungen ist, der Wahrheit näherzukommen, bleibt zwar fraglich, doch niemand wird bestreiten, daß sie gründlicher als irgendwer sonst die trostlose Kluft erforscht haben, die uns von eben dieser Wahrheit trennt, und daß sie, nachdem sie diesen Abgrund und ihre eigene Unzulänglichkeit ermessen haben, auf die entwaffnendste und lehrreichste Weise darüber zu lachen verstanden. Der Westen in seinem unkontrollierten Aktionismus ist nicht sehr offen für die Lehre ihrer Fabeln, und das ist schade. Es ist schwierig, in unseren Breiten einem Minister, einem Dichter oder selbst einem Arbeitslosen verständlich zu machen, daß das Nicht-Handeln der Schlüssel zum Glück ist – oder zumindest zum Nicht-Leiden. Ich habe vorhin ein Loblied auf die ordentliche Arbeit angestimmt, und ich möchte noch einmal präzisieren, daß, auch wenn es nicht so scheint, kein Widerspruch zwischen meinen Behauptungen besteht. Die Arbeit, besonders die, die mit Können und Geduld ausgeführt wird, erlaubt es dem Menschen, seinen größten Feind von sich fernzuhalten: die Langeweile, die unablässig an seiner Türe Wache hält. Doch unser Tatendrang sollte nicht über diese Präventivmaßnahme hinausgehen. Sobald jener Gründe dafür findet – gewiß stets ausgezeichnete –, seinen Aktionsradius auszudehnen, und sei es nur, um jemand anders einen Dienst zu erweisen, ist das Gleichgewicht, das wir mühevoll um uns herum aufgebaut haben, rasch zerstört. Deshalb sollte der kluge Mensch sich davor hüten, grundlos aktiv zu werden, und sich noch stärker davor in acht nehmen, aus einem ganz bestimmten Grund aktiv zu werden, wenn er feststellt, daß er im einen wie im anderen Fall ein Spielball der Götter sein wird. Denn wenn die Vorstellung, die die Menschen sich von den göttlichen Dingen machen, auch von Religion zu Religion verschieden ist, so sind doch alle, ob Pariser oder Patagonier, sich ohne Ausnahme in diesem einen Punkt einig, nämlich daß es in der Natur des Himmels liegt, unsere Gesten und unsere Pläne, selbst die nützlichsten und großherzigsten, ins Lächerliche zu ziehen.

Der Nullpunkt menschlicher Erfahrung – der, an dem ich mich befinde – ist für die Unterstützung dieser Sichtweise vollkommen ausreichend.

Jeder Mensch, der Respekt vor sich selbst hat oder auch nicht, ist irgendwann einmal, auch wenn er der vorletzte arme Schlucker ist, von einem in Geldnot befindlichen Freund oder Unbekannten angepumpt worden. Die Technik des Borgens, darin wird mir niemand widersprechen, gehört dem Bereich der schönen Künste an. Will man sie erfolgreich beherrschen, so benötigt man gleichzeitig ein geschärftes psychologisches Gespür, eine unerschütterliche Dreistigkeit und die Nase eines Spürhundes, der darin geübt ist, schon von weitem das menschliche Wild zu wittern: kurzum ein einzigartiges Multitalent. Begeht man den Schnitzer, es in zu bescheidenem Maße einzusetzen, so läuft man Gefahr, schlecht angesehen zu werden, und oft geschieht es, daß allzu schüchterne Anfänger vor der Strafkammer landen, weil sie sich vorher darüber keine Gedanken gemacht haben. Doch wenn der Bittsteller es darauf anlegt, in der Hierarchie seiner Kunst aufzusteigen, ist er vor diesen negativen Begleiterscheinungen sicher. Vom Entleiher wird er zum Financier; und aus der einfachen Finanzwelt steigt er bald auf in die Welt der Hochfinanz. Die Fähigkeit, beachtliche Summen mit einer gewissen Ungeniertheit, mit Autorität und, wagen wir das Wort, Majestät zu entleihen, ist der sicherste Weg, um Erhabenheit zu erlangen, und derjenige, der es versteht, ganz bewußt das Portefeuille seiner Freunde zu gebrauchen, dem wird auch ganz selbstverständlich das Portefeuille eines Ministers übertragen werden. Es ist noch nicht einmal sicher, ob er, auf der Höhe der Macht angelangt, schlecht mit den öffentlichen Geldern wirtschaften wird, denn die Ökonomen lehren uns, daß ein Staat, der keine Anleihen macht, keine Beachtung verdient.

Diese Einleitung hat mich auf den schlammigen und rutschigen Boden der Politik geführt, den ich sehr schnell wieder verlassen werde, um zu meinem Thema – das heißt, zu mir – zurückzukehren. Da ich schon immer der Geprellte par excellence war, haben die Experten in mir sogleich ein hübsches Opfer erkannt. Ich war knapp fünfzehn Jahre alt, als ein Kollege, der etwa zehn Jahre älter war als ich, mir die Ehre erwies, sich zwanzig Franken von mir zu borgen – in diesen prähistorischen Zeiten handelte es sich um zwanzig Goldfranken, eine recht beachtliche Summe, besonders für mich. Ich wäre mir sehr unhöflich vorgekommen, wenn ich auch nur einen Augenblick lang gezögert hätte, jemandem, der sich als mein Kumpel bezeichnete, diesen kleinen Dienst zu erweisen. Er dagegen dachte gar nicht daran, mir auch nur einen Sou zurückzugeben; die Lektion sollte ja auch wirklich perfekt sein. Ob nun perfekt oder nicht, diese Unterweisung nützte mir kein bißchen, denn wenig später wurde ich abermals von einem anderen Kollegen angepumpt. Einziger zu beachtender Unterschied: Letzterer war kein Kumpel, sondern erhob Anspruch auf den Rang eines Freundes; die erbetene und zugestandene Summe war folglich größer. Im übrigen war aber das Ergebnis das gleiche. Wie jeder weiß, hat das Ausleihen von Geld den einen Vorteil: Man entledigt sich so mit geringem Kostenaufwand, das will heißen ohne unnötigen Streit, seiner unzuverlässigen Freunde. Das Ausleihen von Geld bleibt sogar meines Wissens eines der praktischsten Mittel, um abschätzen zu können, wie begründet bestimmte Freundschaftsbeteuerungen sind. Darüber hinaus lernt man zu geben, ohne Dankesworte zu erwarten, und man gewöhnt sich auf diese Weise an jene natürliche, normale und notwendige Undankbarkeit, von der wir vorhin sprachen. Dies ist höchst lehrreich, selbst wenn es auf die Dauer ziemlich teuer werden kann.

Die Sache wird natürlich, zu unserer größeren Erbauung, noch etwas komplizierter, wenn der Bittsteller zufällig der weiblichen Spezies angehört .... Im vorliegenden Fall dürfte ich um die fünfundzwanzig Jahre alt gewesen sein, und damals waren alle Frauen für mich unerreichbare Göttinnen, als die entzückende Claire, die in jenem Seidenhandelshaus arbeitete, das dem Leser allmählich vertraut sein dürfte, trotz meiner Schüchternheit das Interesse bemerkte, das ich ihr entgegenbrachte. Wir waren nicht in derselben Abteilung beschäftigt, doch wir begegneten uns von Zeit zu Zeit, und ich begnügte mich damit, schweigend die Lebendigkeit und Fröhlichkeit ihres reizenden Gesichts, ihr spitzbübisches Näschen und ihre kesse, temperamentvolle Anmut zu bewundern. Raffiniert und geschickt wie alle Frauen, besonders dann, wenn sie sich ihrer Reize bewußt sind, hatte sie meine demütige Verehrung gewiß bemerkt; sie nutzte sie aus, um sich ein hübsches Sümmchen – weniger hübsch allerdings als die Entleiherin, das muß ich gestehen – von mir zu borgen. Ich habe den Vorwand vergessen, den sie benutzte, um mir dieses Geld zu entwenden; ich weiß nur, daß es ihr, ganz wie ihren männlichen Vorgängern, nie in den Sinn kam, mir auch nur den kleinsten Liard zurückzuerstatten, und die schwachen Versuche, die ich unternahm, sie an ihr irgendwann einmal gegebenes Versprechen zu erinnern, hatten lediglich zur Folge, daß ich auch den Rest an Sympathie, den sie für mich empfunden hatte, verwirkte. Ich war enttäuscht darüber, denn in meiner Treuherzigkeit hatte ich gehofft, durch meine großzügige Geste ein wenig Freundschaft zu erlangen. Damals kam mir nicht der Gedanke, mir das Geld in Naturalien zurückerstatten zu lassen, doch wenn ich heute, mit dem Abstand der Jahre und der gewonnenen Erfahrung, so daran denke, scheint mir, daß eben darin mein Fehler lag. Ich hatte die charmante Claire zweifellos dadurch verletzt, daß ich nicht hatte begreifen wollen, daß sie bereit war, mir ihre Gunst zu schenken, nicht jedoch, mir mein Geld zurückzuzahlen. Man kann eben nicht alles haben.

Es liegt mir jedoch fern, den scharfsinnigen Leser dazu auffordern zu wollen, sich den Avancen der lästigen Bittsteller zu verweigern. Geld zu verleihen ist immer eine bereichernde Erfahrung – ohne hier mehr als nötig mit Worten spielen zu wollen. Es bildet die Jugend so wie das Reisen und befreit uns von hinterwäldlerischen Scheingewißheiten. Besser noch, die verliehenen und niemals wiedergesehenen Geldbeträge schaffen eine heilsame Distanz zwischen uns und unseren Moneten. Wenn wir die Geschwindigkeit bewundern, mit der sie verschwinden, unter dem Zauberstock eines Schuldenmachers, der andere anzupumpen versteht, oder unter der nicht minder überzeugenden Fuchtel der Steuerverwaltung, beginnen wir rasch, die politische Ökonomie und bald die Ökonomie schlechthin zu verachten. Wir fangen an zu verstehen, daß das Geld, wenn es uns schon nicht selber glücklich macht, zumindest die anderen glücklich machen kann. Ein ganzes Leben reicht nicht aus, um diese Lektion zu lernen.

Derjenige übrigens, der widerwillig Geld hergibt, mag er dafür auch die weisesten Gründe haben, setzt sich ebenfalls ernsthaften Enttäuschungen aus. Zur Zeit meiner späten Heirat stand ich mit einem Paar in Verbindung, das ich seit etwa dreißig Jahren kannte, und unsere Freundschaft schien mir über jegliche kleinlichen Anfechtungen erhaben. Ich hatte Adèle vor ihrer Heirat kennengelernt, und Théodore hatte mir, alles andere als gekränkt durch unsere schon länger bestehende Verbindung, immer eine liebevolle Sympathie entgegengebracht. Der Krieg hatte vielleicht einen Schatten über das geworfen, was ich dennoch weiterhin als Freundschaft betrachtete. Théodore war bürgerlich geworden, und in der düstersten Phase der vierziger Jahre, als andere Schweizer Freunde alles taten, um mir ihre Solidarität zu bekunden, hatte ich bei ihm gespürt, daß er nahe daran war, die Argumente des Stärkeren anzuerkennen. »Was hab ich davon«, sagte er immer so schön, »wenn die Geschichtsbücher in ein oder zwei Jahrhunderten schreiben: 1940 haben sich die Schweizer tapfer geschlagen.«

Eine Geldgeschichte ließ unsere Beziehung endgültig erkalten. Adèle hatte einen Bruder, der Vertreter gewesen war und sich nun selbständig gemacht hatte, ein fideler Geselle, der große Geldsummen benötigte. Adèle und Théodore hatten ihm Geld vorgestreckt, um ihm dabei zu helfen, sein Geschäft aufzubauen, und er schien es nicht allzu eilig mit dem Zurückzahlen zu haben. Daraufhin war meinen Freunden folgende merkwürdige Idee gekommen: Ich sollte sie als Darlehensgeber ersetzen, damit der Schuldner, nun einem Fremden verpflichtet, sich gezwungen fühlte, die Beute, die ihm nicht gehörte, zurückzuerstatten. So originell auch dieser Trick war, besonders gefiel er mir nicht: Ich war in einem Alter, in dem man nicht mehr so tun kann, als wüßte man nicht, daß Geldgeschäfte die besten Freundschaftsgefühle vergiften. Ich nahm mir zunächst Zeit zum Überlegen und wog, wie es meine Angewohnheit war, das Für und Wider gegeneinander ab – etwas, was mir nie sehr gut gelungen ist –, doch als ich mich einige Zeit später widerwillig mit dem Vorschlag meiner Freunde einverstanden erklärte, antworteten sie mir in verächtlichem Ton, sie hätten schon ihre Vorkehrungen getroffen und würden meine Dienste nicht mehr benötigen.

Seltsamerweise war unsere Beziehung in jener Zeit wieder enger geworden. Ich hatte ihnen meine zukünftige Ehefrau vorgestellt, und während die meisten meiner

Freunde sich damit begnügten, sie unter Vorbehalt der Prüfung zu akzeptieren, hatten sie sie sofort angenommen, gewiß in der Überzeugung, daß sie mich von meinen zahlreichen Schwächen würde heilen können. So wählte ich schließlich, als es zur Heirat kam, Théodore als Trauzeugen bei dieser immerhin gewagten Verbindung, obwohl ich so manchen zuverlässigen Freund besaß, der besser in diese Rolle gepaßt hätte. Es dauerte nicht lange, da erkannte ich meinen Fehler. Bei der ersten Auseinandersetzung, die meine Frau und ich in ihrer Gegenwart hatten, taten meine alten Freunde alles, um ihr auf die für mich kränkendste Weise recht zu geben, und sie blieben in der nachfolgenden Zeit so hartnäckig bei ihrem Verhalten, daß ich nach und nach aufhörte, sie zu sehen, während meine Frau sich weiterhin heimlich mit ihnen traf. Zum Zeitpunkt der Trennung und Scheidung versäumten sie es nicht, Eugénie zu allen erdenklichen Unversöhnlichkeiten anzustacheln, indem sie sich sofort als Belastungszeugen gegen mich anboten, und ihr Name nimmt in den Prozeßakten einen Ehrenplatz ein.

Diesmal hatte ich auf die Stimme der Erfahrung gehört und dem Bittsteller nicht unüberlegt die Hand gereicht, und wieder war es mir schlecht bekommen. Der Leser sollte daraus keine voreiligen Schlüsse ziehen, die ihm vielleicht gelegen kämen. Das Geldverleihen ist ein eigenartiges Glücksspiel, und ich habe immer noch nicht die Methode herausgefunden, mit deren Hilfe sein rätselhaftes Funktionieren vereitelt wird. Ich kann lediglich feststellen, daß ich das eine Mal, da ich entgegen meinen ursprünglichen Angewohnheiten gehandelt habe, zu einem ebenso verheerenden Resultat gelangt bin.

Und ich höre schon, wie hinter meinem Rücken der weise Chinese kichert und mir zuflüstert, daß mein Irrtum diesmal nicht darin bestand, großmütig Geld auszuleihen oder aber mich lange bitten zu lassen, sondern daß ich mich wie ein Trottel benommen habe: was in China ein Pleonasmus ist, da nach den Worten Laotses und einiger anderer der Mann der Tat und der Trottel dort austauschbare Figuren sind. Unglücklicherweise aber sind meine Leser und ich keine Chinesen, und selbst die Chinesen sind heutzutage dazu verdammt, in einem China zu leben, das nicht mehr das China Laotses ist.

Wir kehren also immer wieder zu dieser traurigen Feststellung zurück: Der Mensch, ein Gefangener der irdischen Welt, ist ein freier Gefangener, der, wenn das Schicksal ihn piesackt, die Schuld erst einmal bei sich selber suchen muß. Den Opfern der höheren Mächte, Juden mit inbegriffen, ist es nicht einmal gestattet, ihre Beschwerden, und seien sie auch noch so gerechtfertigt, an die oberen Etagen zu richten. Wenn ihren Mitmenschen ihre Visage nicht paßt oder wenn sie von ihnen mit Vorliebe zum schwarzen Schaf gemacht werden, dann nur deshalb, weil sie sich versehentlich selbst die Rolle des Opferlammes ausgesucht haben, und man kann denen, die die Existenzprüfung bestehen wollen, nicht oft genug raten, in diesem Punkt wachsam zu sein; denn wenn das Übel erst einmal angerichtet ist, gehört es zur Kategorie der irreparablen Dinge, und es hat gar keinen Zweck, sich gegen dieses Fatum aufzulehnen, das gar keines ist. Das habe ich eines Tages auf schmähliche Weise zu spüren bekommen ... Es war in Lausanne, an einem schönen Sommernachmittag. Ich lief durch ein einsames Viertel und dachte an nichts Böses, als ich mich plötzlich von einer Bande von Kindern umringt sah, die anfingen, mich zu beschimpfen. Zuerst waren es Buhrufe, dann Beleidigungen, und am Ende flogen Steine. Schließlich verlangten die Frechsten unter ihnen noch Geld für den Fall, daß sie mich in Ruhe ließen. Ich weigerte mich, dieser Erpressung nachzugeben, und es gelang mir sogar, einen der Bengel zu erwischen, dem ich als Lektion ein paar saftige Ohrfeigen verpaßte. Doch gerade als ich mich an dem Unglücksraben ausließ, der wahrscheinlich der Schwächste und Unschuldigste der ganzen Bande war, kam ein Passant vorbei, der sogleich die Verteidigung des mißhandelten Waisenkindes übernahm. Ich konnte so viel erklären, wie ich wollte, der Rächer hörte nicht, und wir trennten uns höchst unzufrieden, er mit mir und ich mit mir selbst; denn die erteilten Ohrfeigen prallten mit voller Wucht in mein Gesicht zurück, und der Pazifist in mir spürt bis heute ihren brennenden Schmerz.

Doch ich merke, daß ich seit einer Weile nur böse Erinnerungen ausgrabe, womit ich zwar mein schlechtes Gewissen erleichtere, den Leser jedoch, der dieses Buch nicht gekauft hat, um sich anhören zu müssen, daß das Leben furchtbar ist, möglicherweise traurig stimme; obgleich der Bericht meiner Mißgeschicke ihn vielleicht indirekt dazu veranlassen wird, sein eigenes Leben als eine vom Himmel gesegnete Angelegenheit zu betrachten. Im übrigen würde ich lügen, wenn ich nicht zugäbe, daß meine unscheinbare Laufbahn mich aufgrund ihres Mangels an herausragenden Zwischenfällen immer besonders anfällig dafür gemacht hat, mehr als manch anderer die stillen Glücksmomente zu genießen, die sich tagtäglich dem einfachen Spaziergänger darbieten. Der Beruf des Vertreters ist, besonders wenn er in Gegenden ausgeübt wird, wo die Landschaft unseren Sinn für das Schöne anspricht, nicht ohne Reize, selbst wenn man einen mit Mustern vollgestopften Koffer bergauf, bergab mit sich herumschleppen muß. Doch ich war damals von jugendlichem Eifer beschwingt, und dieses Gewicht, das mich heute ins Wanken bringen würde, hat mich zu jener Zeit nicht daran gehindert, die Schönheiten der Natur zu genießen.

Ich erinnere mich noch an einen Fußmarsch von Vernayaz nach Salvan entlang einem Weg, der im Zickzack den steilen Hang hinaufführte und dabei wieder und wieder an jeder Biegung einen Wildbach überquerte. Es fuhr ein kleiner Zug von Martigny nach Salvan, doch ich hatte den Anschluß verpaßt und mich unbekümmert dazu entschlossen, meinen Weg *pedibus cum jambis* fortzusetzen und so als wahrer Tourist den Blick über das Rhone-Tal zu genießen, das sich immer tiefer grub, je höher ich gelangte. Das Wetter war schön, weder zu warm noch zu frisch, und trotz meines Köfferchens voller Wasserhähne vergaß ich schließlich den wirtschaftlichen Zweck meiner Expedition und bildete mir ein, zu meinem eigenen Vergnügen unterwegs zu sein.

Auch die Begegnung mit Menschen hielt, wenn ich ehrlich bin, einige Annehmlichkeiten für mich bereit. Ich kann mich noch gut an jenen Installateur namens de Minusio erinnern, der einen ganzen Nachmittag lang in einem Café auf mich einredete und mir seine persönliche Philosophie erläuterte, die durchaus ihre Vorzüge hatte. Wir befanden uns mitten in der Wirtschaftskrise, und während die Konkurrenz sich darüber beklagte, daß sie keine Arbeit hatte, war er selbst im Gegenteil froh darüber, denn er war davon überzeugt, daß die Welt und ihre Bewohner nur infolge zu großen Schweißflusses in so schlechter Verfassung seien. *»Evviva la crisi«,* wiederholte er immer wieder, sein Glas erhebend. Es fiel mir ungeheuer schwer, mich von ihm zu verabschieden.

Doch meine fröhlichste Erinnerung gehört dem ausgezeichneten Emile Bommottet, der heute nicht mehr lebt, ein Klempner aus Lausanne, der in meinen Augen die Denker früherer Zeiten weit hinter sich ließ, denn er war die Verkörperung eines glücklichen Diogenes.

Er war keine Schönheit, dieser Emile Bommottet, mit seinen geplatzten Äderchen im Gesicht, seinen struppigen roten Haaren und seinen vom Landwein geröteten Augen. Doch sobald man näher mit ihm vertraut war, vergaß man diesen Aspekt seiner Persönlichkeit, der ihm nicht zum Vorteil gereichte. Ich hatte ihn während des Verkaufs meiner Wasserhähne kennengelernt, und so verschieden wir auch waren, hatten wir uns gegenseitig die allerherzlichste Sympathie entgegengebracht. Sehr bald besuchte ich ihn einfach so, zum Vergnügen. Sein Benehmen war alles andere als distinguiert, doch er konnte fröhlich und locker erzählen, und seine Hand und seine Tür waren immer offen. Solange Angèle, sein Schutzengel, noch lebte, war seine dunkle, bescheidene Wohnung das Haus des lieben Gottes, wie er es selbst mit einem Anflug von Stolz ausdrückte, in dem seine Freunde sich sicher sein konnten, das zu finden, was auch seine Unterhaltungen boten: zu essen und zu trinken. Wenn ich eine Vorstellung von seiner Eloquenz, die mich faszinierte, vermitteln wollte, müßte ich aus Anstandsgründen so viele Auslassungspunkte verwenden, daß seine Äußerungen dadurch völlig unverständlich würden. Seine Rede war üppig und fett wie seine Mahlzeiten, und ich habe an beides eine dankbare Erinnerung zurückbehalten. Sein Gedächtnis glich einem unerschöpflichen Repertoire guter und schlechter Witze, und die, die er seiner eigenen Phantasie entnahm, waren nicht mal die am wenigsten saftigen. Die zahlreichen originellen Typen, die das alte Lausanne seiner Jugend bevölkert hatten und zu deren letzten Vertretern er gehörte, lebten in seinem Geiste fort. Seine Gespräche wimmelten nur so von wahren oder erfundenen, oft tolldreisten Anekdoten, die allerdings nur in den seltensten Fällen die Moralzensur passiert hätten.

Er nannte sich gerne einen Heiden und erzählte vergnügt, daß er sich bei einer Volkszählung unter dieser Bezeichnung hatte eintragen lassen, worüber die Zeitungen unter folgender Überschrift, auf die er ungemein stolz war, berichtet hatten: »Es gibt noch Heiden unter uns.« Er hatte etwas gegen die Katholiken, ob Freiburger, Walliser oder Savoyer, und ließ keine Gelegenheit aus, sie schonungslos zu verspotten. Die, die er die »mômiers«, die Waadtländer Version der Puritaner, nannte, genossen bei ihm auch keinen größeren Respekt, und ich habe nie die Empörung vergessen, die an einem Sonntag, dem Tag des Herrn, aus ihm hervorbrach, als man ihn bat, die Toiletten eines kleinen Versammlungsraumes dieser Leute instandzusetzen, unter dem Vorwand, daß der Kollege, ein Mitglied der Sekte, den Allerhöchsten nicht beleidigen wolle: »Aber ich, Bommottet, ich bin wohl gut genug, um den Kot der ›mômiers‹ wegzumachen!« Natürlich sagte er nicht Kot, sondern benutzte das eigentliche, das, wenn man so will, energischere und für die niedere Realität der fraglichen Materie geeignetere Wort. Er mochte auch die Deutschschweizer nicht, deren unerschütterlicher Ernst so sehr im Widerspruch zu seinem eigenen Wesen stand. Er warf ihnen vor, sie würden von der Höhe ihrer dunstigen Grenzgebiete aus gierig nach dem schönen romanischen Land und seiner Sonne schielen: »Sobald ihr Zug den Tunnel von Chexbres verläßt«, sagte er, »und sie diese unvergleichliche Landschaft zu ihren Füßen erblicken, den Weinberg von Lavaux, den blauen Genfer See, der sich in der Unendlichkeit verliert, mit den Savoyer Alpen am Horizont, überlegen sie nicht lange und zerreißen ihren Rückfahrschein.« Und boshaft setzte er hinzu: »Wenn einer von ihnen zufällig hier stirbt, kommen zwanzig andere zur Beerdigung, und die Hälfte von ihnen vergißt, wieder abzureisen.«

Wenn man ihm Glauben schenken wollte, so war er in seiner Jugend überall ein bißchen herumgekommen, doch seine Phantasie kannte keine Grenzen, und ich fürchte sehr, daß seine Berichte, wahre Leckerbissen für meine Ohren, historisch und geographisch von fragwürdigem Gehalt waren. Als ich ihn kennenlernte, ging er auf die Fünfzig zu; sein Leben hatte eine beispielhafte Seßhaftigkeit erlangt und beschränkte sich auf jene an Wirtshäusern reiche Gegend, die sich von der Place du Tunnel bis zur Riponne erstreckte. Ein Abstieg, den ich einmal mit ihm bis Ouchy machte, war für ihn fast eine Reise. Ich hatte ihn für einen Augenblick allein gelassen, und als ich ihn wiedertraf, schwadronierte er mit einem braven Bürger, der ihm verblüfft zuhörte:

»Sie sind stolz, weil Sie Zaster haben, aber vielleicht kommt einmal der Tag, ›wo Sie Spinnweben im Arschloch haben und ihre Scheiße so dünn ist wie Suppennudeln …‹«

Ich erinnere mich nicht genau an den Anfang des Satzes, doch die Worte in Anführungszeichen sind garantiert authentisch: reinster Bommottet.

Sein Porträt wäre unvollständig, wenn ich es nicht durch das von Angèle, seiner Gefährtin in guten und schlechten Tagen, ergänzen würde. Sie war rundlich, sogar etwas pummelig, doch nett und von angenehmem Äußerem, mit ihren schönen braunen Augen und ihren grauen Haaren. Neben ihren prallen Formen, die man je nach Geschmack als eine Unvollkommenheit oder als einen zusätzlichen Reiz betrachten konnte, war sie beim Gehen durch ziemlich starkes Humpeln behindert. Deshalb hatte sie wenig Vergnügen daran, durch die Stadt zu laufen, und man konnte eigentlich, ganz gleich zu welcher Tageszeit, fast sicher sein, sie in dem kleinen Laden anzutreffen, in den nie ein Sonnenstrahl drang, während Bommottet von Kneipe zu Kneipe zog. Gut, wie sie war, versuchte sie nie, ihn zurückzuhalten, sondern ermutigte ihn, sich ohne Bedauern das zu holen, von dem sie wußte, daß es seine ganze Freude war: »Geh nur, auf die Weise kommst Du ein bißchen raus.« Er selbst neckte sie zärtlich wegen ihres Humpelns und vertraute mir mit einem Augenzwinkern an, daß diese Beeinträchtigung es seiner Schönen leichter mache, ihm treu zu bleiben. Ein Lied aus dem Paris der Belle Epoque, das wir im Chor im Hinterraum des Ladens sangen, kommt mir wieder in den Sinn:

*Und ich dachte, als ich sah, wie reizend sie war:*
*Daß das arme Ding humpelt, ist nicht so schön,*
*Doch eines erleichtert mich ganz und gar:*
*Wenn sie liegt, dann kann ich's ja nicht sehen!*

Legt man bürgerliche Wertmaßstäbe an, so war Bommottet nur ein gewöhnlicher Rohrreiniger, ein großer Witzeerzähler und obendrein ein mächtiger Saufbold. Ich habe ihn zwar nie betrunken gesehen, aber immer etwas angeheitert. Wie er mir eines Tages, sich beinahe entschuldigend, gestand, trank er eher aus Gründen der Geselligkeit als zu seinem eigenen Vergnügen; und wenn eine seiner Flaschen ein Kadaver geworden war, wie er sich gerne ausdrückte, konnte man sicher sein, daß der größte Teil ihres Inhalts die Kehle der Freunde heruntergelaufen war.

Daß ich mich ein wenig länger bei dieser Figur aufgehalten habe, in einer vielleicht unangebracht erscheinenden Weise, liegt daran, daß Bommottet ein Freund war, ein hundertprozentiger Freund, und sein Herz so gut war wie das Brot, daß er so gerne teilte. Solche Dinge sind zu selten, um sie vergessen zu können, und man würde es sich selbst übelnehmen, wenn man sie in dem Moment, wo man vorgibt, von Dingen zu sprechen, die einem wichtig sind, stillschweigend überginge. Die nostalgische Erinnerung und ebenso die Pflicht haben mich gedrängt, meinem alten Freund dieses bescheidene Monument zu errichten. Denn wenn wir jenem Reisenden Glauben schenken, dem es gelungen ist, das kalte Reich des Jenseits zu besuchen, haben die Toten, die armen Toten, keinen sehnlicheren Wunsch, als nicht ganz und gar in Vergessenheit zu geraten.

# Endspiel

Von einem Mann, der Ihnen soeben sein Leben erzählt hat und der sich außerdem etwas darauf einbildet, daß er daraus gewisse Lehren zieht, erwarten Sie sicher, daß er Ihnen am Ende seiner Laufbahn – *in cauda venenum* – ein paar so richtig feierliche Weisheiten vor die Füße wirft, einige von denen, die das Leben eines Menschen schon nach einer viertelstündigen Lektüre völlig umkrempeln. Einmal mehr werde ich Sie enttäuschen. Wenn auch mein kanonisches Alter mich dazu ermächtigt, auf den Seiten meines *Finale* den Ton zu heben, so ermüdet und deprimiert mich diese Aussicht schon im voraus. Ich habe ein Recht darauf, mich auszuruhen, und wünsche nicht, daß die letzten Takte der Partitur in Lärm ausarten; ich werde mich also davor hüten, sie in einer jener dramatischen Tonarten zu komponieren, die die Massen so lieben.

Und im übrigen habe ich genügend fürchterliches Zeug von mir gegeben, um noch mehr hinzuzufügen. Der Mensch, der seinen Weg zu Ende geht, ohne daß er sonderliche Lust verspürte nachzusehen, was sich auf der anderen Seite abspielt, dem ist nicht unbedingt nach Jammern, Schimpfen oder Prophezeien zumute. Was mich betrifft, so stelle ich in dem Augenblick fest, da ich meine letzten Schritte tue und die Schlußbilanz ziehe, daß die großen Fragen, die mich so lange beunruhigt haben, an Schärfe und sogar an Größe zu verlieren scheinen. Die kleinen Dinge dagegen – alte, halb vergessene Erinnerungen, Kleinigkeiten, die ganz unten in den Koffern des Lebens liegengeblieben sind – steigen mit unerwarteter Eindringlichkeit wieder in mir auf. Und als erstes drängen sich mir seltsamerweise, so als wollten sie der Philosophie und all ihrer Hoffart eine lange Nase machen, diejenigen auf, die dem Anschein nach am wenigsten dem geistigen Bereich angehören. Doch Pascal hat uns gelehrt, daß, wenn wir uns zu sehr wie Engel benehmen …

Wie man hat sehen können, habe ich nie allzu großen Wert auf materielle Güter gelegt, auf deren Anhäufung die Sterblichen soviel Energie verwenden, bevor sie die Stufen ins Grab hinabsteigen, und die sie beim Fortgehen noch nicht einmal mitnehmen können, es sei denn sie verlassen die Welt als Pharaonen. Doch ich habe von den einfachen Freuden gekostet, die den Leib erfreuen und die Feinschmecker betören, und zähle sie trotz meines ruinierten Magens mittlerweile wirklich zu den am wenigsten trügerischen Besitztümern, die sich unseren Gelüsten bieten. Man könnte bedauern, daß der spirituelle Rossini als alter Mann, der Musik überdrüssig, seine letzten Jahre nur noch der Völlerei widmete. Einem Freund, der ihm dazu gratulierte, daß er einen Truthahn verspeist hatte, und sich erkundigte: »Zu wie vielen wart ihr denn?« antwortete er würdevoll: »Zu zweit, der Truthahn und ich.« Ich würde nicht den Stab über ihn brechen. Bei aller Bewunderung für die Asketen, deren Enthaltsamkeit noch größer ist als die des Kamels, fürchte ich, ihre übertriebene Tugendhaftigkeit entfernt sie von der armen Menschheit. Ich empfinde keinerlei Verachtung für den Schlemmer, ich entschuldige den Vielfraß, und es war immer mein Traum, ein einfacher Liebhaber zu sein, der neugierig ist auf das, was gut ist, und zufrieden mit dem, was einfach bleibt.

Es war in den schlimmen Jahren, als ich mit Aussteuer zu tun hatte. An jenem Tag, der, wie man sehen wird, mit einem weißen Kreuz versehen ist, hatte ich das Glück, in einem Haus im Neuenburger Jura gut wie nie zuvor aufgenommen zu werden; ich hatte dort soeben eine phantastische Bestellung verbucht, wie es mir weder vorher noch nachher jemals wieder gelungen ist. Es war in Fleurier im Val de Travers. Als ich jenes gastfreundliche Haus verließ, war ich in ungewöhnlich euphorischer Verfassung, und einen Augenblick lang hegte ich den Gedanken, den Rest des Tages nicht mehr zu arbeiten. Ich beschloß jedoch, meinen Elan zu nutzen, und wagte noch mehrere andere Besuche in der Gegend, die ausnahmsweise nicht erfolglos waren, so sehr hatte dieser unverhoffte Triumph mir Auftrieb gegeben.

Bei Einbruch der Nacht lief ich, vom Ruhm gesättigt, jedoch mit leerem Magen, durch die Gassen von Auvernier, einem kleinen Dorf im Weinbaugebiet am Ufer des Neuenburger Sees. Ich habe den Eindruck, die Weinbauern bilden eine ganz besondere Rasse unter den Landwirten. Sie verwenden keine Maschinen, sondern arbeiten nur mit den Händen, mit viel Feingefühl, und ganz offensichtlich stehen sie unter der Wirkung der in den Trauben schlummernden latenten Spiritualität. Bei ihnen atmet man das ganze Jahr über den Geist des Weines, der in den tiefen Kellern lagert. Als ich am Gasthaus »Zum Weißen Kreuz« vorbeikam, fiel mein

Blick auf ein Schild, auf dem »Fondue-Spezialität« geschrieben stand. Ich hatte schon von diesem Gericht aus der französischen Schweiz gehört, wußte jedoch überhaupt nicht, worum es sich dabei handelte, wie Brillat-Savarin, der trotz seiner umfassenden kulinarischen Kompetenzen weiterhin darauf beharrt, eine Art Käseomelette daraus zu machen! Verlassen Sie sich also nicht auf die *Physiologie des Geschmacks;* und sollten Sie das Fondue in all seiner Herrlichkeit kennenlernen wollen, so stoßen Sie wie ich die Tür zum »Weißen Kreuz« auf – falls dieses Gasthaus noch existiert, denn ich habe seit über dreißig Jahren nicht mehr dort gespeist.

Damals war es ein dörfliches Wirtshaus, dunkel und rauchig, mit weißen Holztischen und Holzstühlen. In dem ziemlich beengten Speiseraum saßen überwiegend Leute aus der Gegend und tranken friedlich ihr Glas Weißwein, bevor sie zum Abendessen nach Hause gingen. Ich setzte mich an einen kleinen Tisch, der noch frei war, und bestellte ein Fondue, so als sei dies die natürlichste Sache der Welt. Es entstand ein verdutztes Schweigen; man warf mir Seitenblicke zu und flüsterte. Ein Mann mit einem bäuerlichen Gesicht, in dem ein gewisser adeliger Zug lag, kam auf mich zu.

»Ein Fondue ißt man nicht alleine, werter Herr«, belehrte er mich mit Nachsicht und Bestimmtheit. »Kommen Sie, ich werde es mit Ihnen zusammen essen.«

Selbstverständlich mußten wir warten, bis das Gericht fertig war, und so hatte ich genügend Zeit, meinem Tischgenossen meinen Fauxpas zu erklären: Es war mein erstes Fondue, und ich war noch nicht mit dem Ritual vertraut.

Seit jenem Abend habe ich so manches Fondue genossen, doch keines konnte die Erinnerung an das allererste auslöschen, so wie der erste Kuß, der eine ganz besondere Macht besitzt, die die nachfolgenden verloren haben. Es ist normal, daß die heilige Allianz von Käse und Wein, die gemäß einer nicht im Gesetzbuch verankerten Regel das Gehaltvolle und das Ätherische miteinander verbindet, eine derart betörende Wirkung auf mich ausübte. Doch was mich im Zuge jenes Erlebnisses zutiefst beeindruckte, war das stillschweigende Gebot, das die Liebhaber des Fondues dazu zwingt, es in Gesellschaft zu genießen und auf diese Weise bei einem eigentlich als egoistisch bekannten Vergnügen zugleich die Werte der Brüderlichkeit zu praktizieren. Ich glaube nicht, daß ich den Namen des Wohltäters, des Mannes, der mir beibrachte, wie man Fondue ißt, erfahren habe. Doch als ich an jenem Abend das »Weiße Kreuz« verließ, war ich ein besserer Mensch geworden, mit befriedigtem Magen, frohem Herzen und voller Wohlwollen gegenüber dem Menschengeschlecht im allgemeinen und den Bürgern von Neuchâtel im besonderen.

Ein anderes gastronomisches Vergnügen, das zu den köstlichsten zählt, deren ich mich entsinnen kann, steht im Zusammenhang mit einem der einfachsten Gerichte, die man sich überhaupt vorstellen kann – wenngleich die Erinnerung daran ein wenig durch die damaligen Umstände belastet ist. Während unserer Hochzeitsreise durch Italien hatte mein alter Freund Riccardo, der damals Schweizer Konsul in Neapel war, uns bei sich aufgenommen wie ein ausländisches Herrscherpaar, das inkognito unterwegs war. Meine Frau schien so glücklich, wie sie zu sein imstande war, und wir genossen auf der Insel Ischia die letzten schönen Tage des ausklingenden

Herbstes, ohne uns um eine Zukunft zu sorgen, die die Vorsehung in ihrer großen Güte uns noch nicht erahnen ließ. In Casamicciola, wo wir uns einquartiert hatten, entdeckten wir eines Tages im Schaufenster eines Bäkkers eine Schiefertafel, auf der mit Kreide geschrieben stand: *»Stasera pizza«*. Wir waren neugierig darauf, diese neapolitanische Spezialität zu kosten, von der wir lediglich ihren guten Ruf kannten, da die Pizza in jener Zeit noch nicht die europäische Küche erobert hatte. Am Abend, als wir vom Strand zurückkehrten, wimmelte der Laden des Brotmachers von Leuten. Der Fachmann, mit nacktem Oberkörper den brennendheißen Ausdünstungen eines Holzfeuers ausgesetzt, bereitete mit Geschick vor den Augen eines aufmerksamen Publikums die flachen Teigkuchen zu, die er mit den üblichen Zutaten, Tomaten und Sardellen, belegte. Das Ganze wurde, nachdem er es großzügig mit Käse bestreut und mit Oregano gewürzt hatte, rasch in den Ofen geschoben, und einige Augenblicke später erhielt der Gast seine heiße, knusprige Pizza und verließ mit vollem Mund den kleinen Laden. Wir machten es wie alle Leute und bissen herzhaft in den dampfenden Teigfladen. Es verbrannte einem etwas die Zunge und fühlte sich heiß in der Kehle an, doch wenn man den verblüffenden Geschmack einmal wiedererkannt hatte, konnte man gar nicht genug davon bekommen.

Erinnerung, Erinnerung … Warum läßt dieses köstliche Aroma heute einen Geschmack nach Asche in meinem Mund zurück, wo doch der strahlende Glanz, der das Fondue von Auvernier umhüllt, bis heute unversehrt geblieben ist? Der einzige Unterschied, der diese Ungleichheit rechtfertigt, liegt darin, daß ich den Menschen, der mich in die Wonnen des Fondues eingeführt hat, nie mehr wiedersehen sollte, während die Begleiterin, die meine erste Pizza mit mir teilte, mich danach jahrelang aufdie Palme gebracht hat. Die Verantwortung dafür trägt, wenn ich mich nicht täusche, Dante, dem wir diese Verse verdanken: *Nessun maggior dolore* ... Es gibt keinen größeren Schmerz, als sich an glückliche Tage zu erinnern, wenn man Kummer hat ... Bei allem Respekt, den ich dem Mann schulde, der aus der Hölle zurückgekehrt ist, ich glaube, er irrt sich.

Früher sprach man vom glücklichen Gedächtnis, ein etwas veralteter Ausdruck, der es jedoch verdient, erhalten zu bleiben, denn er gibt Anlaß zu einer wertvollen Unterscheidung. Das gute Gedächtnis schnappt alles auf, speichert alles und behält alles, Gutes wie Schlechtes, die Nummer eines Geldscheines ebenso wie den zarten Duft eines nur für einen kurzen Augenblick erahnten Glücks. Das glückliche Gedächtnis dagegen siebt die gewonnenen Eindrücke und Erfahrungen aufs Allerfeinste, trennt sorgfältig die Spreu vom Weizen, bewahrt und gedenkt liebevoll der leuchtenden Erinnerung, die uns helfen wird, die Schmerzen des Lebens zu ertragen, und läßt die Schlacken und Unreinheiten, die kein besseres Schicksal verdient haben, im *oblivion* versinken.

So ist mir die Erinnerung an all die vielen schönen Gebirgswanderungen strahlend und rein erhalten geblieben. Ich brauche nur die Augen zu schließen, um den in der Julisonne funkelnden Gletscher wiederzusehen, den rauhen Granit, dem man sich anvertrauen kann wie einem treuen Freund, und, tiefer unten, am Fuße der Moränen, die ersten Wiesen, dort, wo der Gebirgsbach mit tosendem Rauschen hinabstürzt, wo die Frühlingsblumen auch noch mitten im Sommer weiterblühen. Manchmal taucht zu meiner eigenen Überraschung eine jener Alpenlandschaften, die ich so sehr geliebt habe, wie von selbst vor meinem Geist auf. Ohne daß das Denken oder der Wille eingreifen, erblickt mein inneres Auge erneut die kleinsten Feinheiten jener ländlichen Natur, die während meiner Jugendjahre mein Reich, mein Trost und meine Freude war; dann verschwindet die Vision wieder und zieht eine silberne Spur nach sich – wohingegen ich mich ganz bewußt anstrengen muß, um mich wieder an die geschwollenen Füße, die geschundenen Zehen, die Kratzer, die Blasen und andere Wehwehchen zu erinnern, die die unumgänglichen Begleiterscheinungen all dieser Ausflüge bildeten. Das nenne ich ein glückliches Gedächtnis. Schwierigkeiten und Unannehmlichkeiten aller Art verschwinden beinahe spurlos wie der Schlamm auf dem Grunde des Tümpels, während die Seerose triumphierend in ihrer strahlenden Arglosigkeit an der Oberfläche schwimmt.

Sollte ich mich denn unglücklicher fühlen, weil ich heute nicht mehr in der Lage bin, die Hänge zu erklimmen, die sich zu sehr von der Horizontalen entfernen, und müssen die Reminiszenzen meiner früheren Großtaten unbedingt meinen gegenwärtigen Kummer vergrößern? Nein, nein, lieber Herr Dante, das Gedenken an ein zerronnenes Glück löst nicht in jedem Fall einen Ansturm von Traurigkeit aus. Selbst in der Liebe, dem Bereich, den Sie am stärksten vor Augen hatten, ist es zwar nicht immer leicht, die dunklen Falter zu vertreiben, die so gerne die kummervolle Seele umflattern, doch kann man sich oft genug die früheren Freuden ins Gedächtnis zurückrufen, ohne daß das Herz sich mit

Bitterkeit erfüllt. Sie wissen besser als ich, lieber Poet, daß man nicht immer jung bleibt, daß die Ernten des Herzens früher oder später zu welken beginnen. Dies zu wissen, vermag nicht die schönen Erinnerungen zu trüben, die uns davon zurückbleiben, falls uns überhaupt welche bleiben. Was uns im Alter zu quälen vermag, ist nicht, die Liebe erlebt und sie verloren zu haben; man bereut nicht, geliebt zu haben. Nein, die Qual der alten Herzen, die einzige, die ich kenne, ist die, sich sagen zu müssen: Ich hätte mehr lieben können, doch ich habe Angst gehabt. Was man gewöhnlich die Wunden der Liebe nennt – bei denen es sich meistens um schlecht versorgte Wunden der Eigenliebe handelt –, ist nichts gegen dieses quälende Bedauern des Menschen, der feststellt, daß er die Gelegenheiten zu lieben hat vorübergehen lassen. Die tausend Wechselfälle der Leidenschaft formen unsere Seele, das Fehlen jeglicher Leidenschaft jedoch reduziert sie zu einem Nichts.

Dies hat uns etwas weit weggeführt vom Fondue und der Pizza – obwohl … Die neuerliche Vergegenwärtigung des Geschmacks, den unsere Papillen und vor allem unsere Phantasie sich zu vergessen weigern, gehört zu dem gleichen Verlangen nach Ewigkeit, das uns veranlaßt, allen Beatricen, denen wir auf unserem Weg begegnet sind, Monumente zu errichten. Ein nobler Dichter wird es verschmähen, den Weihrauch zu Ehren der Musen und den süßen Duft der Kochtöpfe in ein und demselben Tempel aufsteigen zu lassen. Ich gehöre nicht zu dieser frommen Bruderschaft, und ich werde bis zuletzt Gefallen daran finden, den lieblichen Weißwein der sanften Hügel über dem Altar des großen Dionysos zu vergießen. Gewiß, ich bin weit davon entfernt, ein

Meister der schönen Rauschzustände gewesen zu sein; ich kann sogar sagen, daß ich auf diesem Gebiet immer bloß ein Lehrling geblieben bin. Zwar lege ich noch in meinem Alter Wert darauf, einige ausgesuchte Flaschen im Keller zu haben, doch ich könnte noch nicht einmal Anspruch auf den abgenutzten Titel eines Weinliebhabers, ob aufgeklärt oder nicht, erheben. Immerhin aber bin ich empfänglich für die Freuden des Weines und für den Duft der Wahrheit, der dem lateinischen Sinnspruch zufolge in diesem Getränk verborgen ist.

Mein von Natur aus ängstlich zurückhaltendes Wesen hat mich nie dazu getrieben, mich zu besaufen, und ich entsinne mich, nur ein einziges Mal betrunken gewesen zu sein. Während eines Spaziergangs auf dem Üetliberg, der den Leuten aus Zürich an Tagen, an denen das Wetter nach Regen aussieht und sie keine Lust haben, weite Strecken zu laufen, als Alpenersatz dient, hatte ich die Bekanntschaft eines Marschierers gemacht, der mich einlud, mit ihm in einer Hütte oben auf dem Bergkamm zu speisen. Der gute Mann war Angestellter bei der Post, und besagte Hütte war, wie er mir mitteilte, den Zechgelagen des Personals seiner sympathischen Behörde vorbehalten, deren Beamte damals kostenlos eine Erfrischung zu sich nehmen konnten, wenn sie auf Bergtouren dort vorbeikamen. Der freundliche Pöstler hatte mit seiner Beschreibung der Annehmlichkeiten jenes Ortes nicht übertrieben. Es gab dort ein Feuer, Gesellschaft, Spielkarten und einen angenehmen Tiroler Tropfen, von dem wir im Laufe des Nachmittags, während der Regen gegen die Fensterscheiben trommelte, drei oder vier Flaschen leerten. Ich war damals noch sehr jung und das Trinken nicht gewohnt. Als wir den

Rückweg antraten, war der Himmel frischgewaschen, und ich fühlte mich von einem mir ganz und gar neuen Gefühl der Heiterkeit übermannt. Was mich am meisten verblüffte, war die Feststellung, daß ich nicht mehr den Gesetzen der Schwerkraft unterworfen war. Der Weg war steil und holprig, doch ich spürte die Unebenheiten des Bodens nicht mehr. Ich war immer ein guter Bergsteiger gewesen, doch diesmal waren mir Flügel gewachsen. Ich lief den Hang hinunter, von einem Höcker zum nächsten springend, unbeschwert, sorglos und selig wie ein Engel. Am nächsten Tag verspürte ich weder Kopfschmerzen noch Übelkeit. Der Beweis war erbracht: Der Wein war etwas Gutes – das hatte ich bis dahin nicht gewußt; er war der Freund von Leib und Seele des Menschen, ein Freund, dessen Wohltaten und dessen Treue ich mit der Zeit schätzen gelernt habe.

Ich weiß, daß dem nicht immer so ist. Andere werden traurig, zänkisch oder rachsüchtig, wenn sie Wein trinken. Sie tun mir leid, selbst wenn es anfangs öfter vorgekommen ist, daß ich mich über sie beklagt habe. Eine meiner Haushälterinnen, eine im Dienst ergraute Putzfrau, besaß unter einigen anderen kleineren Fehlern auch den, daß sie mehr trank, als gut für sie war. Ich mußte ihn ausbaden, denn der Wein machte sie bösartig, und ich war ihr Opfer. Eines Tages wurden aus ihren Vorwürfen Flüche. Darauf gab es nun nichts mehr zu erwidern, und ich mußte ihr kündigen. Die folgenden Tage waren ein einziger Alptraum. Meine Xanthippe stand zwar nicht mehr unter der Wirkung des Alkohols, doch die Boshaftigkeit, die der Wein in ihr geweckt hatte, wich nicht so rasch wieder von ihr wie die Nebel der Trunkenheit. Ich konnte nicht mehr nach Hause kommen, ohne mit Beschimpfungen bombardiert zu werden, noch dazu lauthals, damit auch die Nachbarn etwas davon hatten. Das Martyrium dauerte etwa zehn Tage, bis zu ihrem endgültigen Fortgang. Ich hatte dadurch also genügend Zeit, darüber zu meditieren, welchen Gebrauch die Sterblichen von Bacchus' Gaben machen, die mit Sicherheit zu den besten Entlarvern der menschlichen Seele gehören. Ein Personalchef sollte nicht groß Zeit damit verlieren, diejenigen, die sich um eine freie Stelle bewerben, graphologischen Tests zu unterziehen; einige Gläser eines schweren Weines wären zur Unterscheidung zwischen guten und schlechten Subjekten gleichermaßen geeignet.

Bei meinem Vorschlag versteht es sich von selbst, daß ich mich von vornherein zu den potentiell Erwählten zähle. Man hat im Verlauf meiner Notizlein und Histörchen feststellen können, wie sehr ich bemüht war, mich zu geißeln, damit der Leser, der vielleicht gar nicht so viel verlangt hat, keinesfalls an meiner Ehrlichkeit zweifelt. Und nun, am Gipfel meines kleinen Golgathas angelangt, gestehe ich ihm ganz plötzlich, daß der häßliche Affe, mit dem er seit zweihundert Seiten des Weges geht, ja doch ein ziemlich glückliches Naturell besitzt und jetzt, da er die Bühne verlassen muß, dem himmlischen Dramaturgen, der ihn gezwungen hat, seine Rolle in dieser schlechten Farce zu spielen, nicht einmal böse ist. Doch kann der Schauspieler selbst die Qualität des Stückes überhaupt angemessen beurteilen, in dem man ihn zu spielen auffordert?

Kurz bevor ich die Feder aus der Hand legen will, stelle ich zu meiner Schande fest, daß ich ein Thema vernachlässigt habe, dem sich ein Schriftsteller dieses ausgehenden Jahrhunderts nicht entziehen kann. Man würde sich wundern, wenn in einem Werk, das unter anderem eine gewisse Vorstellung vom heutigen Leben vermitteln soll, niemals die Rede von *Scheiße* ist. Dieses Wort war in weniger aufgeklärten Zeiten aus der gesitteten Redeweise verbannt, heutzutage jedoch gehört es zur literarischen Sprache und bildet sogar eines ihrer Fundamente. Gute Schriftsteller verwenden es in großzügigem Maße und achten sorgfältig darauf, daß es ihren Scherzen nie an Stuhlgang mangelt. Ein modernes Buch erkennt man also leicht daran, daß dieses verpönte Wort darin stolz präsentiert wird, ohne daß es sich hinter den Auslassungspünktchen zu verstecken bräuchte, die ihm einst noch als Feigenblatt dienten.

Stellen wir erst einmal einen Irrtum richtig, der so allgemein verbreitet ist, daß man ihn fast schon für eine Wahrheit hält. Wir wissen seit langem, daß die Geschmäcker verschieden sind, beziehungsweise, daß sich über Geschmack nicht streiten läßt. Doch wir vergessen oft, daß unsere Sinne uns täuschen, daß wir uns nicht immer auf das verlassen können, was sie uns vermitteln. So sind wir alle davon überzeugt, daß das Nebenprodukt der Verdauung, die Scheiße – da ich sie nun mal bei ihrem Namen nennen muß – schlecht riecht, daß sie stinkt, um es ganz unverblümt zu sagen. Dies ist eine absolut und hoffnungslos subjektive Meinung. Heben wir zunächst einmal hervor, daß die menschliche Kacke die einzige ist, die in dieser Weise diskriminiert wird. Die Hasenbohnen, die Kuhfladen, die Pferdeäpfel, all diese Rückstände, die die Haustiere, weniger um Ästhetik besorgt als der Mensch, achtlos hinter sich fallen lassen, verletzen unsere Geruchsnerven nicht. Wir verachten lediglich die menschlichen Fäkalien. Und doch atmet der Hund, der einen ausgesprochen feinen Geruchssinn hat, deren Ausdünstungen mit Wonne ein, wohingegen man ihn nie hat vor einer Rose oder einem Strauß Maiglöckchen in Verzückung geraten sehen. Warum sollte unsere Witterung, der es ganz eindeutig an Objektivität mangelt, derjenigen der wahren Kenner in dieser Materie überlegen sein? Allerdings wäre es durchaus möglich, daß der Hund, der ja im Menschen seinen Gott erblickt, die Kacke seines Meisters als ein Produkt höheren Ranges einstuft.

Es ist beachtenswert, daß die Franzosen unter allen höflichen und zivilierten Völkern die ersten gewesen sind, die einen so starken Gebrauch von der Fäkalität gemacht haben. Ein großer Mann, dessen Namen ich vergessen habe, hat behauptet, die Verstopfung sei die Geißel der gebildeten Völker. Ich habe mich gefragt, ob die Franzosen, die ja gerne an der Spitze der Zivilation marschieren, nicht schon von Natur aus stärker unter Verstopfung leiden als andere Völker und der verbale Gebrauch, den sie vom Kot machen, folglich in gewisser Weise die intellektuelle Kompensation einer physiologischen Insuffizienz ist. Für dieses bedauerliche Syndrom ist angeblich die so erlesene französische Küche verantwortlich, die in der Regel eher die Papillen anregt, als die weniger edlen Organe zu befriedigen. Das wäre eine logische und plausible Erklärung für die allgemeine Sympathie der Franzosen für die Sache und das Wort. Doch die Statistiken, die ich zu diesem Thema zu Rate gezogen habe und deren Exaktheit außer Zweifel steht, konnten meine Hypothese nicht erhärten. Ich muß demnach diese Erklärung, so verführerisch sie auch auf den ersten Blick sein mag, fallen lassen.

Beim tieferen Eindringen in die Materie habe ich mir die Frage gestellt, ob der sachlich-logische und fast klassische Charakter der französischen Sprache die indirekte Ursache dieser Anomalie sein könnte. Verglichen mit den Idiomen der uns umgebenden Völker, und erst recht neben dem amerikanisierten Englisch, das der glücklichen Menschheit der Zukunft als Muttersprache dienen wird, wirkt das Französische wie gegossen. Ich will nicht behaupten, daß die französische Sprache, wie sie durch die Regeln der Académie Française seit Vaugelas kodifiziert und vorgeschrieben ist, eine tote Sprache geworden ist. Doch haben ihr fanatischer Anspruch, ihr zwanghaftes Bemühen um Exaktheit vielleicht auf Kosten ihrer guten Durchblutung obsiegt. Die erstaunliche Stabilität jedenfalls, die noch zu Beginn des Jahrhunderts zwingend geboten war, hat seither heftige Attacken erlitten. Die französische Sprache hatte sich seit Ronsard kaum verändert, die Franzosen dagegen sehr wohl – als Individuen und auch als Volk. Gewiß, sie lieben ihre Sprache immer noch, sie respektieren sie, sie bewundern sie, doch sie ist für sie wie ein Zeremoniengewand, in dem sie sich nicht besonders wohl fühlen. Daher das wuchernde Anwachsen des Argot, das auch vor den gebildeten Kreisen nicht Halt macht, während die Literatur ihrerseits bei den Großstadtganoven Unterricht nimmt – und die Scheiße sich in die Wappensymbole der Epoche einreiht.

Zweifellos existiert dieser Kult der stoßweisen Defäkation nicht erst seit gestern, und wenn auch der großgeschriebene Kot in den vornehmen Zusammenkünften von einst noch nicht sein Wörtchen mitzureden hatte, so behielt er sich doch schon einige schöne Einsätze auf der Bühne der Geschichte vor. Wir alle kennen das Lied von den Kindern des Weines und des Vaterlandes, in dem ich zu meiner Freude hinter der politischen Anspielung und seiner vorgetäuschten Aggressivität schon das Morgengrauen der Entente cordiale anbrechen sehe:

*Trinken wir einen, trinken wir zwei,*
*Auf das Wohl der Verliebten,*
*Und scheißen wir auf die Königin von England …*

Cambronne, jener einfallsreiche Mensch, hat spontan aus derselben Quelle geschöpft. Von seiner berühmten Apostrophe existieren mehrere Versionen, wahrscheinlich alle gleichermaßen apokryph. Henry Houssaye scheint in seinem gelehrten Werk eher dem unverhüllten Wort den Vorzug zu geben, das er unter großem Einsatz vieler kleiner Punkte umschreibt. Während der Ausspruch »Die Wache stirbt und ergibt sich nicht« heutzutage nur noch in den Lehrbüchern patriotischer Geschichte schlummert, hat der andere, das Wort von Cambronne, die Welt erobert, als großartige Revanche für eine Niederlage, die nichts anderes als eine optische Täuschung sein konnte. Victor Hugo, kühner und weniger förmlich, hat in *Les Misérables* das Wort ganz ausgeschrieben: »Vielleicht das schönste Wort, das ein Franzose jemals ausgesprochen hat.« Er widmet ihm ein ganzes Kapitel, das darin gipfelt, daß er unter glorreicher Verachtung der physiologischen Gegebenheiten behauptet: »Cambronne stößt auf das Wort von Waterloo wie Rouget de Lisle auf die *Marseillaise,* heimgesucht vom himmlischen Hauch.«

Wenn wir einen philosophischen Blick auf die Scheiße in Geschichte und Literatur werfen, stellen wir fest, daß das Wort mit der Zeit immer mehr seinen schon stark abgeschwächten Schimpfwortcharakter verliert und zu einer bloßen Form der Verneinung wird, die energischer, deutlicher klingt als das einfache »Nein«, das vielleicht nicht entschieden genug das ausdrückt, was es meint. Es ist klar, daß der Ausdruck »Ja oder Scheiße« für »Ja oder Nein«, der oftmals in unseren Kasernenhöfen widerhallt, zu keinerlei Mißverständnis Anlaß geben kann. Hätte General Cambronne sich damit begnügt, lediglich nein zu sagen, so hätte dieses etwas verschwommene Wort vielleicht zu Diskussionen, Kommentaren, falschen Interpretationen geführt. Sicher hätte man die Reinheit seiner Absichten und die Kraft seiner Überzeugungen in Zweifel gezogen, und sein Wagemut hätte verdächtig erscheinen können. Vielleicht wäre er am Ende sogar für einen Verräter gehalten worden wie sein Mitstreiter Bazaine. Da sein feines Taktgefühl und seine ausgeprägte Sensibilität für die Sprache ihn das richtige, das eigentliche, das der Lage angemessene Wort wählen ließen, war keinerlei Fehlinterpretation mehr möglich. Über jegliche Verdächtigungen oder Anklagen erhaben, fand er sich im Handumdrehen auf der höchsten Stufe nationalen Ruhmes wieder, an der Seite so legendärer Helden wie Roland, Jeanne d'Arc, La Tour d'Auvergne ... Fügen wir zur Beschwichtigung der empfindsamen Gemüter hinzu, daß er zwanzig Jahre nach Waterloo gestorben ist, und zwar, soviel ich weiß, im Bett.

Es ist bekannt, daß ich die Berge schätze und liebe. Ich habe mir immer gewünscht, die Höhenluft möge ihren Zeloten erhabene Gedanken eingeben, doch bin ich nicht übermäßig prüde, und so habe ich eines Tages durchaus mit Nachsicht einem französischen Bergsteiger gelauscht, der im Angesicht der Berge ein skatologisches Gedicht deklamierte, das der Scheiße den Vorzug vor der Rose gab, mit der Begründung, daß jene keine Dornen habe. Auch ich selbst habe einmal in diesen stolzen Gefilden – gestehen wir alles! – der Versuchung einer leichten Muse nachgegeben. So erinnere ich mich noch, wie mein Freund Rudi, seine Frau und ich auf einer langen Wanderung, auf dem Gipfel eines Gebirgspasses angekommen, alle drei im selben Moment das gleiche Bedürfnis verspürten, nicht etwa das, uns mit Nachschub zu versorgen, sondern genau das Gegenteil. Wir befanden uns schon weit oberhalb jeglicher Vegetation, und ein einziger Felsen bot sich unserer Scham als Wandschirm. Immer galant, ließ ich der Dame den Vortritt und anschließend ihrem Ehemann. Als ich selbst an der Reihe war, zog ich mit folgendem Lied auf den Lippen los: »Einst werden wir unsre Laufbahn beginnen, wenn die Älteren nicht mehr bei uns sind. Ihren Staub werden wir vorfinden und die Spuren ihrer Verrichtungen … «

Die Dame machte mich darauf aufmerksam, daß mein Zitat insofern unpassend sei, als sie und ihr Gatte jünger seien als ich. Dem stimmte ich bereitwillig zu, und wir setzten unseren Weg frohen Herzens und mit beruhigten Eingeweiden fort, während ich mich heimlich bei den Bergen und den Manen des Rouget de Lisle für diese kleine Entweihung entschuldigte.

Ich kannte einen im Schweizer Exil lebenden französischen Schriftsteller, einen charmanten, vornehmen

Mann, der von einer an Affektiertheit grenzenden Empfindsamkeit war, besagtes Wort aber dennoch mit genießerischer Vorliebe benutzte. Er erzählte mir voller Stolz, wie er es eines Tages am Fuße des Parthenons laut ausgerufen habe, in Gegenwart einer kosmopolitischen Menschenmenge, die vielleicht nicht alle Nuancen seiner Deklamation erfaßt habe. Die Geschmäcker und die Gerüche sind verschieden, und ich überlasse es jedem selbst, nach eigenem Gutdünken sein Gebet auf der Akropolis zu sprechen. Es liegt mir fern, die natürlichen Düngemittel der Unterhaltung verbieten zu wollen, doch ich habe oft festgestellt, daß die Verwendung jener höchsten Vokabel für viele Leute eine bequeme Art ist, eine Identität zu behaupten, die andernfalls leicht ins Wanken geriete. Fraglicher Autor, Jean-Paul Samson, war ein engagierter Schriftsteller, fast ein Anarchist, und ich glaube, daß seine Schwäche für dieses Kotwort auf seinen Wunsch zurückzuführen war, sich dem Proletariat anzunähern, von dem ihn sowohl seine bürgerliche Herkunft als auch seine Kultur entfernten. Wie Jaurès, Léon Blum und einige andere kam er aus gutem Hause, und die sprachlichen Entgleisungen waren für ihn ein Mittel, sich an das Volk zu wenden, im Sinne der russischen Revolutionäre der heroischen Phase.

Die Franzosen sind von Natur aus undiszipliniert, gewieft und aufmüpfig. Es ist einfacher, sie zu zwingen, als sie zu überzeugen, und sie bilden sich gerne ein, sie seien frei, wenn sie ihre Regierung nur schlecht machen, besser noch, auf sie scheißen dürfen. Sie brauchen nicht mehr und nicht weniger. So waren sie schon unter dem Ancien Régime, als die unter der Hand kolportierten derb-komischen Spötteleien und Boshaftigkeiten, auf denen die Politik ruhte, genügten, um ihren Durst nach Unabhängigkeit zu stillen. Es hat ihnen schon immer Spaß gemacht zuzusehen, wie der Kasper den Polizisten verdrischt. Doch Jean-Jacques kam von Genf daher und predigte wortgewandt die Liebe zur Natur und zur Freiheit. Er schuf die unsterblichen Prinzipien, das Fest des Allerhöchsten, den unbestechlichen Robespierre und alles übrige. Und die Franzosen, die nun frei und Republikaner geworden waren, konnten glauben, all dies sei geschehen. Doch man kann alles ändern außer der menschlichen Natur. Die große Revolution und zahlreiche kleinere sind über sie hinweggegangen, sie haben Invasionen und Katastrophen erlebt, sie haben ein Kolonialreich erobert und verloren, sie selbst haben sich verändert, in ihrer Art zu sehen, zu handeln und zu sprechen, doch ihr Charakter ist derselbe geblieben wie einst unter Vercingetorix: neugierig, leichtlebig, begierig nach Moden und Abwechslungen. Für sie wie für ihre Vorfahren ist die Freiheit im wesentlichen das Recht, sich über die Autorität lustig zu machen – um sie widerspruchslos ertragen zu können; denn sie sind konservativer, als es den Anschein hat. Ohne auch nur eine Träne zu vergießen, haben sie auf die politische und wirtschaftliche Vorherrschaft verzichtet, haben lächelnd einen großen Teil der demokratischen Vorrechte aufgegeben, die ihnen die vorangegangenen Verfassungen der Republik garantiert hatten, außer dem, Steuern zu zahlen. Doch sie klammern sich mit wilder Entschlossenheit an das heiligste all ihrer Privilegien, und zwar an das, nach Belieben Kot sagen zu dürfen: zu wem sie wollen, mit lauter Stimme und unmißverständlich.

Daß ein einziges oder fast ein einziges Wort die Ausdrucksessenz einer Sprache zu symbolisieren vermag, ist natürlich von großem Vorteil für den Fremden, der ohne weiteres Gepäck im Lande eintrifft als jenes schicksalhafte »Sesam, öffne dich!«. Vielleicht hat diese magische Vokabel insgeheim dazu beigetragen, daß die französische Sprache zu einer universellen Sprache der Diplomatie geworden ist. Auf alle Fälle könnte die Politik, selbst und gerade die auf höchster Ebene, nicht darauf verzichten. Was Clemenceau nur allzu gut wußte, der besonders nachtragend war und einen angeborenen Sinn für die sprachliche Fechtkunst besaß. Er war schon auf dem Gipfel des Ruhms angelangt und für alle Franzosen zum Père-la-Victoire geworden, als einmal ein früherer Gegner, der ihn um Versöhnung bat, nachdem er einmal mehr von ihm abgewiesen worden war, schüchtern zu protestieren wagte: »Sie könnten mir doch wenigstens ein Wort sagen!« worauf Clemenceau unnachgiebig antwortete: »Nein, nicht einmal dieses eine Wort!«

Damit man mir nicht vorwirft, die Substanz meines Schlußwortes so weit unten gesucht zu haben, will ich daran erinnern, daß die hohen Geistesbeamten, ob Schriftsteller oder Künstler, sich nicht zurückgehalten haben, den Pinsel oder die Feder öfter, als sie es eigentlich sollten, in diesen edlen Mist, den Spender herrlicher Gemeinheiten und – warum nicht? – Schönheiten, zu tauchen. Als Aurélien Scholl einst Zola auf dem Boulevard begegnete, erkundigte er sich mit geschickt vorgetäuschtem Interesse nach dem Erfolg von *Nana,* der jüngsten Produktion des Meisters, die mit ihrem zu jener Zeit als schmutzig geltenden Humor die Massen beglückte. Stolz verkündigte Zola: »Wir nähern uns unserem Fünfzigtausendsten. – Das wird Ihnen Glück bringen«, schloß er mit seinem trockenen Humor. Und als man den guten Renoir am Ende seines Lebens einmal in seinem Rollstuhl zwischen den Baumgruppen seines Gartens hindurch spazierenfuhr und ihm die Worte fehlten, um die Pracht der Welt zu lobpreisen, fiel ihm nichts Besseres ein, als: »Scheiße, ist das schön!« zu sagen, ganz so, als sei es ihm wichtig, vor seinem endgültigen Abgang gemäß dem Beispiel der Weisen des Orients, die die Lotusblume zum Symbol der Reinheit und Unsterblichkeit gemacht haben, daran zu erinnern, daß die Träume, die am schönsten duften, immer mit ihren Wurzeln im Schlamm stecken.

Diesem ewig jungen Thema (deshalb vielleicht mein spätes Interesse daran) gäbe es noch so manches hinzuzufügen, doch ich ziehe es vor, die Weisheit des Fabeldichters zu nutzen, dessen Verse sich bestens auf unsere gegenwärtigen Überlegungen anwenden lassen:

*Beschließen wir an dieser Stelle unsre Bahn,*
*Vor langen Werken grauet mir.*
*Dem Thema, das man nicht erschöpfen kann,*
*Entnehme man das Beste nur.*

Da ich mich auf diesem fortgeschrittenen Wegesabschnitt auf den schalkhaften La Fontaine berufen habe, stelle ich fest, daß es mir durchaus gefallen würde, mit ihm, wenn auch beengt, im gleichen Boot zu sitzen. Ich war schon immer der Ansicht, daß das Lächeln der düsteren Miene vorzuziehen ist, und Molière, den mein lieber Jean-Jacques manchmal ein wenig zu heftig kritisierte, hat uns den endgültigen Beweis dafür geliefert, daß die Heiterkeit mit der Tiefgründigkeit Hand in Hand gehen kann.

Sein Einfall, Fehler dadurch zu korrigieren, daß man sie ins Lächerliche zieht, konnte nur in einem französischen Hirn entstehen, wohingegen die Komödie bei den antiken Schriftstellern nie dieses anerkannte Bestreben hatte. Der Franzose, dessen Eitelkeit schon Dante besonders hervorgehoben hat, reagiert äußerst empfindlich auf Verletzungen seiner Eigenliebe und bot sich daher bestens als Zielscheibe eines so kühnes Unterfangens an. Die anderen Nationen, verständlicherweise eifersüchtig, hatten es eilig, sich kurz darauf von der gleichen Peitsche streicheln zu lassen. Ein Jahrhundert später legt Sheridan einem unglücklichen Autor folgende Worte in den Mund: »Ich habe eine Komödie geschrieben, in der ich die Diebe so lächerlich mache, daß es genügen würde, sie eine Saison lang in London aufzuführen, damit die Häuser keine Türschlösser mehr benötigen.« Das Witzigste von allem ist, daß es dem geistreichen Tom Taylor, Verleger von *Punch* und Autor einiger erfolgreicher Stücke, hundert Jahre danach zu beweisen gelang, daß dieser Anspruch nicht immer ein bloßes Hirngespinst war: Ein soeben mit der Kasse geflüchteter Bankangestellter, ein Mann, der gerne ins Theater ging, ließ sich von der Moral seiner Komödie *The Ticket of Leave* (Der Fahrschein der Befreiung) so stark beeindrucken, daß er sich der Polizei stellte und das geraubte Geld zurückgab. Selbst wenn man mir noch so sehr klarzumachen versucht, daß es sich hierbei um einen außergewöhnlichen Sieg handelt, wird doch immerhin deutlich, daß Molière, der gar nicht derart brillante Erfolge erwartete, ein Ziel vor Augen hatte, das vielleicht nicht unerreichbar war. Man weiß fast nichts über sein Leben, außer daß er ein unglücklicher Ehemann war, was wenig charakteristisch ist. Doch man spürt sehr wohl, worin seine Absicht bestand: den Menschen so zu nehmen, wie er ist, ohne darauf zu hoffen, ihn von Grund auf bessern zu können, und ihm ein paar Hilfsmittel an die Hand zu geben, mit denen er möglicherweise die lästigsten seiner Schwächen ein klein wenig würde korrigieren können; kurzum, sich darum zu bemühen, die Geizhälse etwas weniger knauserig zu machen, die Frauen gehorsamer, die Liebhaber weniger flatterhaft und die Ehemänner weniger gehörnt.

Manch einer wird jedoch der Ansicht sein, daß die bloße Formulierung dieses bescheidenen Vorsatzes schon ausreicht, um dessen ganze Verstiegenheit erkennen zu lassen. Er könnte sogar noch hinzufügen, daß die Komödienschriftsteller, wenn sie sich schon hin und wieder mit dem unsinnigen Vorhaben getragen haben, das Menschengeschlecht bessern zu wollen, zu dessen Verwirklichung einen sehr ungeeigneten Weg gewählt haben; denn man treibt den Teufel nicht mit Beelzebub aus. Das Lachen ist zwar nicht immer gehässig, aber es ist schlau. Es liegt genau an jener verschwommenen Grenze, die Intelligenz und Boshaftigkeit voneinander trennt. Um es in wenigen Worten zu sagen: Das Lachen ist oft die Revanche des Geistes am Herzen. Der Mensch, der lacht, will nicht weh tun, er begnügt sich damit, seine Überlegenheit zu behaupten. Der leicht verkniffene Mund, der seine Heiterkeit begleitet, ist ein an den Zuschauer gerichtetes Zeichen des heimlichen Einverständnisses: »Die Schlauen, das sind wir!« Zur Bekämpfung der Fehler und Laster bedient sich die Komödie also offenbar der abscheulichsten intellektuellen Schwäche: des Wunsches, recht zu haben, beziehungsweise, sich über die Normalsterblichen zu erheben. Mehr noch als der gewöhnliche Egoismus, der viel zu notwendig und der Natur inhärent ist, um nicht, außer in seinen Exzessen, erträglich zu sein, ist die unmäßige Rechthaberei das Krebsgeschwür, das alle menschlichen Beziehungen zerfrißt und vergiftet. Wir wollen alle recht haben, wir halten unsere Ideen für die besten, unsere Gefühle für die am ehesten gerechtfertigten. Und die Weisesten unter uns haben alle erdenkliche Mühe, diesen Drang zu besänftigen.

Man kann auf tausenderlei Arten unglücklich sein, doch man wäre im Unrecht, wenn man glaubte, es gebe nur eine einzige, glücklich zu sein. Das Glücksgefühl beim Wiedererblicken der ersten Schlüsselblumen ist ein anderes als das, das wir angesichts erblühender Lilien empfinden, oder als die von Sehnsucht durchtränkte Glückseligkeit, die die letzten Herbstrosen verströmen. Dem morgendlichen Glück steht manchmal das Glück am Abend entgegen. Ebenso irrt sich der Philosoph, wenn er für das Lachen nur eine einzige Erklärung und eine einzige Ursache finden will. Haben das etwas einfältige Kichern des ungehobelten Burschen, der nicht an sich halten kann, wenn er einen Passanten unglücklich stolpern sieht, und das diskrete Lachen des Kenners, der sich freut, wenn er hört, wie eine subtile Wahrheit auf amüsante Weise ausgedrückt wird, einen gemeinsamen Nenner? Man wird feststellen, daß das »philosophische« Lachen – das von Molière und Swift – oft ein Wesenszug melancholischer Naturen ist. Wenn man die Leute so zum Lachen bringen will, daß sie etwas davon haben, muß man gelitten haben, und der Witz der Humoristen ist nie sehr weit von den Tränen entfernt.

Ich verteidige hier ein wenig meine eigene Sache, und man könnte daraus schließen, daß ich mit dem Alter doch noch dreist geworden bin. Wenn ich auch, dem Gebot des Horaz folgend, versucht habe, die Wahrheit lachend zu servieren, so gebe ich zu, daß es mir dennoch unangenehm wäre, wenn man mir den Vorwurf machte, ich hätte zur Verteidigung meiner Ansichten, und seien sie auch noch so gerecht und ehrlich, unwürdige Mittel verwandt. Die Wahrheit, so könnte man sagen, ist eine zu hohe und zu heilige Sache, als daß man ihre Erforschung den Spaßmachern anvertrauen dürfte. Die Tugend zu fördern, indem man ein Laster durch das andere ersetzt, hieße, die Krankheit dadurch auszutreiben, daß man dem Betroffenen ein Gift mit verzögert eintretender Wirkung injiziert – was ja schließlich das große Geheimnis der Medizin und ihrer so hochgelobten Fortschritte ist. Doch die Menschen sind so beschaffen, daß sie der dornigen Evidenz stets die angenehme Lüge vorziehen. Die Komödie, die sich allen Gattungen anpaßt, sei es, je nach Autor, eine »göttliche« oder eine »menschliche«, weicht den Fallen, die unserer maßlosen Vorliebe für den Irrtum errichtet sind, oft geschickter aus als die Philosophie. Blödeln wir also, um nicht selbst zu verblöden. Lachen wir, doch ohne diesen absurden Anspruch, die Seelen der Menschen verändern zu wollen. Wenn dennoch etwas Gutes dabei herauskommt, werden wir die ersten sein, die sich darüber wundern und sich daran erfreuen.

## *Friedhof Nordheim, 7. Februar 1994.*

Endlich fanden wir den Weg, der zum richtigen Grabfeld hinunterführte. Die nervöse Dame mit dem Zettel in der Hand, auf dem die Grabnummer notiert war, hatte wie wir am falschen Ort gesucht, vor dem Krematorium oben, wo die Abdankung des Marcel Lévy nicht stattfand. Sie wies sich sofort als die Organisatorin des Anlasses aus, sie sei die Vertreterin des Treuhandbüros, das nach dem Willen des Verstorbenen seinen letzten Gang zu arrangieren habe.

Auf dem untersten Weg des Feldes, das mit »Urnenbestattung« bezeichnet war, fanden wir eine lose Gruppe von fünf oder sechs Menschen. Der Verleger der deutschen Ausgabe des Buches von Lévy, Heiner Spiess, kam mir entgegen, ja, der große Herr in Grau sei ein Verwandter des Verstorbenen, ein Mr. Bresley aus London. Nein, er sei nicht der Neffe, erklärte mir dieser, er sei ein Cousin zweiten Grades, seine Mutter und die Mutter des Marcel Lévy seien Cousinen gewesen. Mr. Bresley hielt ein paar Kondolenzschreiben in der Hand, erkundigte sich höflich nach Namen.

Wir traten ein wenig zur Seite, denn jetzt kamen – die einzig Trauernden? – zusammen mit ihren Ehepartnern die Tochter und der Sohn des Tessiner Journalisten Camillo Valsangiacomo näher, sie hatten nach dem Tod des Vaters, einem engen Freund des Marcel, wie sie sagten, seit Jahrzehnten diese Freundschaft als Erbe übernommen und hatten zu Marcel geschaut, ein bißchen für ihn gesorgt, ihm bei seinen Wohnungswechseln geholfen, ihn regelmäßig angerufen, und sie bedauerten, daß sie ausgerechnet in den letzten Wochen vor seinem Tod von Zürich abwesend gewesen waren; und die Tochter des Freundes Valsangiacomo erzählte, daß Marcel Lévy kürzlich für sein Buch »La Vie et moi« den Preis der Stadt Nantes bekommen habe, sie habe den Brief gelesen, der Marcel habe sich so gefreut darüber.

»Alles kommt etwas spät«, hatte der Autor, ohne jedes Bedauern in seiner Stimme, bemerkt, als ich ihn damals besuchte, um ihm für sein außerordentliches Buch zu danken.

Nun stieß lebhaften Schrittes eine junge Frau zur Gruppe, eine Enkelin dieses Camillo Valsangiacomo scheint's, sie hatte Tränen, sie war berührt. War die Abwartin des Hauses hier, die im gleichen Stockwerk wie Marcel Lévy wohnte und die er zuverlässig um Hilfe rufen konnte, vielleicht wenn er nachts umgefallen war und dann mit dem Stock an die Heizung klopfte? Oder war jene Frau, die auch eine gewisse Bewegung zeigte, vielleicht eine Pflegerin der Spitex, einer Organisation, die sich um Kranke zu Hause kümmert? Eine Pflegerin gehe an die Beerdigung eines Schützlings, so sagt man, wenn sie sich mit diesem besonders verbunden fühlt, und auch dann, wenn keine Hinterbliebenen mehr leben. Taten Vertreter einer jüdischen Gemeinde ihre Pflicht, indem sie hier standen? Als ein eifriges Mitglied hatte sich Marcel Lévy wohl nie gezeigt, ein Jude halt, dem Namen nach. Eine Frau legte nach der Zeremonie, die keine war, einen kleinen Stein auf den Grabstein.

Der Grabstein, etwas erhöht über unserm Weg, in der zweiten Reihe der kurzen Gräber. In aufgesetzten Lettern der Name der auch in Zürich verstorbenen Mutter dieses Marcel Lévy, einer geborenen Elias, darunter der Name der Schwester Mathilde, die ein Alter von neunzig Jahren erreicht hatte. Er habe die beiden sehr lieb gehabt, so hatte mir Monsieur Lévy bei meinem ersten Besuch gesagt, als er mir die Fotos seiner Nächsten zeigte. Platz war ausgelassen für den Namen des Sohnes und Bruders, für Marcel Lévy. Müßte nicht eine Bezeichnung beigefügt werden, *un exilé* zum Beispiel oder *auteur français* oder: das war einer, der die Sprache seines Paris, das er als Bub verlassen hatte, hochhielt, pflegte, liebte, souverän beherrschte? Oder sollte man dazufügen, er sei bescheiden gewesen und in jedem Atemzug diskret und er habe sich selber als mittelmäßig bezeichnet?

Es standen zwei Schalen mit Frühlingsblumen auf dem kleinen Grab, die eine Schale weggeschoben, wie ich erst jetzt bemerkte, das Loch für die Urne freigeschaufelt. Würde jetzt etwas passieren? Auf wen wartete man? Es war aber keinen Augenblick peinlich und wahrscheinlich ganz so, wie der Tote es sich gewünscht hätte, kein falscher Ton kam auf. Inzwischen war der Friedhofgärtner herbeigekommen, wartete ab, fragte schließlich, ob denn kein Pfarrer komme? Dem Akzent nach war der junge Gärtner ein Ausländer, und er war sichtlich erleichtert, als Freund Valsangiacomo italienisch mit ihm sprach und bedeutete, er könne anfangen. Mit einer Handbewegung winkte der Gärtner den Herrn in Grau, Mr. Bresley, heran, die Enkelin des Camillo näherte sich mit ihrer Mutter dem Grab, wir andern rückten ein wenig zusammen, der Gärtner hob die Urne an ihrer

Schnur – ich hatte sie vorher gar nicht bemerkt, sie sah so unfeierlich wie eine Biskuitdose aus – und senkte sie langsam ins dunkle Erdloch. Mr. Bresley wandte sich zu uns und sagte deutlich und auf Deutsch einen Satz, sicher den einzig richtigen Satz, welcher der Situation entsprach und der rührte, weil er so höflich war, er sagte: »Ich danke Ihnen allen, daß Sie gekommen sind.« Das war's, einige warfen etwas Erde auf die Urne, dann ging man auseinander, jeder in seiner Richtung.

Ich dachte daran, daß ich vor noch nicht so langer Zeit im Zürcher Telefonbuch den Namen des Autors von »La Vie et moi« gesucht hatte, ich wollte ihm für sein Buch danken. Ein Besuch kam zustande, bald ein zweiter, trotz der Warnung Marcel Lévys, er sei sehr alt und völlig uninteressant.

Es ging lang, bis Herr Lévy die Türe öffnete, er ging am Stock, er trug bequeme Kleidung, wie Kranke, die viel liegen, das gerne tun, so eine Art Trainingsanzug wie Sportler nach dem Lauf. Er zeigte mir seine Wohnung, seine Bücher, er kramte Fotografien seiner Angehörigen heraus, vor allem aber führte er gern seine Malerei vor, von Wand zu Wand, und erklärte die Bilder, Alplandschaften vor allem, ich erinnere mich an Bergseen und Föhren und Lärchen. Standen ihm seine Bilder näher als seine Manuskripte, die unveröffentlichten in der Schublade, die er mit einiger Verachtung abtat? Er signierte dann zwar das mitgebrachte Exemplar von »La Vie et moi« fast andächtig mit »Hommage de l'auteur M. Levy« (ohne Akzent!), und daß der Erfolg spät komme, stellte er lächelnd fest. Ein bißchen schade fand er, daß seine Verwandten kein Französisch läsen, alle wohnten sie im englischen Sprachraum. Aber der Blick von Marcel Lévy ging an der Fragenden vorbei in die Ferne, wo er anderes zu sehen, zu ahnen schien, und wohin der Verstand der Besucherin nicht reichte. Den schönen alten, den klugen jüdischen Kopf des Schriftstellers konnte ich an einem andern Tag lange anschauen, als Hanny Fries ihn abzeichnete.

Ich erinnere mich nicht mehr, in welcher Sprache wir uns unterhielten. Da ich ein wenig davor zurückscheute, dem meisterlichen Französisch des Autors mein unbeholfenes entgegenzusetzen, sprachen wir wahrscheinlich Hochdeutsch miteinander, denn auch sein Deutsch war nicht nur fliessend und korrekt, sondern sehr nuancenreich. Und wenn ich jetzt in »La Vie et moi« lese oder »Das Leben und ich« anschaue, dann höre ich jedesmal die sanfte, die intensive Stimme des Marcel Lévy wieder.

Laure Wyss

# Inhalt

BÜCHER AUS DEM LIMMAT VERLAG

Peter Kamber

Geschichte zweier Leben:
Wladimir Rosenbaum & Aline Valangin

»Zwei Menschen ungewöhnlichen Zuschnittes lässt Peter Kamber in seiner Doppelbiographie zu Wort kommen. Ein gemeinsames Schicksal wird geschildert aus der doppelten Sicht von Mann und Frau. Der Autor hat die vielen Details geschickt zu einer geschlossenen Einheit zu bündeln vermocht. So ist ein dichtes Werk entstanden. Es vermittelt zwei eindrucksvolle Charakterstudien und das Psychogramm einer eigenwilligen Bindung, in der Gemeinsamkeit und Distanz sich seltsam mischen. Zugleich aber weist es weit über das Biographische hinaus und wird zum Zeitgemälde des Zürich der zwanziger und dreißiger Jahre.« *Neue Zürcher Zeitung*

»Zwei eigenwillige, originelle, reich angelegte, gemessen am schweizerischen Durchschnitt geradezu fremdartige Naturen haben sich mit diesen beiden Menschen zusammengefunden. Beider langes Leben war farbig, spannend und abwechslungsreich. Die Leben Valangins und Rosenbaums waren nicht bloß selbst von romanhafter Fülle und Farbe, voller Spiel und Widerspiel eben, sondern auch Kambers Werk liest sich wie ein Roman von Qualität: spannend, anregend, bewegend sogar.«
*Der Bund*

## Bücher aus dem Limmat Verlag

Rudolf M. Lüscher
und Werner Schweizer
Amalie und Theo Pinkus-De Sassi
Leben im Widerspruch

»Da liegt Material, aus dem der Atem der Geschichte weht. Zuweilen bläst er einem beim Lesen auch stürmisch ins Gesicht. Da liegt gleichzeitig historisches Material von akuter Brisanz.« *Tages-Anzeiger, Zürich*

»Ein überzeugendes Konzept einer Doppelbiographie – für das ich kein Vorbild kenne –, welches in der Bilanz der Lebenserfahrungen vor den dunklen Stellen nicht zurückschreckt. Viel bewegender, als es die Worte ‹interessant› oder ‹spannend› ausdrücken können, macht das Buch vor allem die Beschreibung von Amalies Leben.« *taz*

»Mit der Biographie des Zürcher Paares Pinkus-De Sassi liegt ein vielschichtiges Lebensporträt zweier engagierter und liebenswerter Zeitgenossen vor, das gerade auch als zeitgeschichtliche Quelle einen hohen Wert besitzt. Daß den Autoren ihr Publikationsvorhaben so eindrucksvoll gelungen ist, liegt nicht zuletzt daran, daß das Buch von vornherein als Doppelbiographie von Theo *und* Amalie Pinkus angelegt worden ist; bei der bewegten Lebensgeschichte beider ein naheliegendes, aber eben auch ungewöhnliches Unternehmen.«
*DeutschlandRadio*